プラトン
を学ぶ人のために

内山勝利［編］

世界思想社

プラトンを学ぶ人のために●目次

目　次

目　次

Ⅲ　思　想

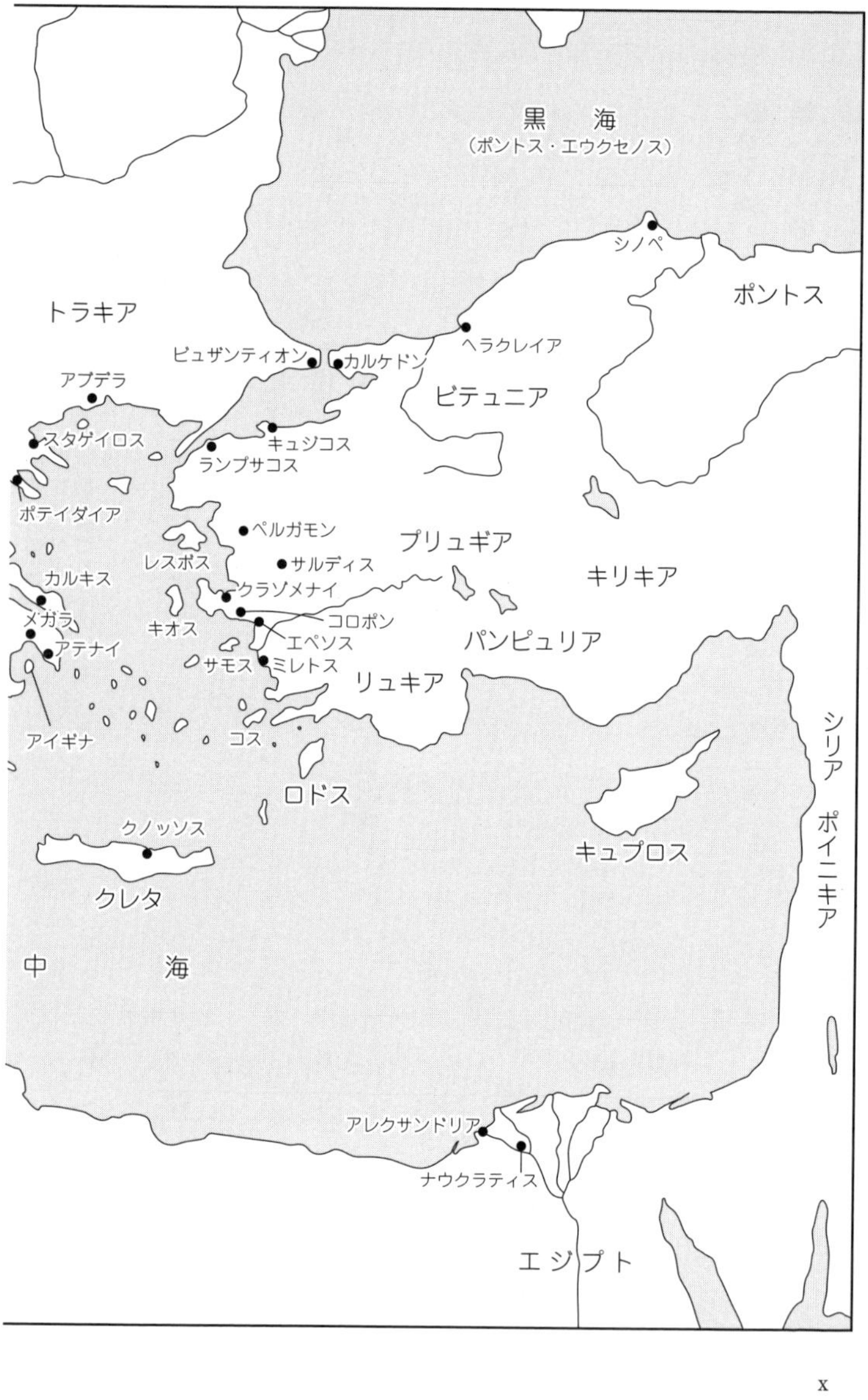

黒　海
（ポントス・エウクセノス）
シノペ
ポントス
トラキア
ヘラクレイア
ビュザンティオン
カルケドン
ビテュニア
アブデラ
スタゲイロス
キュジコス
ランプサコス
ポテイダイア
ペルガモン
プリュギア
レスボス
サルディス
キリキア
カルキス
クラゾメナイ
メガラ
コロポン
キオス
エペソス
パンピュリア
アテナイ
サモス
ミレトス
リュキア
アイギナ
コス
シリア
ロドス
ポイニキア
クノッソス
キュプロス
クレタ
中　海
アレクサンドリア
ナウクラティス
エジプト

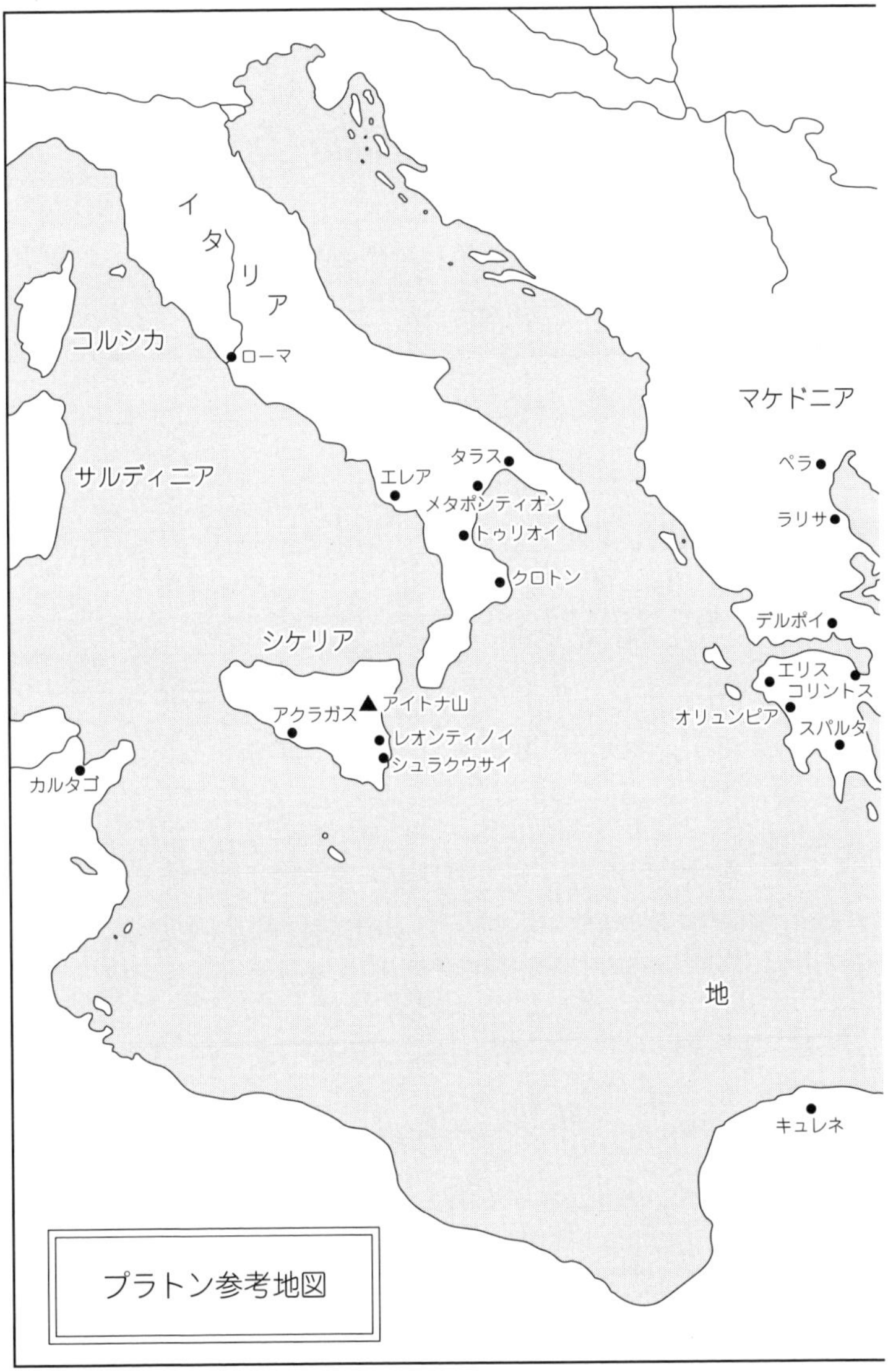

イタリア
コルシカ
ローマ
マケドニア
サルディニア
タラス
エレア
メタポンティオン
トゥリオイ
クロトン
ペラ
ラリサ
デルポイ
シケリア
エリス
コリントス
オリュンピア
スパルタ
アイトナ山
アクラガス
レオンティノイ
シュラクウサイ
カルタゴ
地
キュレネ

プラトン参考地図

プラトンを学ぶ人のために

I

プラトン案内

プラトン案内

内山勝利

1　プラトン哲学の基本的特色

プラトン哲学の多様性

死の床にあったプラトンは、自らが白鳥と化して木から木へと次々に飛び移り、それを追いかける人たちを悩ませている夢を見た、という。シミアスの夢解きによれば、それは後代の解釈者にとってプラトンが理解しがたい存在となることを暗示するものだとされた。その言い伝え（オリュンピオドロス『プラトン伝』）が事実であったかどうかはともかくとして、なるほどプラトンが後代の解釈者たちを悩ませつづけたのは事実である。シミアスは扱われている議論領域の広さのためだとしているが、むろんそれだけが理由ではあるまい。実際、プラトンほど多様に（あるいは自由に）解されてきた哲学者も少ないだろう。単に「解釈」の揺れ幅の問題ではない。むしろ彼の哲学の骨格そのものが、まるで異なるさまざまな形で取り出されてきたのである。ヘレニズム期には、彼の学園アカデメイアは長く「懐疑主義」の牙城となったし、新プラトン主義という古代的スコラ哲学の枠組みに沿って読まれてもきた。そうした多様な解釈の趨勢は今日の理解の中にもそのまま反映されて、さまざまなプラトン像を結ぶとともに、従来気づかれなかった諸側面にも新たな光が当てられている。各時代ごとに異なった相貌を現し、それぞれの時代に大きな刺激と示唆を与えてきたこと、それこそがプラトン哲学の持つ力そのものなのかもしれない。

「最も無難に西欧哲学の伝統を全体的に特徴づけるとすれば、その伝統はプラトンに付された脚註の連なりから成っているということである」と記したのは、広く知られているように、A・N・ホワイトヘッド（『生成と実在』）であるが、その前後をやや広げて読むと分かるように、そのとき彼は、必ずしも全面的にプラトンを「西欧哲学の開祖」と位置づけることを意図していたわけではなく、むしろその著作のうちに、きわめて多様な思想的可能性がほとんど雑然と未定型のまま内包されているさまを、幾分かのアイロニーを込めて言おうとしてもいるのである。

本来、プラトンにとって、哲学とは、教説（ドグマ）の羅列であるよりも、むしろそれを学ぶ者の先入見や臆断を排し、自発的な反省と思考への「態度変更」を促すものであった。彼が知の成立基盤として「イデア論」という根幹を揺るぎないものと考えたことは動かないにしても（こう解するのも一つの立場でしかないのだろうが）、その詳細については、アカデメイアでの研究課題として委ねたと言われているし、事実、すでにプラトン在世中から多様な理論構築の試みが学員たちによって提出されていた。学園の自由な雰囲気は、アリストテレスもその有力な一員であったということからも、端的に思い描くことができよう。彼はここに長く学び、プラトンから限りなく深い影響を受けながら、すでにその当時から師とは根本的に異なる方向に哲学を発展させていったのである。アカデメイアは、共通の哲学を奉ずるいわゆる「学派」とは無縁であった。

対話形式の哲学

プラトンの哲学思想が「対話篇」というかたちに、しかも彼の「対話篇」のみに特有のさまざまな仕組みをひそめたスタイルのうちに定着されたのも、彼の哲学の本質に直結した事柄であったが、そのこともまた彼を「追いかける人たちを悩ませる」大きな要因となったことは確かである。「対話」スタイルによる哲学著作は、古代から今日に至るまでたえず試みられてきたが、プラトンのそれは、多くの点で、ただ一度限りのものであった。なるほど、ディオゲネス・ラエルティオスが事を単純化して述べているように、「彼自身の考えは、四人の人物、すなわちソクラテス、ティマイオス、アテナイからの客人およびエレアからの客人の口を通じて表明されている」（『ギリシア哲学者列伝』第三巻五二節）ものとみなしても、相応に適切なプラトン理解は得られるのかもしれない。すべての「対話篇」を通じて対話を主導しているのはこれら四人のいずれかであり、彼らがそれぞれに著者自身の思想に近接した言説を展開していることは明らかであろう。しかし、ときには彼らに対置された人物（たとえば『プロタゴラス』におけるプロタゴラスや『ゴルギアス』におけるカリクレス）が拮抗した議論を展開することもあるし、またティマイオスの「自然学説」については、プラトン自身の立場との関係に解釈の余地が大きく残されている。しかも、主要登場人物たちの発言にしても、けっして断定された教義として語られているのではなく、それらはあくまでも問いかけのかたちで対話の場に投じられているのであり、つねに対話者間の合意を待って議論は進展する。むろん、対話はしばしば疑義や反論によって停滞し、とりわけ初期の「ソクラテス的対話篇」では議論が「行き詰まり（アポリアー)」に追い込まれ、結論保留のままに打ち切られてしまう場合も多い。その間の対話相手の応答もまた、議論の深化に大きな役割を果たしているのである。

通例の「論考」的哲学著作と較べるとき、プラトンの「対話篇」においては、議論がつねにそのつどの日常的会話に始まり、たえず個々の事柄をめぐって展開されていくのも、独特のスタイルに込められた彼の企図に連動した特質である。そこでは、およそ「哲学説」が体系的に語られることはない。たとえば「イデア論」にしても、けっして整然たる理論として提示されることはなく、そのつどの対話のコンテクストに応じた、個別具体的な議論の中に埋め込まれたかたちで論じられるだけである。

プラトンを「読む」ためには、そうした重層的な対話の進行に読み手の各自がディオゲネス的な仕方で対話主導者の発言を辿ることのみならず、さしあたりどれほど深くコミットしうるかはともかくとして、それに対する諾否の判断を働かせつづけることが不可避の要件である。そのときわれわれは哲学を説き聞かせられるのではない。むしろ、哲学の構築の場に参画するよう促されるのだ。プラトン著作の魅力は、何よりも、いつの間にかわれわれをそうした仕方で対話の場に、すなわち著者と読者との双方向性の場に引き入れ、われわれの思考を各自の内側から揺り動かす巧みさにある、と言ってよかろう。

2 プラトンの生涯

プラトンの時代と家系

プラトン(前四二七—三四七年)が生まれたのは、生国アテナイがスパルタとの間でギリシア世界の覇権をめぐる戦争(ペロポネソス戦争)に突入した

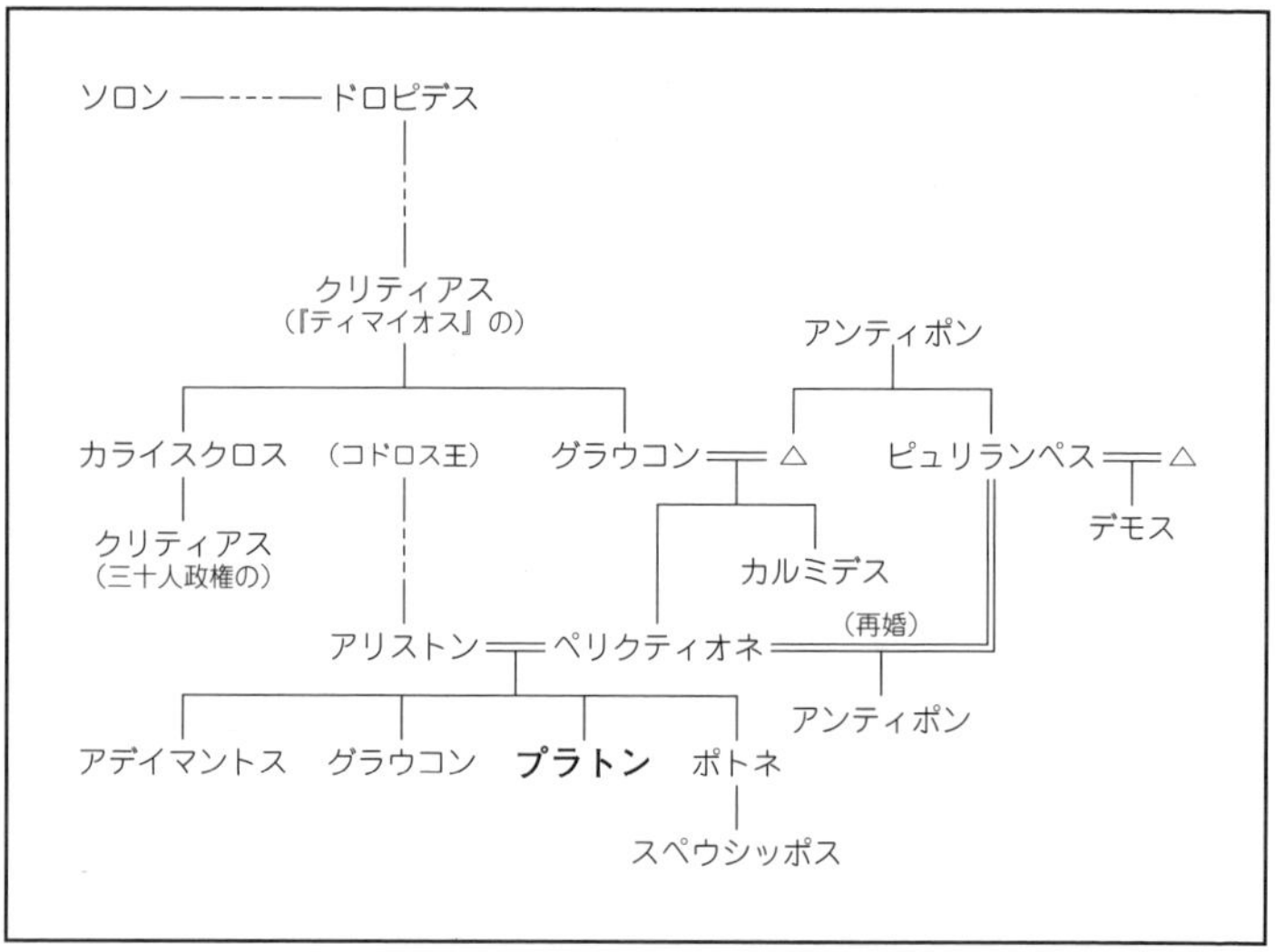

〈図1〉　プラトンの家系

直後のことであった。およそ三〇年にわたって断続的につづけられたその戦乱は、前四〇四年、アテナイの全面降伏によって終わる。戦後数年間の混乱期をへてようやく秩序が回復されるが、前四世紀においても国内の政情不安はやむときがなく、またポリス（都市国家）同士の争いも繰り返し生じた。その中にあってアテナイはよく主導的国家としての地位を保っていくが、しだいに疲弊を募らせることは避けられなかった。やがて同世紀の後半には、北方に隣接するマケドニアが、ピリッポス二世およびアレクサンドロス（大王）に率いられた強大な軍事大国として興隆し、晩年のプラトンは、ギリシア本土全体が彼らの脅威にさらされるのを目にしなければならなかった。

　この時代のアテナイにおいて、彼のように有力な家系に属し、すぐれた資質に恵まれた青年がはじめ国政指導者を志したのは、彼自身も晩年の書簡の中に記しているように（『第七書簡』324B以下）、ほとんど当然のことであった。家系図に見るように（〈図1〉参照）、父アリストンは遠くアテナイ王コドロスに遡る家柄に属していたし、さらに母ペリクティオネは「ソロンの身内であり友人でもあったドロピデス」（『ティマイオス』20E）に由来する名家の出自で、『カルミデス』（157E-158A）においてプラトン自身が言及しているように、彼女の一族からはプラトンの時代にも多くの有力政治家が輩出していた。

しかし、ペロポネソス戦争末期に成年に達し、政界中央への進出の機会をうかがっていたプラトンは、ちょうどその時期に、ソクラテス（前四七〇頃―三九九年）という、およそアテナイ社会の一般的風潮とは相容れぬ特異な考え方を持った人物から、大きな影響を受ける（ソクラテスについては第Ⅲ部第1章参照）。つねに「よく生きる」ことのみを求めて「政治」への参画をいましめ、またその問題をめぐってとりわけ若者たちと対話することに努めていた晩年のソクラテスに対して、プラトンは解きがたい謎と抗しがたい魅力とを覚えつつ、しだいに政治的現実の推移に懐疑的にならざるをえなかった。

ソクラテスの死と対話篇の執筆

ペロポネソス戦争終結後の混乱もようやく収まりかけた前三九九年、ソクラテスが突如として復興された民主政権の下で裁判にかけられ、有罪判決を受けて処刑されるという事件が起こる。その背後には、ソクラテスの哲学的な対話活動を危険視する有力政治家たちの思わくが働いていたものと思われ、一種の政治裁判であったことは疑いなかった。裁判の不当性を承知しながらその判決に従った彼の態度を、プラトンは激しい衝撃の中で深い「謎」として受け止め、その後もなお善と正義を実現する方途としての「政治」を全面的に断念したわけではないにしても、「これらの事態を目にし、万事がすっかり転変していくさまを見ているうちに、ついには眩暈（めまい）を覚えるに至り、こうした事態そのものについても、いったい、いかにすればよりよい状態になりうるかを考察することこそやめはしなかったが、実際行動については、あくまでも好機を待つことにした」(『第七書簡』325E–326A) のである。

プラトンがソクラテスを対話主導者とする「対話篇」を書き始めたのは、この時期のことである。ほぼ一五篇を数えるそれらの比較的短い初期の著作 (実際のソクラテスの姿に即したものと見られることから「ソクラテス的対話篇」と呼ばれることも多い) は、生前の「ソクラテスの思い出」を記録にとどめる意図をも持つものであっただろうが、むしろ彼の生と死を一貫していた言行の意味するものを深く問い直すことによって、その中からプラトン自身の生き方を探り当てるための営為でもあった。それらは、おおむね三十代に著されたものであるが、この一〇年間はそうした内面的な彷徨の時代であるとともに、この間には広く各地を訪ね歩く経験をも重ねていて、いわば二重の意味での「遍歴時代」であったと言ってよかろう。ソクラテスの死の直後にはしばらく隣国のメガラに赴いているし、さらには遠くエジプトやフェニキアにまで旅行したとも伝えられている。

「哲人王」思想の誕生

先に引いた『第七書簡』によれば、ソクラテスの死からつづく、こうした長期にわたる経験と思索によって彼の得た一つの帰結が政治と哲学との一体化を図ることであり、それは「哲人王」という理想像に結実する。「そして、正統的な哲学を讃えつつ、こう言明しなければならなかった。この哲学によってこそ、国家公共の正義も個々人に関する正しいあり方も、すべて見極めることができるのであり、されば、正統的な哲学にほんとうに携わっている類いの者が国政の支配の座に就くか、あるいは現に諸国において政権を掌握している類いの者が、何か神の配剤のごときものによって、ほんとうに哲学するようになるまでは、人類が悪禍をまぬがれることはないであろう」(326A–B)。プラトンは、こうした思想を抱きつつ、長い「遍歴時代」を締めくくるように、南イタリアおよびシケリア(シチリア)島への旅に出る。彼が四〇歳頃(前三八七年頃)のことであった。

この旅行で二つの大きな出会いがあった。一つは南イタリアのタラス(タレントゥム)におけるピュタゴラス派との接触であり、特にその中心的存在であったアルキュタスとは終生にわたる友誼が結ばれる。その地の政治指導者であるとともに学派のすぐれた数学者・哲学者でもあったこの人物に、プラトンは「哲人王」のかすかな実際的可能性を見たかもしれない。次いでシケリア島のシュラクウサイでは、当時の僭主ディオニュシオス一世の宮廷で僭主の義弟にあたるディオンとの運命的な出会いがあった。当時二〇歳前後だったこの若者はプラトンの理想に深く共鳴し、そのことが後年、この地にプラトンを巻き込んだ大きな政争を引き起こす遠因となる。この最初のシュラクウサイ訪問は、彼がディオニュシオスの不興を買ったために短時日で終わり、しかも帰途にアイギナ島で危うく奴隷に売られようとする事態にもなったと伝えられている。

学園アカデメイアの創設

帰国して間もなく、おそらく同年(前三八七年頃)のうちに、アテナイの北西郊にある聖域アカデメイアの一郭に、哲学の研究教育のための学園を創設する。ようやくプラトンは何をなすべきかを思い定めたのである。しかし、彼の理想を実現するためには、まず哲学(ピロソピアー)そのものを一個の「学」として確立しなければならない。それはいまだ、生前のソクラテスが対話と吟味論駁によって人びとに「よき生」への「知」を勧奨する「愛知の精神」(ピロソピアー)において示唆されているだけのものであった。

さらに、ここで注意されるべきことは、この時代のアテナイにおいて、国家公共の場から身を退いて教育という仕事に専念する生き方は、『ゴルギアス』におけるカリクレスの言葉を借りれば、「国家の中央を逃れて、社会の片隅にもぐり込んで、少数の若造相手に小声でぼそぼそつぶやきながら余生を送る」（485D）ようなものとしか思われていなかったことである。プラトンの「選択」がいかに果断な決心を要したかは、われわれの想像を超えるものであったにちがいない。むろん、プラトンはそこに理想政治を実現するための唯一の方途を見いだしていたのであり、それこそが真に「国家の中央」で活動することにほかならなかった。

アカデメイアにおける研究教育がどのように行われたかについては詳細は不明であるが、『国家』第七巻に語られる「哲人教育」のプログラムにそれが理想化されたかたちで投影されているとすれば、数学研究が重要視されたことは十分に推測される。そこにはアルキュタスを中心とするピュタゴラス派からの影響がうかがえるのかもしれない。事実、この学園にはこの時代のすぐれた数学者が集い、また次代におけるアレクサンドリアで大成されたエウクレイデス（ユークリッド、前三世紀前半）の幾何学を準備する多くの成果を生み出している。数学が重視されたのは、具体的な事物や描かれた図形を通して、理念的な数や図形について考察することで、事象や感覚に惑わされぬ厳密な思考に習熟するためであり、さらに最終的に、数学研究は、イデアを介してあらゆる問題に対処する力を養うための「準備学問」として位置づけられたのである。

こうした教育方針とそのプログラムは、一見、すぐれた政治的指導者の要請という実践的目標とはおよそ迂遠なことのように思われよう。しかし、アカデメイアは創立間もなくから高い声望を得て、そこにはプラトンの理念に共感する有為の若者たちがギリシア各地から参集した。そして実際に、ここに学んだ者でのちに祖国において大きな政治的貢献をなした者も少なくなかったのである。

学園の盛行は、プラトンの哲学者・教育者としてのすぐれた資質によるところが大であったことはまぎれもないが、やはりその教育理念が正しいものであったことをよく示していよう。歴史上最初の「大学」とも言うべきこの学園は、プラトン没後もギリシア世界における高等学術の中枢機関として九〇〇年以上にわたって存続し、キリスト教化された東ローマ帝国のユスティニアヌス帝が紀元後五二九年に発した異教的活動禁止令によって古代的伝統が閉塞させられるまで維持されていく。

シケリア事件

プラトンの後半生（四〇～八〇歳）は、もっぱらアカデメイアの経営と研究教育のうちに送られるが、ちょうどその充実した静穏さを二分するように、六〇歳の彼に大きなできごとが降りかかる。前三六七年、シケリア島のシュラクウサイのディオニュシオス一世が没し、その息子（二世）が王位に就くと、かつての出会いから親交のつづいていたディオンが、今こそ「哲人王」を実現させる格好の機会だとして、若い新たな僭主の教育と指導を要請してきたのである。むろんプラトンはその計画が無益に終わることを当初から見通していた。しかし、彼の『第七書簡』にも表明されているように（328B–329B）、自分が口先だけで理想を語る人間と見られることをはばかり、また事の渦中にあるディオンとの友誼関係を裏切ることのないようにとの理由から、あえて海を渡る決心をする。その結果は危惧したとおりとなり、むしろ僭主との間に亀裂を生じたディオンは国外に追放されるという事態に至ってしまう。わずか数カ月でプラトンはいったん帰国するが、その後も僭主と亡命中のディオン双方からの懇請はつづき、やむなく彼は、前三六一年頃、再度の（若い頃の旅行を加えれば三度目の）シケリア行きを決行する。このときも僭主の熱意がまったくうわべだけのものであることはすぐに露見し、プラトンはただちに計画を断念しようとするが、事態はさらに紛糾して内乱状態に陥り、彼自身も幽閉の身となり、生命の危険にも遭遇する。救出されたのはようやくその翌年になってからのことだった。シュラクウサイの内紛はその後もさらに深まり、ついにディオンは挙兵して僭主を追い落とす行動に出るが、その後の混乱の中で彼自身が暗殺されるという惨事が起こってしまう（前三五六年）。すべては水泡に帰したと言わなければならない。

プラトンにとって、この成り行きは痛恨の極みだったにちがいないが、同時にそれは十分に予想されたところでもあった。この事件についてはしばしば、哲学的理想主義者が現実の中でなすすべもなく敗れ去った例とみなされてもいる。しかしその渦中にあって彼の示した忍耐強い対応や、たえずそのつどの状況に適切な提言を具体的に与えている経緯を見ていけば、プラトンがどれほど正しく現実を把握し、実際に可能なかぎりでのよりよい方策の実現を図っていたかが分かるであろう。ましてや、この実体験によって彼の哲学思想まで大きく変わり、イデア的理想は放棄されたとする見解は、まったくの曲解である。そもそも、イデア論とは、転変極まりない過酷な現実の経験を積み重ねる中で、それを克服するためにこそ行き着いた哲学的立場であり、それは現実に対する最も深く厳しい洞察なしにはけっして成立しえないものだったのである。後年の著作には、そうしたリアルな眼差しがより鮮明にうかがわれるのは確かであるが、しかしそれにもかかわらず、現実に妥協することなく、より確実に理想の実現を目指しつつ、より強固な思想的基盤を確保していこうとする姿勢は、なお一貫して堅持されている。

イデア論の成立と展開

この一時期を別にすれば、プラトンの哲学的営為は、アカデメイアの生活の中で豊かな成果を実らせていく。彼がイデア論という根幹の思想に到達したのは、それと表裏する哲人王構想と同様に、おおむねアカデメイア設立と相前後してのことであったと思われる。『饗宴』、『パイドン』、『国家』、『パイドロス』の四著作には、エロース（恋）や魂の不死、あるいは理想国家の建設といった主要問題にからめて、イデア論的立場が最も鮮明に語られている。プラトンの多数の著作のそれぞれの執筆時期についてはのちに触れるが、それら四つはいずれもアカデメイアでの活動が順調に軌道に乗り、名声を確立していく時期に（プラトン四十代から五十代半ばにかけて）、相次いで書かれたものである。

むろん、彼の哲学的活動はそこにとどまるものではなく、イデア論の基本構想が定められると、すぐそれに引きつづいて、それに対する自己吟味と理論的基礎固め、そして理論のより精緻な方法的展開へと議論は深められていく。『パルメニデス』におけるイデア論の自己否定的検証の試みや、『テアイテトス』における認識論の根本的再検討以降の諸著作は、アカデメイアの哲学的議論状況に呼応するかのごとく、より高度専門的な内実のものになっている。また『ソピステス』や『ポリティコス（政治家）』では、あたかも精緻な論理的分析を駆使するような仕方で、ディアレクティケー（哲学的問答法）によるイデア論的考察のあり方が示唆されている。さらに『ティマイオス』では、議論の視野が宇宙全体に拡張されるとともに、後期の著作を通じて強化されたイデア論が、最も洗練されたかたちで再提示され、宇宙論的規模での世界解釈に適用されている。『法律』は明らかに最晩年の著作で、キケロ（『老年について』一三節）によれば「プラトンは『法律』を執筆しながら没した」とのことであるが、仮想国マグネシアの法律制定に仮託して人間の誕生から死に至るまでの万般が論じられるこの著作においても、プラトンの思索には少しの衰えも見られない。彼は前三四七年に八〇歳で世を去った。亡骸はアカデメイアの一郭に葬られたと伝えられている。

3　プラトンの著作

今日、プラトンの著作として四四篇が伝えられている（〈表1〉参照）。それらには若干の偽作の混在が疑われるものの、彼自身の手になるものは、おそらくすべて伝存しているものと考えられる。古代の著作家としてはきわめてまれなことである。

「標準版」の成立まで

彼の著作はアカデメイアの伝統の中で十全に管理され、すでに早くから『全集』が編纂刊行されてきたと思われるが、今日に伝わっているものは、紀元後一世紀初めにトラシュロスがローマで編纂した九つの「四部作集」（テトラロギアー）形式のものが元になっている。それらは、パピュロスに筆写された巻子本（かんすぼん）、羊皮紙に筆写された中世冊子本をへて、ルネサンス期の一五世紀後半に、グーテンベルクの発明した活版印刷技術によって、ようやく安定した伝承過程を得ることになる。プラトンの『著作集』がはじめて印刷に付されたのは一五一三年のことで（ヴェネツィアで刊行されたアルドゥス版）、次いで、より完全な『全集』が一五七八年にヘンリクス・ステファヌス（アンリ・エティエンヌ）によって刊行され（ステファヌス版）、これが今日に至るまでプラトン著作の「標準版」とされている。「標準版」とは研究上の基本となる共通テクストとして約定されたもののことで、当該著作への言及や箇所指示などはそれに準拠してなされるよう決められている。以後に刊行されたテクストや翻訳においては、標準版のページ数や行数符号などを欄外などに付記して対応箇所を明示することが慣例とされている。プラトンの場合について見れば、たとえば本書での箇所指示や邦訳などにも付されているのが、ステファヌス版のページ数および各ページのおよそ一〇行ごとに付されたAからEまでの記号である（たとえば、『パイドン』101Bとあれば、それは、ステファヌス版の一〇一ページ目の一一行目から二〇行目あたりに該当する箇所のことである）。

ただし、今日われわれが一般に手にするプラトンのテクストは、主として一九世紀以降に確立された近代古典文献学の手法によって、伝存する中世の羊皮紙筆写本やそれ以前のパピュロス資料をも比較校合し、さらに厳密に確定されたものである。プラトンについては、特に一八九九年から数年かけて刊行されたJ・バーネットによる校訂版（オックスフォード版）がその作業の集大成とも言うべきもので、これが今日、実質上の「標準版」の役割を果たしていると言ってよい。もっとも、以来一〇〇年以上が経過した現在、そのオックスフォード版が徐々に最新のもの（E・A・デューク、W・F・ヒッケン、S・R・スリングスら数名による共同編纂）に置き換えられようとしているところである。

著作のグループ分けと年代順

すでにあらましについては触れたところもあったように、今日では、プラトンの著作は全体が三つの執筆時期に区分けされ、おおよその著作年代順が推定されるようになっている。これもまた、一九世紀古典文献学の成果の一つであった。

その当時のプラトン研究は著作の真偽問題に直面し、一見したところ相互に相容れがたい議論を展開しているような齟齬が著作間に疑われるところから、一時はイデア論的内容が直接見られないものの多

『ラケス』*Laches*〔ソクラテス／23〕 ▶〈勇気〉とは何かを規定する試み。〈徳〉と〈知〉の関係が論じられる。

『リュシス』*Lysis*〔ソクラテス／20〕 ▶〈友愛〉とは何かを規定する試み。

第六テトラロギアー

『エウテュデモス』*Euthydemus*〔ソクラテス／37〕 ▶ソフィストの詭弁をからかいつつ，〈哲学への勧め〉を説く。

『プロタゴラス』*Protagoras*〔ソクラテス，プロタゴラス／53〕 ▶大ソフィストと交わす教育論，国家論，快楽論など。

『ゴルギアス』*Gorgias*〔ソクラテス／81〕 ▶弁論術の吟味に始まり，政治と哲学をめぐり「いかに生くべきか」の問題に発展する。

『メノン』*Meno*〔ソクラテス／30〕 ▶〈徳〉は教えられるか否かをめぐり，教育とは何か，〈想起説〉などが論じられる。

第七テトラロギアー

『ヒッピアス(大)』*Hippias major*〔ソクラテス／24〕 ▶〈美〉とは何かを問いつつ，さまざまな規定が試みられる。

『ヒッピアス(小)』*Hippias minor*〔ソクラテス／14〕 ▶知のパラドクスを弄して「故意に過ちや不正を犯すのは善人のみ」との結論を導出する。

『イオン』*Io*〔ソクラテス／12〕 ▶詩人的な知の本性を論ずる。

『メネクセノス』*Menexenus*〔ソクラテス／16〕 ▶ソクラテスが「追悼演説」の手本を披露する。

第八テトラロギアー

『クレイトポン』**Clitopho*〔クレイトポン／5〕 ▶ソクラテスの〈徳への勧め〉に対する批判。

『国家』(全10巻) *Respublica*〔ソクラテス／295〕 ▶〈正義〉とは何かを問いつつ，国家論，魂論，〈哲人王〉思想などが論じられる。

『ティマイオス』*Timaeus*〔ティマイオス／76〕 ▶イデア的知性と物質的必然を原理とするプラトンの宇宙論。

『クリティアス』*Critias*〔クリティアス／16〕 ▶アトランティス伝説と絡めて「理想国家」の活動を描こうとした未完作品。

第九テトラロギアー

『ミノス』**Minos*〔ソクラテス／9〕 ▶〈法〉とは何かを規定しようとする議論。

『法律』(全12巻) *Leges*〔アテナイからの客人／345〕 ▶新国家の法制定に即して人事・自然・神などのすべてが論じられる。

『エピノミス(法律後篇)』*Epinomis*〔アテナイからの客人／20〕 ▶『法律』への追補をなす哲学論で，独自の数論，自然神学などを展開する。

『書簡集』(全13通) *Epistulae*〔プラトン／55〕 ▶主としてシケリア事件に関連して書かれた書簡の集成。

その他（古来「非真正著作」とされてきたもの）

『定義集』*Definitiones*〔6〕	『正しさについて』*De justo*〔3〕
『徳について』*De virtute*〔4〕	『デモドコス』*Demodocus*〔7〕
『シシュポス』*Sisyphus*〔5〕	『ハルキュオン』*Halcyon*〔2〕
『エリュクシアス』*Eryxias*〔14〕	『アクシオコス』*Axiochus*〔8〕

〈表1〉 プラトンの著作一覧（トラシュロスの編纂順による）

作品名のあとにラテン語名（各作品への言及などは，一般にこれによることが多い）を付し，そのあとの〔 〕内に対話の中心人物／ステファヌス版算定での分量（ページ数）を記す。＊は偽作を疑われることが多い作品を示す。

第一テトラロギアー（四部作集）
『エウテュプロン』*Euthyphro*〔ソクラテス／14〕 ▶〈敬虔〉とは何かを規定する試み。
『ソクラテスの弁明』*Apologia Socratis*〔ソクラテス／25〕 ▶ソクラテス裁判における被告弁論。
『クリトン』*Crito*〔ソクラテス／12〕 ▶脱獄は正当か否かを論ずる。
『パイドン』*Phaedo*〔ソクラテス／61〕 ▶〈想起説〉〈イデア論〉などにより魂の不死を証明する議論。
第二テトラロギアー
『クラテュロス』*Cratylus*〔ソクラテス／58〕 ▶〈名前(言葉)〉は約定によるのか，ものの本性を表示するのかを論ずる。
『テアイテトス』*Theaetetus*〔ソクラテス／69〕 ▶知とは何か。〈感覚〉〈真なる思いなし〉〈ロゴスを伴った真なる思いなし〉を吟味する。
『ソピステス』*Sophista*〔エレアからの客人／53〕 ▶〈分割法〉によりソフィストを規定する。特に虚偽判断の成立要件を論ずる。
『ポリティコス(政治家)』*Politicus*〔エレアからの客人／55〕 ▶〈分割法〉により政治家を規定する試み。
第三テトラロギアー
『パルメニデス』*Parmenides*〔パルメニデス，ソクラテス／41〕 ▶パルメニデスによるイデア論批判と〈一〉をめぐる論理的訓練。
『ピレボス』*Philebus*〔ソクラテス／57〕 ▶〈快楽〉の本性を吟味し，快楽主義を批判する。
『饗宴』*Symposium*〔ソクラテス／52〕 ▶エロース(恋)礼讃とその本性についての議論。
『パイドロス』*Phaedrus*〔ソクラテス／53〕 ▶エロース(恋)論と弁論術・言葉への批判。
第四テトラロギアー
『アルキビアデスⅠ』*Alcibiades I*〔ソクラテス／32〕 ▶〈問答法〉〈徳〉〈魂の世話〉などソクラテス哲学の根本が論じられる。
『アルキビアデスⅡ』＊*Alcibiades II*〔ソクラテス／14〕 ▶神への〈祈り〉には祈るべき内容の吟味と正しい神認識が必要であることを論ずる。
『ヒッパルコス』＊*Hipparchus*〔ソクラテス／8〕 ▶〈利得〉は本来有益であり，有害な〈利得〉はありえないことをパラドクシカルに論ずる。
『恋がたき』＊*Amatores*〔ソクラテス／7〕 ▶哲学にいかに携わるべきか，哲学知と専門知について，などを論ずる。
第五テトラロギアー
『テアゲス』＊*Theages*〔ソクラテス／10〕 ▶通念的な知の内実を吟味する。
『カルミデス』*Charmides*〔ソクラテス／24〕 ▶〈節制〉とは何かを規定する試み。〈自己知〉に焦点が合わされる。

〈表２〉 プラトンの著作年代区分および著作順

初期著作	●ソクラテス的「対話篇」（30歳頃～40/45歳頃） 『エウテュプロン』『ソクラテスの弁明』『クリトン』 『カルミデス』『ラケス』『リュシス』『エウテュデモス』 『プロタゴラス』『ヒッピアス(大)』『ヒッピアス(小)』など 『ゴルギアス』『メノン』『クラテュロス』（？）
中期著作	●イデア論的「対話篇」（40/45歳頃～55歳頃） 『饗宴』『パイドン』『国家』『パイドロス』
後期著作	（55歳頃～80歳） 『パルメニデス』『テアイテトス』 ［60歳～65歳頃，シケリア事件により著作中断か］ 『ソピステス』『ポリティコス(政治家)』『ティマイオス』 『クリティアス』『ピレボス』『法律』『エピノミス(法律後篇)』

（註１） 文体統計法による著作年代区分では，文体が顕著に変わる『ソピステス』『ポリティコス(政治家)』以降を「後期著作」とし，『パルメニデス』『テアイテトス』は「中期著作」に入れ，また文体が「初期著作」に近似する『饗宴』『パイドン』は「初期著作」に算入されることが多い。しかし，その結果を踏まえた著作内容的な観点では，上表のように区分するのが一般的である。

（註２） 「初期著作」のうち，『エウテュプロン』から『ヒッピアス(小)』までの著作順は不同。『ゴルギアス』以降は，ほぼ上表のような想定順序が標準的である。

くが偽作と認定される趨勢が強まった。それに対して、各作品の文体比較の手法を導入したL・キャンベルは、最も疑われることの多かった著作群（今日の分類では「後期著作」）が、実際には、確実にプラトンのものとされる『法律』の文体と最も近似していることを明らかにすることでそれらの真作性を回復するとともに、文体的な変化から著作間に「思想発展」のあることをも導き出した。これを機に、文体比較（やがて「文体統計法」として精緻化される）とプラトン思想の発展的変化を連動させた研究が盛んに行われるようになった結果、〈表2〉に掲げたような、初期・中期・後期の三つのグループ分けとあらましの著作順が合意を見るようになったのである。むろん、それはいまだ確定的ではないし、特に初期グループ内部での順序は判然としないままであるが、今日のプラトン研究は基本的にこの図式に則って進められている。

ただし、この結果とは関係なく、古来の九つの「四部作集」（計三六篇）のうちにも偽作とみなすべきもの（おそらくは初期アカデメイアでプラトンに倣って著作されたもの）が混在していることは明らかである。

4 本書の構成について

本書は、プラトン哲学の基本的特色に照明を当てるとともに、その思想の多面的な諸相を抽出して、全体的な俯瞰図を描くことを眼目としたものである。

第Ⅰ部においてプラトンをめぐる歴史状況や彼の生涯、残された著作などを予備的に展望したのちに、本論では、まず第Ⅱ部において、プラトンの著作スタイルにかかわるいくつかの事柄が論じられている。ソクラテス的対話の特異な本性に導かれて、彼は「対話篇」という独自の形式による思想表明の仕方を必然的なものとして終生堅持したのであるが、そこに込められたプラトンの意図は、ここに収められた諸論考によってうかがうことができるであろう。

第Ⅲ部における諸論考では、プラトン哲学の主要局面を切り出すことがなされる。むろんプラトンはこれらのテーマを特定の著作において主題的に論ずることはしていない。それだけに、多数の著作を縦断しつつ、それぞれの項目について基本的な見通しを得ることは、プラトン理解への重要な手順となるはずである。

第Ⅳ部においては、現代的な視点からプラトンを逆照することで、これまで注意されてこなかった新たな局面が剔出されることが期待される。それらの論考は、同時に、プラトン哲学がまさに今日的状況においても直接議論を切り結びうる活力を持ったものであることを証するであろう。

「プラトンを学ぶ」ためには、既定の「正しい」解釈のみを追い求めるべきではあるまい。ここに集められた論考のいずれもが、それにとどまらず、プラトンの議論と直接取り組むことで得られた新たな思想的可能性を開くものとなっているであろう。「プラトンを学ぶ」とは、彼との対話の場に身を置き、われわれ自身のうちから自らのものとしての思考を呼び覚ますことにほかならないのである。

Ⅱ

対話篇

第1章　書かれたものと書かれざるもの(1)

山口義久

西洋古代古典期の著作家としては例外的に、プラトンが人に読ませることを意図して書いたものは、すべて現代にまで残存していると考えられている。古代の他の著作家の場合には、書き残したのに伝わらなかった作品がどのようなものであったかが謎を生むこともあるが、プラトンについてはそのような問題は生じない。その代わり、プラトンによって書かれたものからプラトンの哲学をいかにして読み取ることができるか、また、書かれていないプラトンの哲学というものを考えることができるか、できるとすればそれはどのようなものであったか、というような問題が、読者・研究者の頭を悩ませることになる。

ここでは、これらの問題について基本的な見通しをつけることを目ざす。まずは、書かれた言葉についてのプラトンの有名な警告をどのように受けとめるべきかという問題から始めて、プラトンの作品をどのように読むべきかという問題を考察し、さらに、プラトンの著作に書かれていないプラトンの哲学とはどのようなものでありうるかを考える。その結果として、プラトンを学ぶための有益な視点がえられれば、この考察にも意義があると言えることになろう。

1　プラトンによる書かれた言葉への批判

書かれたロゴスと生きたロゴス　プラトン『パイドロス』には、書かれた言葉に対する批判と受け取れる箇所がある（275D以下）。すなわち、書かれた言葉は何かを思慮しながら語っているように思われるが、語られていることについて学ぼうとして質問しても、同じ一つのことしか示してくれない。それは一度書かれてしまうと、理解力のある人のところにも、ふさわしくない人のところにも出かけていって、相手を選んで話したり黙ったりすることができず、不当な扱いを受けても自分で身を守ることはできず、父親（すなわち書き手）の助けを必要とすると言われるのである。

それと対比されるのは、「学ぶ人の魂の中に知識とともに書き込まれる言葉、自らを守ることができ、語るべき相手に語り、黙すべき相手に黙すことを知っている言葉」であり、それは、「知っている人の言葉、生きている言葉」とも呼ばれ、書かれた言葉はこれの影だと言われている。

書かれた言葉と対比されているからと言って、その「生きた言葉」を語られる言葉と同一視するのは、あまりにも単純な読み方であろう。書かれた言葉も、それと対比される「生きた言葉」も、語るという動詞の主語として表現されている。ここで「言葉」と訳されているのは「ロゴス」であるが、このギリシア語は、「語る」という意味のギリシア語動詞「レゲイン」の名詞形である。書かれた言葉も、文字を通じて何かを語っているのであり、話し言葉が音声を通じて語るのと、根本的な違いはない。

語られる言葉が「生きた言葉」であるとすれば、書かれた言葉はそれの影であるということになる。しかし、語られる言葉を忠実に文字に写せば、書かれた言葉は語られる言葉の影（一段階劣った存在）ではなく、一種の複製物（コピー）であろう。語られる言葉が音声とともに消えていくのに対して、永続性のあるコピーだとも言える。「生きた言葉」と言われるものは、これら両者とは、いわば次元の違うものだと考えるのが自然ではないだろうか。

ロゴスという言葉をあらためて考えてみると、「言葉」という訳語は、ロゴスの持つ意味の一部を代表するものにすぎないことに気づかされる。ロゴスは「数」や「比率」を表わすこともあるが、「ことわり」という訳語が当てはまる場合が少なくない。「理屈」とか「原理」とか、文脈に応じて、じつにさまざまに訳される。ロゴスの動詞形「レゲイン」を用いた、「君は何を語っているのか」という疑問文がプラトンの描く対話の中でよく出てくるが、この場合の「何を語る（レゲイン）か」は、たんにどんな言葉を発しているかではなく、どのような意味のことを言っているかを訊いているのである。どんな言葉を発しているかは、あらためて訊くまでもないことなのだから。

したがって、音声を通じてにせよ、文字を通じてにせよ、語るもの／語られるものとしてのロゴスは、用いられている言語というよりは、言語を通じて語られる意味や内容をさすものだと理解することができる。プラトンの対話篇にもよく出てくる「ロゴスをあたえる」という慣用句が「説明する」という意味になるのは、それが言葉をあたえることではなく、意味内容をあたえることだからである。

しかし、書かれたロゴスは、書いた人の意図や理解が何であれ、一定の言語表現で固定されてしまった言葉として、書き手の手を離れてしまっている。これは「書かれた言葉」と呼ぶしかないものであるが、それに対して、書き手が表現しようとした内容は、はたして「言葉」と呼ぶべきものであろうか。われわれが思考するときに言葉を用いて考えているということから、それを「内的な言葉」と呼ぶこともできるであろうが、わざわざ「言葉」という表現を使わなければならないかどうかは疑問である。

プラトンが「生きたロゴス」として「書かれたロゴス」と対比しているのは、そのような「内的な」ロゴスだと考えられる。これが「学ぶ人の魂の中に知識とともに書き込まれる」と言われることは、このロゴスの内的な特徴を考えるとき、何の抵抗もなく理解されるであろう。

しかし、そのようなロゴスも、魂の中に書き込まれる際には、言葉を媒介にしていると指摘できる。その意味では、内的なロゴスも言葉として生じると言えるのではないか。もちろん、プラトンは、内的なロゴスが問答法（対話の技術）を用いて魂に植えつけられると語っているので、言葉の必要性を否定することはありえない。しかし、魂の中に書き込まれたロゴスは、種子になぞらえられていて、そこからまた新しいロゴスが生長すると言われているのである。これも「言葉」という訳語で理解しようとすることには、かなり無理がある。

魂の中でロゴスが生長するという事態は目に見えることではないので、プラトンはそこでは植物を育てることをたとえに用いる工夫をしているが、比喩を離れて考えてみると、心の内なるロゴスというのは思考内容にほかならないように思われる。『ソピステス』（263E）で思考とロゴスが同じものだと言われているのも、そのことを支持するであろう。また『テアイテトス』（189A）で、思考するということは「自己自身と対話する（つまりロゴスを交わす）」ことだと言われていることは、ロゴスの生長が自己対話に支えられているということを示唆していると思われる。そうであるとすると、生きたロゴスが魂に書き込まれるときだけでなく、そのロゴスが生長していくためにも、問答法が重要な役割を担っているのではないかと考えることができる。

書物の光と影

それでは、書かれた言葉には何も有用性がないのであろうか。『パイドロス』でソクラテスの口から語られる、エジプトの神テウトが文字を発明したという物語（274C-275B）では、テウトは、これによって人びとは「もっと知恵のある、記憶力のある」者になるだろうと自慢している。それに対して、神々の王タムゥス（アンモン）は、むしろ反対の結果になるのではないかと批判している。つまり、記憶に関しては「記憶をなおざりにすることによって忘れっぽく」なると指摘し、知恵に関しては、知者になる代わりに、自称知者となるだけだと警告するのである。

プラトンはそれを受けて、書かれた言葉は、当の事柄について、知っている人に思い出させるだけだと言う（275D）。また、書くということは、自分自身のために、また同じ目標を目指す人のために「覚え書き」を蓄えることだとも言う（276D）。さらに『第七書簡』においても、プラトンが書物を書いたとしても、少しの示唆があれば自分で発見できるような少数の人以外には役立たないのだということが語られている（341E）。したがって、書物の効用として彼が認めるのは、ごく限られたものであることになる。

他方で、書物に対する警告には、どのような意味があるのだろうか。文字があることによって「記憶をなおざりにする」ということは、書きものに頼って、魂の中の記憶として留める努力をしないということだと理解できる。いわば外部記憶と言える書物があることで、本当は何も知らないのに博識だと思われることになるということは、事柄を理解していなくても、書物に頼ることで理解しているかのように、人からも思われ、自分でも思い込むことであろう。このような事情は現代の書物についても言えることであり、現代においては、ますます深刻な事態になっているのではないかと見ることができる。

2　プラトン著作の特色

プラトンが、これまで見てきたように、書かれた言葉に対する批判的な視点を持っていたことは、彼の執筆活動に対して支障とはならないのであろうか。少なくとも、それが矛盾にはならないことは明らかである。なぜかと言うと、書かれた言葉に対する批判は、主として、書かれたものに依存しすぎることに対する警告であって、書くことそのものに反対するものではないからである。しかし、書かれた言葉がさまざまな欠点を持っているとすると、執筆という行為そのものも、安直なやり方が許されないことになるであろう。この点でも、プラトンはきわめて自覚的な書き手であったと思われる。すなわち、彼はできるだけ、書かれた言葉の弊害を避けつつ、書かれた言葉に認められる機能を生かそうとしているように見えるのである。

書き手の側から見た、書かれた言葉の弊害とは、いったん書かれてしまうと、書き手を離れてどんな人のところにでも行くので、書き手の助けがなければ、誤解されても非難されてもどうしようもない、ということであった。この弊害は、書き手が自分の考えを書物に直接に書き込む場合に、とりわけ顕著になるであろう。『パイドロス』においても、「正なるもの・美なるもの・善なるものの知識を持っている人は、それを書物に書き表わさないだろう」(276C)と言われているのである。

この、知識を直接書物に書き表わすべきではないという戒めを、プラトンはどのように実践していたのであろうか。『パイドロス』よりも前に書かれた著作においては、その戒めを守ったという言い方は必ずしも正確ではないかもしれない。そのときには、書物の弊害を意識していたという証拠はないのだから。しかしながら、プラトンの実際の書き方は、その弊害を回避するかたちになっている。

具体的に言うと、それまでのプラトンの作品は、『パイドロス』も含めて、ソクラテスを主人公とする対話の形式をとっている。その中には、『パイドン』や『国家』といった、内容上プラトン的色彩の濃い中期作品も含まれているが、大部分は初期作品であって、内容的にはソクラテスの議論を彷彿とさせるものである。それらの対話篇という形式も、ソクラテスの問答の影響であることは容易に推測される。だが、それがどのような影響であったのかについては、考えてみなければならない。

ソクラテスと著作

プラトンがさまざまな面で感化・影響を受けたと考えられるソクラテスが著作を書かなかったことは、比較的よく知られている。それはたんに彼が書こうと思わなかったというだけのことかもしれない。しかし、すでに哲学者の著作なども商業的に流通していた時代状況から考えると、著述によって自らの思想を表明する手段があるということは十分に知っていながら、あえて書かなかったのだと推測することができる。そうだとすると、その意味では、ソクラテスの無著作は意図的に選択された結果であることになろう。

しかし、もしソクラテスが「なぜ著作を書かないのか」と問われたら、何と答えたであろうか。いちばん容易に想像できる答えは、「自分は無知だから、書くべきものを持っていない」というものであろう。そのように答えられたら、何と反応すればよいのだろうか。おそらく同時代の市民たちのように「あなたは知っているのに知らないふりをしている」と言いながら、ソクラテスの考えを書いてくれと懇願したくなるかもしれない。それをソクラテスの立場から見れば、われわれも彼を誤解しているということになるであろう。

それは、知と無知についての誤解である。知識は書き記すことができる――われわれがさまざまな知識を教科書を通じて学ぶとき、そのことはほとんど疑うことのできない事柄として前提されている。ソクラテスが持っていたとわれわれが考える知がそのような知識であったとしたら、彼が自分の知を書き記すことができないということは、納得しがたいことに思われよう。しかし、ソクラテスの知とは、書物に表わすことのできるような知識であったのだろうか。

ソクラテスは、自分が求めている知について、あまり実質的なことは語っていない。しかし、彼が無知とみなしているものは、彼の問答の仕方を通じて知ることができるように思われる。彼が多用した「〜とは何であるか」という問いに始まることが多い問答は、対話相手の答えを検討した結果、それらの答えの間に、つまり対話相手の考えの間に矛盾があることを明らかにすることが多かった。知っている人は正しく答えることができるという前提からすると、答えの間の矛盾は無知を意味することになろう。この無知は、情報を欠いているという意味での無知とは違ったものである。

そのことは、ソクラテスが何についての知を求めていたかということとも密接に関連している。彼は「よく生きる」ことや、人間としてのよさである徳について探求を続けたが、そのような問題、言い換えれば善や価値の問題については、誰でも何らかの判断をいだくことができる。少なくとも価値に関わる言葉を用いることができるかぎりにおいて、価値について情報がまったく欠如しているという意味での無知はありえないと言える。価値に関するソクラテスの問いに答えることができると人びとが思うのは、そのような事情のせいであろう。

ソクラテスが求めた知とは、彼が問答の中で出会うような矛盾をまぬかれている価値観だと考えれば、彼が倦むことなく対話を続けた理由が納得できるのではないだろうか。そのような価値観に到達するためには、まずはどのような判断とどのような判断が矛盾対立するかを知らなければならない。そのような矛盾を余すところなく経験することはおそらく不可能であろうが、ソクラテスはできるだけそのような矛盾におちいらない考えをとろうとしたように思われる。

ソクラテスの哲学的なスタンスがそのようなものであったなら、彼が自分の考えを著書に表わすということは、そもそも意味をなすであろうか。自分の考えを展開する著述は、問題を立ててそれに答えるという形式をとるにせよ、大前提のようなものから演繹的に述べるにせよ、いくつかの主張を何らかの論拠を用いて根拠づけるという、いわば構築的な形式をとるのが普通である。しかし、ソクラテスの議論の手法は、主張同士の矛盾を指摘することによる、いわば解体作業のような特徴を持っている。その営みそのものに意義があるのだとしたら、ソクラテスが自分の哲学を著述のかたちで表現できないと考えたとしても無理もないことだと言えよう。

プラトンの対話篇

ソクラテスを主人公とするプラトンの初期作品は、そのようなソクラテスの哲学的議論の特徴を再現してくれているように見える。プラトンが再現しようとしたのは、あくまでも議論のダイナミズムであって、議論の内容そのものを再現しようとしたと考える必要はないであろう。もちろん、ソクラテスの議論を通じてソクラテスがどのような思想に到達したかについても、プラトンは大きな関心をいだき、われわれにそれを伝えようとしていることは疑いない。しかし、それをプラトンは直截なかたちで述べることはせず、ソクラテスの対話を描くことで、その思想を浮かび上がらせようとしている。そのことは、ソクラテスが哲学的問題を問答を通じて追求したことの意義をプラトンが十分に認めていたことを示しているように思われる。

プラトンの初期対話篇を読んでいて気づくことの一つに、ソクラテスと対話する相手の多彩さがある。それらの作品の多くがソクラテスの対話相手の名前で呼ばれるが、このこと自体は歴史的偶然であって、著者プラトンの関わることではない。しかし、内容の点から言うと、彼がそのように多彩な対話相手を登場させたことは、たんに作品の単調さを避けるといった消極的な意味からではなく、プラトンがその作品を書いた意図との関係から積極的に理解すべきではないかと思われる。

もちろん、プラトンの作品を読んで著者の意図を読み取ることは容易ではない。しかし、読み手の意識としては、彼がなぜそのような書き方をしたかを考えることには意味がある。プラトンは、けっして無造作に、深く考えずに書いた著作家ではないからである。そのような目で見ると、ソクラテスの対話相手が多様であることは、それだけ多様な視点を作品のうちに持ち込もうとしているのだと考えることができる。プラトンの対話篇は彼の思考の産物であるが、思考は彼によれば自己自身との対話であった。自己対話は、自己のうちに複数の視点がなければ成立しない。対話篇の登場人物の多様性は、彼ができるだけさまざまな視点に立って思考しようとした努力の表われでもあるだろう。

また、『パイドロス』で、魂の中に書き込まれて生長するロゴスについて語られるとき、ソクラテスとプラトンの関係が連想されるのも自然なことである。ソクラテスの対話がプラトンの中で大きな存在を占めていることは、ソクラテスを主人公とする対話篇の多さから見ても、否定することは不可能に思われる。それらの作品そのものが、ソクラテスによってプラトンの魂に植えつけられたロゴスを生長させていく過程を示していると見ることができよう。さまざまな視点を持った人びとを対話相手として登場させながら、ソクラテスの問答法を適用していく。プラトンの執筆活動は、同時に、自己対話としての思考を通じて、ソクラテスから得たロゴスを深化・生長させていく過程でもあったのである。

3 プラトンの「書かれざる教説」はあったか

プラトンの対話篇が、書物の弊害を回避しながら、書物が果たしうる役割を果たすものとして書かれているとしても、それは書かれた言葉であるかぎり、書物の限界を超えることはありえない。すなわち、少なくともプラトンが知を持っている人であるなら、必ず何らかの知が書き表わせないものとして残っているはずである。そして『第七書簡』(341C)を信頼することができるなら、プラトンがそのような知を持っていると考えていたことは明らかである。

たしかに、プラトンが考えたこと、知っていたことをすべて書いたとすれば、そのことのほうが驚くべきことであろう。逆に言うと、彼は書いていること以上のことをすでに考えていたということになる。しかし、そのことは、プラトンが「書かれざる教説」を持っていたということとは区別しなければならない。

曖昧さを避けるために、ここで「教説」をどのような意味で用いるかを定義しておいたほうがよいであろう。それは一種の「説」だと言うことができる。この場合の説は、誰かがある事柄について、そうだと考えて主張するものをすべて包含するものとする。そうすると、教説がそのうちに含まれることは明らかである。そのほかに、仮説も説のうちに含まれるが、仮説は断定的に主張される説ではなく、説明や考察の都合上、かりに、あるいは暫定的に主張される説である。それに対して、教説は断定的に主張されるものだと言うことができる。

しかし、仮説以外のすべての説が教説と呼べるものであるわけではない。自分がそうだと思って主張しても、誰からも相手にしてもらえない場合は、教説ではないであろう。教説と呼ぶことができるためには、その主張が誰かに受け入れられるものであるという条件が必要だと思われる。受け入れられうるという可能性だけで十分であるかもしれないが、その可能性が証明されるのは、少なくとも誰かに受け入れられることによってである。

さらに、教説と言うからには、教えられる説であるという特徴をそなえていると考えるべきであろう。したがって、それは受け入れる人がいるということに加えて、教えられるような内容を持っていなければならない。すなわち、たんなる一つの観念ではなく、ある程度組織立った内容である必要がある。

ほかにも条件がつけられるかもしれないが、教説の概念をあまり狭くしすぎないようにするには、この程度の規定に留めておくのがよいであろう。すなわちまとめると、教説とは、「ある人がそうだと考えた、組織立った内容を持ち、ほかの誰かによって受け入れられる、断定的に主張される考え」だと言うことができる。

教説をそのように規定すれば、プラトンの「書かれなかった考え」あるいは「知」は、「書かれざる教説」とは言えないであろう。ある考えや主張を、他の人に教えることができ、教えられた人が受け入れることができるためには、それを言葉で固定化することができなければならない。

そのように考えれば、固定化されていない教説はありえないことになる。そうすると、教説の固定化が文書化でないとすれば、頭の中で思想として固定化しているということになるだろう。そうであるとしたら、その教説を文書化することもできるはずではないのか。

そのことを考えるとき、『第七書簡』における、書かれた言葉に対する批判と読める箇所が示唆に富んでいる。

> 問題の事柄について、私の書物（syngramma）は存在しないし、生まれることもないだろう。それはけっして他の学びごとのように語りえないものだ。（341C）

ここで「他の学びごとのように」と言われている点が目を引く。すなわち、哲学の扱う事柄は、他の学問知識のようには語ることができないものだというのである。

このことはどのように理解したらよいのだろうか。さきに見たソクラテスの問答のやり方が、考えるヒントをあたえてくれるように思われる。ソクラテスは、相手に問いかけた問いの答えをさらなる問いかけを通じて吟味し、その答えの間に矛盾があることに気づかせることで、その人の無知を覚らせる。これが彼が知を探究する仕方であるが、これはさきに述べたように、知識を構築するやり方ではない。構築型の知は、情報の蓄積としてもとらえることができる。知が百科全書のかたちで集大成できると考えた人たちも、知とはそのように蓄積できるものだと考えていたのであろう。しかし、ソクラテスの求めた知はそのようなものではなかったのである。もちろん、プラトンが「語りえない」と言っているものが、ソクラテスの求めた知とまったく同じものであるとは必ずしも言えない。しかし、少なくともたんなる情報の蓄積ではないという点では共通していると言えよう。

4　プラトンによって書かれた教説はあったか

そのように考えると、プラトンの著作の中に出てくる考えが彼の教説と言えるものであるかどうかさえも疑問になってくる。たとえば、哲人王やイデアの考えなどは一般にプラトンの教説とみなされているが、それらは教説として説かれているわけではなく、知を持っている人の遊びあるいは覚え書きであって、知を持っている人や自分で発見できる人にしか役立たないものだと言えるかもしれないのである。

他面では、それらの考えに賛同する人もいるということは、それを教えられた人が受け入れたという事態だと考えられるので、それらを教説として扱える側面もあるように思われる。しかし、その場合でも、プラトンが教説として出しているかどうかは疑問である。これは『第七書簡』で、彼の作品がそれを読んだ人びとを「何か尊い事柄を学んだつもりにさせて、空疎な希望で満たす」(341E)と形容されている事態にすぎないのかもしれない。つまり、プラトンの書いたことが受け入れられると思っている人にとっては、それはプラトンの教説であるとしても、プラトンにとってそうであるとは限らないのである。

プラトンの著作に出てくる考えが彼の教説として出されていることを疑うもう一つの理由は、さきに教説を規定しようとした際にそれと区別した仮説との関係である。つまり、彼の著作に出てくる説は、一般に、一つの仮説として語られているのではないかということである。この見方は、知を持っている人にとっての書物の意味が遊びや覚え書きだという見方とも両立するであろう。

たとえば、イデアの考えをプラトンの教説であるとすることは一種の常識になっていると思われるが、それが『ティマイオス』に現われるときには、知識と正しい思いなしが同じであるか否かにイデアの存在が依存していると言われている（51D）。つまり、宇宙のあり方がイデアをモデルとしているか否かということが問題になる文脈で、イデアの存在が無条件に前提されるのではなく、条件つきで考えられていることに気づかされるような書き方がなされているのである。これは、『ティマイオス』の宇宙創成論が「ありそうな話」とされていること（29D）と相まって、プラトンの作品に出てくる説が仮のものであるという見方を支持するものである。

もちろん、だからと言って、プラトンが著作に書いていることはすべて仮の説で、本気で主張しようとしている説は一つもないと断言することはできない。そのことの判断も含めて、プラトンの意図を理解することは、読者であるわれわれの責任で行なうべきことである。書かれた言葉についての『パイドロス』や『第七書簡』の警告は、プラトンがどのような意識をもって執筆したかを教えてくれるものであるとともに、主として読み手に注意をうながすものであることを、われわれは心に留めておかなければならない。

［註］

（１）「書かれざるもの」に対比されるべきは「書かれしもの」であり、「書かれたもの」に対しては「書かれなかったもの」と言うのが正しいが、まったく便宜的に、タイトルのような表記を使うことにする。

第2章　アイロニーとパラドクス

丸橋　裕

1　プラトンのアイロニー

プラトンの不在、そしてソクラテスの過剰な現在

奇妙に思われるかもしれないが、プラトンの対話篇には、「プラトン」と名づけられる対話人物がひとりも登場してこない。たしかにプラトンの名は、三度（『ソクラテスの弁明』34A1, 38B6〔以下、『弁明』と略記〕、『パイドン』59B10）書きとどめられてはいる。しかし重要なことは、プラトンが描き出す登場人物は、ソクラテスを含め誰ひとりとして、プラトン自身と同一視できないということである。ディオティマも、エレアからの客人も、ティマイオスも、そしてアテナイからの客人でさえも、プラトンその人であることを意図されてはいないだろう。

しかし、これは当然のことかもしれない。アイスキュロスが俳優としてアガメムノンを演ずることはあったかもしれないが、登場人物としてのアガメムノンが詩人アイスキュロスの仮面であるとは考えら

れないだろうからだ。アイスキュロスの作劇の意図や基本思想は、劇全体の構成の中から聴衆たち自身が読みとらねばならない。

プラトン自身のテクストにプラトンが不在であるということ。これはたしかにプラトン哲学の最大のアイロニーである。しかしそのことは、プラトンのテクストの表面上の意味を額面どおりに受けとめるだけではプラトン自身の考えを本当に知ることにはならないという、きわめて当たり前のことを意味しているにすぎない。

一方、プラトンの描き出すソクラテスが歴史的ソクラテスを原像としていることは言うまでもない。しかしだからと言って、プラトンの対話篇が実際に起こった対話の忠実な再現ではありえないということも、これまた言うまでもないことだろう。したがって、プラトン自身がみずからの対話篇を「理想化され若返らされたソクラテスのもの」（『第二書簡』314C）だと語るのを聞いても、わたしたちは不審に思わない。

その意味においてプラトンの対話篇は、いわばソクラテスの伝説圏をつくりだそうとするものである。プラトンのすべての対話篇は（おそらく『メネクセノス』と『法律』のみを例外として）、その劇的な対話設定年代順に、若き日のソクラテスが登場する『パルメニデス』から、まさにソクラテスの死をもって終わる『パイドン』に至る、仮想的な全体性をかたちづくっていると見ることができるだろう。

わたしたちは、プラトンの対話篇における、こうした過剰なまでのソクラテスの現在と、反面、あまりに禁欲的に見えるプラトン自身の不在との関連をどう考えたらよいのだろうか。

死の影

プラトンの対話篇を読んでいると、ソクラテスの対話問答の晴朗で敏活な前景の背後に、ふと暗く陰気な死の影がよぎる瞬間に出会うことがある。ソクラテスの裁判と処刑を直接の背景として書かれた対話篇であれば、それは当然のことかもしれない。しかし、たとえば『国家』の対話設定年代は前四三〇年頃とされている。ということは、その登場人物たちの誰ひとりとして、ソクラテスの三〇年後の運命など知る由もないということだ。ところが、この対話篇のひとつのクライマックスである洞窟の比喩（第七巻）には、そのような不吉な影が読み手の心に痛切に迫りくる瞬間がある。

ソクラテスは、わたしたち人間の現実の姿を説明するため、地下に広がる奇妙な洞窟の、奥壁に映し出される影しか見ることのできない囚人たちの様子を語ってみせる。もしその囚人たちのうちのひとりがさいわい太陽の光のもとへ逃れ出ることができて、ある日ふたたび洞窟へ戻ろうとしたならどうだろう、とソクラテスはグラウコンに問う。

「もしこのような人が、もう一度下へ降りて行って、前にいた同じところに座を占めることになったとしたら、どうだろう？　太陽のもとから急にやって来て、彼の目は暗黒に満たされるのではないだろうか」

「それはもう、大いにそういうことになるでしょう」と彼は答えた。

「そこでもし彼が、ずっとそこに拘禁されたままでいた者たちを相手にして、もう一度例のいろいろの影を判別しながら争わなければならないことになったとしたら、どうだろう――それは彼の目がまだ落着かずに、ぼんやりとしか見えない時期においてであり、しかも、目がそのようにそこに慣れるためには、少なからぬ時間を必要とするとすれば？　そのようなとき、彼は失笑を買うようなことにならないだろうか。そして人々は彼について、あの男は上へ登って行ったために、目をすっかりだめにして帰ってきたのだと言い、上へ登って行くなどということは、試みるだけの値打さえもない、と言うのではなかろうか。こうして彼らは、囚人を解放して上のほうへ連れて行こうと企てる者に対して、もしこれを何とかして手のうちに捕えて殺すことができるならば、殺してしまうのではないだろうか？」

「ええ、きっとそうすることでしょう」と彼は答えた。

（第七巻 516E–517A、藤沢令夫訳、岩波文庫、一九七九年、下、一〇〇—一〇一頁）

登場人物としてのソクラテスが、ここで意識的に自分自身の三〇年後の運命を予言して語っているとは考えられない。しかし、この対話篇の著者であるプラトンが、読者として祖国アテナイによるソクラテスの裁判と処刑について知らない者を想定しているとも思われないだろう。プラトンはここで明らかに、悲劇詩人の劇的アイロニー（dramatic irony）の手法を用いているのである。

劇的アイロニー

古代ギリシアの悲劇詩人は、作品のプロットを組みたてるとき、その背後に存在する神話伝説について聴衆たちの知識を思いのままに利用することができた。たとえば、ソポクレスの『オイディプス王』において、オイディプス王は、先王ライオスの殺害者を見つけ出すことを約束して、「わたしはまことの父につくすのと変わらぬ気持ちで、この戦いをすすめるつもり」（264–265）と語る。この自信に満ちた言葉を語るとき、オイディプスはその死者が自分の父親であることや、自分がその殺害者だったことを知らない。しかし、悲劇の聴衆たちがもしその事実を知らなかったなら、ソポクレスがここでねらった劇的効果は台なしになってしまうだろう。このように、ある作品が劇的アイロニーを示していると言えるのは、その登場人物の言葉や行為のもつ本質的な意義が、その劇中のどの登場人物よりも聴衆にまず明らかになっている場合である。

アイロニーとは、一般に、現象と本質とのあいだの裂け目を明示しようとするものである。そして、その基本的要素である矛盾・対立は、多くの場合、その標的となる犠牲者の、さまざまな度合いの傲慢や自己満足、素朴や無知によって彩られている。この犠牲者の無知の程度が大きければ大きいほど、アイロニーの効果は強まっていく。そして、劇的アイロニーの場合、その受け取り手である聴衆は、その提示者である悲劇詩人によって、そうした矛盾・対立だけでなく、その犠牲者の無知とその意味にも気づくことが求められている。劇的アイロニーを通して悲劇詩人は、劇中の登場人物のいわば頭越しに、直接、聴衆に挑みかかっているのである。

プラトンが自分自身の思想の表現形式として採用したのは、まさにこうした劇的な対話篇だった。プラトンの対話篇にプラトン自身は語り手としてすら登場してくることはない。しかし彼は、ソクラテスを中心とするさまざまな登場人物の言葉と行為を通して、直接、わたしたち読者に挑みかかっている。ソクラテスの生と死の意味は何であるか、哲学の本義はいったい何であるか、と。プラトンはそのような劇的アイロニーの巨匠である。

ソクラテス的アイロニー

しかし、プラトンの描くソクラテスが、そのアイロニーのいぶきをプラトンによってのみ吹き込まれたわけではないだろう。ソクラテスそのひとが、そのより多面的な弟子以上にアイロニーに満ちた人物であったことは疑いない。そして、プラトンがトラシュマコスの軽蔑的な言葉――「これが例のおなじみの、ソクラテスのエイローネイアー（空とぼけ）というやつさ」（『国家』第一巻337A）――によって表現したようなことを、多くの人びとがソクラテスとの対話のなかで感じたり言ったりしたことも疑いない。ローマの修辞学者クインティリアヌスは、アイロニーの概念が弁論術のうちに一定の位置を占めるだけでなく、「人生全体がアイロニーで満たされうる」ということを示すために、ソクラテスを唯一の例としてあげるのである（『弁論術教育』IX. 2. 46）。

G・ヴラストスによれば、「クセノポンのソクラテスはアイロニーとパラドクス抜きのソクラテスである。そして、プラトンのソクラテスからアイロニーとパラドクスを取り去れば、あとには何も残らない」。たしかに、クセノポンの描き出すソクラテスは、アイロニーやパラドクスとは無縁の人物である。しかし、クセノポンにはソクラテスがまさにそのような人物に見えたのであって、そのように見えたということが、はからずもソクラテスのアイロニーの本質を明らかにしているのではないか。ソクラテス的アイロニー（Socratic irony）という言葉も、たしかに人口に膾炙している。そして「論敵に教えを請うふりをしてその誤りを暴露する論法」という標準的な定義が、手近な英和辞典にすらあたえられている。しかしこれもやはり、ソクラテスがそのような人物に見えた人びとによって語られたかぎりでの、**ソクラテス**的アイロニーなのであって、**ソクラテス**のアイロニーの本質を示すものではないと言えるかもしれない。そしてもちろんそのことは、プラトンが描き出したソクラテス像についてもあてはまる。

プラトンは、自分自身のソクラテス像を提示することによって、直接わたしたち読者に対して、ソクラテスのアイロニーとパラドクスの謎を解き明かしてみよと、挑みかかっているのである。

2　ソクラテスのアイロニー

エイローネイアーの概念

アイロニーという言葉は、古典ギリシア語のエイローネイアー（εἰρωνεία）を直接の語源としている。その同系語を最初期に用いた喜劇詩人アリストパネスの多彩な用例（『蜂』174、『鳥』1211、『雲』449）によれば、それは相手の狡猾な態度や嘘や言い逃れを罵るための言葉である。また、前四世紀末のアテナイ市民の意識を伝えるテオプラストスの植物学的分類（『人さまざま』一）によれば、「空とぼけ」（エイローネイアー）とは、言葉と行動において実際にあるがままの自分より少ない価値しかないかのように装う者に対する侮辱的な表現である。いずれにせよ、それが民主アテナイという、機知にあふれてはいるが疑り深く批判的な社会に一般的なイディオムであったことは確かなようだ。

　さてしかし、人間の感情と行為のあり方を特徴づけるある概念について、その真正のギリシア的な意味を考察しようとする者は、まず何よりも（このテオプラストスの師でもある）アリストテレスの『ニコマコス倫理学』をひもとかなくてはならない。それによれば、「一般に、ほら吹き（ὁ ἀλαζών）とは、評判になるようなところが実際にあるかのように、またそれが実際以上に大きいかのように見せかけるひとであるが、空とぼけ（ὁ εἴρων）は、それとは反対に、評判になるようなところが実際にあるのにそれを否定したり、それが実際より小さいかのように見せかけたりするひとであり、そして、その中間に位置するひとは、生活においても言葉においても、真実ありのままの率直なひと（αὐθέκαστός τις ὢν ἀληθευτικός）であり、自分自身について実際にあるがままを承認し、より大きくもより小さくも見せかけないひとであると考えられている」（第四巻第四章 1127a20-26。傍点は引用者、以下同）。

ここでアリストテレスが語っている徳・悪徳は、人間が外に向かって自分自身をどう表現するかによって明るみに出てくるものであって、いわゆる内面の誠実・不誠実とは異なるものであることに注意しなければならない。徳であるかどうかは、ある人間の外的な行動、態度、言葉が、その人間のあるがままの本質に純粋に対応しているかどうかによって決定されるのである。アリストテレスの中庸論によれば、ありのままの真実（アレーテイア）とは、実際にあるがままの自分をあえて現わそうとするひとの率直さであるのに対して、ほら吹き（アラゾネイアー）と空とぼけ（エイローネイアー）は、このアレーテイアを中庸の徳として、自分自身の価値を実際より大きく見せかけるか、小さく見せかけるかによって両極に分かれる悪徳なのである。ただアリストテレスは、ソクラテスの場合のそうした空とぼけを、ほら吹きに比べれば品性の上で魅力的なものだと見てはいる。しかし、少なくとも当時のアッティカにおいては、エイローネイアーが非難されるべき悪徳と考えられていたことに変わりはない。

それではプラトンは、ソクラテスとエイローネイアーとをどう関係づけるのだろうか。

トラシュマコスのソクラテス

ソクラテス的アイロニーという言葉の古典的トポスのひとつは、『国家』第一巻におけるカルケドンのソフィスト、トラシュマコスの激越な感情の爆発にある。ソクラテスは、ポレマルコスと自分が〈正義〉とは何であるかを発見できなかった理由を説明して、

「ぼくたちには力が足りないのだ。だから、君のように能力のある人たちとしては、ぼくたちを怒るよりは憐れむほうが、ずっとふさわしい態度ではあるまいか」と言う。それを聞いたトラシュマコスは、とげとげしい高笑いをして、こう切り返すのだ。

「そらそら、お出でなすった！　これが例のおなじみの、ソクラテスの空とぼけ（εἰρωνεία）というやつさ。そう来ることは百も承知で、わたしはここにいる人たちに、ちゃんと予言しておいたのだ。あなたはきっと答えるのをいやがるだろう、誰かに質問されると空とぼけて、何だかんだと言いつくろっては答えるのを避けるだろう、とね」

（337A4-7）

トラシュマコスは、ポレマルコスや自分に対するソクラテスの態度のうちに、二つのものを読みとっている。じれったい無知の偽装と、他者には答えを強いながらみずからはそれを避けるという狡猾な戦略とである。彼の観察によれば、ソクラテスは〈正義〉とは何であるかを本当は知っているのであって、自分は知らないから他の人びとに教えを請うているのだというソクラテスの主張は、論争相手を油断させるための単なる見せかけだということになる。トラシュマコスは、エイローネイアーという言葉を、まさにアリストテレスが分析しているような意味で用いているのである。

しかし、このことは、じつはトラシュマコスにはソクラテスのアイロニーの本質が理解できなかったのだということをアイロニカルに示している。ここにわたしたちは、プラトンのアイロニーを感じとらなくてはならない。

たしかに、ソクラテスは「知っている」かに見える。やがて明らかになるように、正義とは何であるかを、つまりそれは「自分のことだけをすること」（第四巻433B）だという意見をソクラテスは表明する。もしそのことがソクラテスの知を意味するのだとすれば、ソクラテスが空とぼけているというトラシュマコスの判断は正しかったことになる。そしてソクラテスのエイローネイアーとは、まさにソクラテス的アイロニーとして現代にも受け入れられているような「洗練された社交術」（キケロ『弁論家について』II. 270）であり、一種の「教育的手段」（ニーチェ『人間的な、あまりに人間的な』I. 372）であることになるだろう。

しかし、ソクラテス自身にとっては、その意見はあくまでも対話問答を通じて吟味されるべき思わくのひとつでしかない。じっさい「〈正義〉とは強者の利益である」というトラシュマコス説を吟味・論駁したあと、ソクラテスは「討論の結果ぼくがいま得たものはと言えば、何も知っていない（μηδὲν εἰδέναι）ということだけだ」（第一巻354B–C）と語っている。そして、対話の進行から明らかなように、このアポリアーがなければ、第二巻以降、グラウコンとアデイマントスによって対話問答がより原理的なレヴェルから構成し直されることも、共同探究を通じてソクラテスのこの思わくが吟味され、『国家』の中核部へ議論がすすむことも不可能だったろう。そしてそこで最終的に明らかにされるディアレクティケー（哲学的問答法）の行程とは、人間的な知をはるかに超越する神的な知への希求――知そのものではない――を具体化したものにほかならない。ソクラテスは、そのような知をもってはいないからこそ、その行程を歩みつづけようとするのである。

ソクラテスのアイロニーを真に理解するためには、空とぼけていると他の人びとに思われるときの彼が、けっしてそう見せかけているのではなく、ありのままの真実を語っているのだということを認識しなければならない。ソクラテスのアイロニーは、彼がはっきりと理解している真理——無知の知——を表現するための、唯一の適切な形式である。そしてそれは、もしアリストテレスの分析にあてはめられうるとすれば、エイローネイアーにではなく、むしろアレーテイアに属するものなのである。ところが、ソクラテスも（そしてわたしたち自身も）その一員であるような国家社会においては、この態度がエイローネイアーとしか理解されざるをえない。トラシュマコスのように「多くの人びとは彼のことを間違ってそう呼んだ」（アスパシオス、CAG XIX 54）のだ。ありのままの真実が空とぼけとして現れるということ、それがソクラテスのアイロニーの悲劇的本質である。そしてそれは、わたしたちがすでに見た劇的アイロニーとは正反対の形式をとる。劇的アイロニーの場合、欺瞞に囚われているのは語り手であり、聴き手は真実を知っているのだった。ソクラテスの場合は逆である。彼は真実を語っているが、聴き手はそれをつねに欺瞞としか理解しないのだ。

アルキビアデスのソクラテス　このことを『饗宴』のアルキビアデスほど示唆に富んだ仕方で表現している者はいない。彼はソクラテスを、両開きになった扉のなかに神々の像を蔵しているシレノス像に喩える（215A–B）。それは外的には醜く、内的には神々しい。だからソクラテスは、ただ美しいだけの他の存在よりは低く見える。そして、美がそうした表面的な価値として受けとめられるかぎり、彼はまさにそのとおりの存在である。しかし、わたしたちが、より深い内面的な美の存在に気づくや、その二つのレヴェルは、まるで透視画法の前景と後景が反転するかのような仕方で位置を変える。それまではより低く見えていた彼が突然すぐれた者に見え、予期に反して現れ出てきたものに対する大きな驚きが生まれるのである。「ぼくは諸君にあえてこう言う——彼は一生涯のあいだ、人びとに向かって空とぼけ（εἰρωνευόμενος）、ふざけ通しているのだ」（216E）。アルキビアデスの考えによれば、ソクラテスは他の人びとが求めているもの——美と富と名声——をすべて軽蔑し、これらの価値を追い求めている人びとをとるにたらない者とみなしながら、空とぼけてシレノスの仮面をかぶっている。自分はその醜い無知の仮面の下に燦然と輝く神的な徳を隠しもっているくせに、傲慢な人間軽蔑からそれを他の人びとには知らせようとしないというのである。

アルキビアデスは、このようにしてソクラテスの仮面を剝いだつもりでいる。しかし、アルキビアデスはソクラテスのどのような本質を知っているというのだろうか。

アルキビアデスは、ソクラテスが自分のあとについてくるのを見て、当時の有為なアテナイ青年であればだれもがそうしたであろうように、これを利用しようと考える。なぜなら彼は、ソクラテスが自分をできるかぎり立派な者にするための最も強力な後ろ盾になってくれるだろうと感じているからだ（217A-218D）。しかし彼には、もし自分が凡俗なエロースに囚われているのなら、ソクラテスがその導き手としての役割をより深い本当の意味で果たすことはできないということが見えない。アルキビアデスがこの饗宴に乱入してくる直前に、ソクラテスがマンティネイアの巫女ディオティマの口を通して語っていたように、真のエロースの道を歩もうとするならば、導き手に正しく導かれて、見神に窮まる最奥の秘儀をうけなければならないのだった（209E-212A）。たしかにアルキビアデスは、ソクラテス＝マルシュアスの笛の音を聴いて、「今のぼくのようなありさまでは生きる価値もないと思われるような、そういう気持ちにさせられることがじつにたびたびだった」（216A）と語っている。しかし、彼の心を支配していたものは、真実の徳を獲得しようとするエロースではなく、彼自身がはっきりと認めているように「大衆から与えられる名誉」(216B)への執着であり、すべて狭量な人間がしでかしがちな打算にすぎなかった。彼はソクラテスとの交わりを、まったく反ソクラテス的な仕方でしか理解できない。もし知慮が、アルキビアデスが理解しているように、交換でやりとりできるようなものと理解されているとしたら、ソクラテスは、自分がそのような知恵の宝庫としては「何のとりえもない者」だと主張するしかないだろう(218D–219A)。そして、このソクラテスの拒否の態度をアルキビアデスはエイローネイアーとしか理解できないのだ。しかし、この拒否によってソクラテスが示そうとしたことは、神的な真理のまえにはあらゆる人間的な知が無力であるという認識であり、またこの認識から、やがて自分自身から生まれて自分自身を超え出ていこうとする力——高貴なる真のエロース——が生じるであろうということなのである。

アルキビアデスは、このように、自分がソクラテスから得ようとしていたエロースの本義をすでに示されているにもかかわらず、それに気づくことができなかった。ここにこそ、ソクラテスのアイロニーの悲劇的な本質が現れている。アルキビアデスは、ソクラテスをグル(教団の統制者)のような存在ではなく、むしろ探究の導き手とみなして、自分自身で探究の道を歩み始めるべきだったのだ。みずから発見しえないものを誰も本当の意味で認識することはできない。ソクラテスのアイロニーを通して、プラトンはわたしたち読者にそう語りかけているのである。

それにしても『饗宴』の読者は、アルキビアデスがその後実際に歩んだ道のことを、どれほど痛恨の思いをもって想起したことだろう。アテナイ民会が彼の扇動に屈してシケリア大遠征を議決したのは、この饗宴が行われた——とプラトンが劇的アイロニーを凝らしている——年の翌年(前四一五年)のことである。

ロマン主義的アイロニー

さて、フリードリヒ・シュレーゲルをはじめとする一九世紀のロマン主義者たちは、アイロニーをロマン主義者の最高の生活理想と考え、そのあとをうけたキルケゴールは、ヘーゲル哲学を媒介として、ソクラテスのアイロニーの概念に実存哲学的思索の原点を探り出そうとした。はたして、ロマン主義的なアイロニーの概念は、ソクラテスのアイロニーの真実の姿を伝えるものなのだろうか。

キルケゴールは、たしかにプラトンのソクラテス像を素材としながら、その強力な言語・思考能力によって、既存の一切のものを徹底的に否定し去る「無限的・絶対的否定性」という魅惑的なアイロニストの姿を創造した（『イロニーの概念』）。しかし、彼の論究の本来の対象は、アイロニーの概念一般であり、その本来の目的も、彼にとってはアイロニーと同義的なものとなるロマン主義との闘争であった。ただ、一見して明らかなように、キルケゴールのソクラテス解釈は、アルキビアデスがソクラテスについて語ったようなエイローネイアーの概念を発展させたものにすぎない。絶対的な否定性としてのアイロニーの規定は、ソクラテスが「それらの持ち物をすべて何の価値もないものと思い、さらにわれわれをも無に等しいつまらぬものと考えているのだ」（216E）というアルキビアデスの判断を出発点としているのである。したがって、ロマン主義的なアイロニーの概念も、キルケゴールのソクラテス解釈も、「その一切は、ソクラテスそのものではなく、ソクラテスの否定である」（G・ピヒト）。ソクラテスの真なるエートスを理解しようと思えば、エイローネイアーをではなく、アリストテレスが「アレーテイア」と呼んだものをこそソクラテスのうちに見なければならないからである。真の哲学者は真理を愛する者である。したがって彼は、「エイローネイアー」と呼ばれるような、自己の本質を偽る態度をとることはできない。この単純な事実を理解しようとせずキルケゴールの解釈を鵜呑みにし、ソクラテスのアイロニーが「無限否定性」を本質とするなどと断定するロマンティックな立場は、それ自体がまさに哲学の否定（反哲学！）である。

エイローネイアーとそのソクラテスのアイロニーとが見間違えられるほどよく似ていることはたしかである。しかしそれは、「狡猾な擬態」も「ありのままの真実」も、「常識」に対しては「反・常識」（パラ・ドクサ）として関係せざるをえないからである。ソクラテスのアイロニーのパラドクス性は、それを理解できない者にはそれがエイローネイアーとしか見えないというところにある。だが、それを理解できる者には、神的な知への遥かなる道筋がひらけるのである。

3　ソクラテスの生と死のパラドクス

「ソクラテス的アイロニー」と呼ばれているものの実体が、じつはアレーテイアにほかならなかったのと同じように、「ソクラテス的パラドクス」と呼ばれているものも、その本質はアレーテイアにほかならない。「アイロニーはパラドクスの形式である。善きものにして同時に偉大なるものはすべて、パラドクスである」というシュレーゲルの言葉（『リュツェーウム断片』48）は、皮肉にもそのことを示唆している。

ソクラテス的パラドクス

「徳は知識である」というソクラテスの有名な教説からは、ソクラテス的パラドクスとして知られている多くの帰結が導かれる。その一つは、『弁明』から『法律』にいたるプラトンの多くの対話篇に、かたちを変えてくり返し現れる命題、すなわち「みずからすすんで不正をおかす者はいない」というものだ。不正をおかす者はそれが不正だと知らないだけなのだ。しかし、もしそうだとすれば、不正に対して下されるべき懲罰は、当時のギリシアの諸国家で行われていたどんな刑罰とも異なったものになるだろう。無知を癒す唯一の適切な手段は、教育にほかならないからである（『法律』第九巻の刑罰論を見よ）。

また、『ゴルギアス』において例のカリクレスを大いにあきれさせた罪と罰のパラドクス——「自分が不正を受けるよりも、人に不正を加えるほうをとる者はだれもいない」（475E）、「不正をおかしながら罰を受けないでいることが、あらゆる災悪のなかで最も大きな第一のものである」（479D）——は、言語のまったく異なるシステムをつくり出そうとするものとさえ思われるかもしれない（『パイドロス』の哲学的弁論術を見よ）。

さらにまた、いわゆるアクラシアーの拒否——「快楽や苦痛に負けて、そのために最善のことを知りながら行わない、ということはありえない」（『プロタゴラス』352D以下）——は、理性と情念のあいだに魂のうちなる葛藤を認めないのだから、明らかにパラドクスである。激情も、快楽や苦痛も、恋の情熱も、恐怖も、ソクラテスの言うような知の持ち主をうち負かすことはできないのだ（『国家』の正義論を見よ）。

これらのパラドクスは、けっして同じステータスをもって現れるわけではなく、いつも変わらぬ論争点であったり、留保条件付きの作業仮説であったりするのだが、ソクラテスにとっては、いずれも真であることに変わりはない。ソクラテス的パラドクスは、ドクサに囚われている人びとにはパラドクスとしか見えないのだ。ちなみに、プラトンがソクラテスにパラドクス（「常識はずれの言説」）という言葉を使わせる箇所はたった一つしかない。それは『国家』（第五巻472A）の第三の大浪――哲人統治論――というプラトン哲学の最大のパラドクスについてである。

ただ、パラドクスはこれだけでは終わらない。ソクラテスの最大のパラドクスは、このように徳は知識であると主張する当人が、「善美のことがらは、何も知らない」（『弁明』21D）と宣言していたということである。

探究のパラドクス

ソクラテスにとって、「知らない」ことの確認は、けっして無限否定性を意味しない。アポリアーに陥れられたテッタリアの才気煥発な青年貴族メノンが、苦し紛れにもちだした探究のパラドクス（『メノン』80D）に、ソクラテスがどう対処したかを想い起こしてみよう。ソクラテスは想起説にもとづいて、探究が想起にほかならないことを明らかにする。しかし、彼の議論が主張しようとしていることは、「もしひとが勇気をもち、探究に倦むことがなければ」という、想起が成立するための前提条件の重要性である。探究のパラドクスが退けられるのは、それがわれわれを怠惰にする議論だからなのだ。逆に、想起説は、仕事と探究への意欲を鼓舞するものである。ソクラテスがこの説のために、言葉のうえでも実際のうえでも、大いに強硬に主張したいと望むことは、「ひとが何かを知らない場合に、それを探究しなければならないと思うほうが、知らないものは発見することもできなければ探究すべきでもないと思うよりも、われわれはよりすぐれた者になり、より勇気づけられて、なまけごころが少なくなるだろうということ」（86B-C）なのである。ソクラテスは、もし自分が「知っている」と思うことが何かあったとすれば、それが真実であるかどうかを徹底的に吟味するだろう。そして、もし自分が「知らない」と確認できたことが何かあったとすれば、それを倦むことなく探究するだろう。「わたしは問い、かつ調べ、吟味するだろう」（『弁明』29E）とは、アテナイ人たちに対するソクラテスのいつもの言葉であったが、彼はだれよりも自分自身に対してつねにその言葉を突きつけていたのだ（28E。『カルミデス』166C-D、『ゴルギアス』458Aをも見よ）。

ソクラテスの最期のパラドクス

ソクラテスは、『弁明』の末尾で、死刑票を投じた陪審員たちに対して、最後の頼みをこううち明けている。

「わたしの息子たちが成人したら、どうか諸君、わたしが諸君を苦しめていたのと同じことで苦しめて、仕返しをしてくれたまえ」（41E）

このようにしてソクラテスは、極端なパラドクスのかたちで、アテナイ人たちに対して――そしてわたしたち自身に対して――自分自身が歩んだのと同じ、吟味と探究の道を歩むように要求する。

「しかし、もう終わりにしよう、時刻ですからね。もう行かなければならない。わたしはこれから死ぬために、諸君はこれから生きるために。しかしわれわれの行く手に待っているものは、どちらがよいのか、誰にもはっきりはわからないのです、神でなければ」（42A）

わたしたちが感応しなければならないのは、この言葉に表現されたソクラテスの高潔な精神に対してだけではない。わたしたちはその言葉がソクラテスについて語っていることの本質をこそ悟らねばならない。彼はたしかに、いさぎよく死の運命を受け入れようとしている。しかし彼は、自分が生のなかで得られなかったものをその死によって得ようとしているのではない。ソクラテスにとって、死とは、「生の最終的な、そしてもちろん決定的な確認」（P・フリートレンダー）である。弁明を締めくくる彼の言葉は、彼がまさにソクラテス的に――真正な敬虔の精神をもった真実ありのままの人間として――死にゆこうとしていることを明らかにしている。そしてその敬虔の精神は、ここでもやはり無知の知として、つまり、最も深い神的な知への希求として燦然と輝き出すのである。

すでに毒杯をあおぎ、下腹のあたりまで冷たくなったとき、ソクラテスは、顔の覆衣をのけて、こう言った。

「クリトン、ぼくたちはアスクレピオスに雄鶏のおそなえをしなければならない。きみたち、かならず忘れずにその責をはたしてほしい」

（『パイドン』118A）

ヘロダスのミーモス（活写劇）『アスクレピオスに供物と生贄を捧げる女たち』には、夜明け前に神殿にやってきたコス市の貧しい女たちが、ある病人の平癒に感謝するための生贄として雄鶏を捧げるさまが描かれている。このソクラテスの最後の言葉は、クリトンたちにとっては、重い病のためその場に居合わせることのできなかったプラトンがその病を癒されたことへの感謝の言葉に聞こえたかもしれない。しかしここで、ソクラテスの死のあり様は、プラトンによって、生の病を癒す神の顕現を待つ就眠の儀式として描き出されているかのようである。ソクラテスに毒薬を手渡し、仰臥させ、顔に覆衣をかける刑務官は、アスクレピオスの助手の役割を負わされているのである。ソクラテスにとって、祖国アテナイの市民たちに吟味と探究の生を説き勧めることは、神から与えられた使命であり、神への奉仕であった（『弁明』23A-C)。ところが、彼の魂をその生の病から癒すべき「薬」（パルマコン）は、皮肉にも、当のアテナイ市民たちによって処方された「毒」（パルマコン）だった。その毒薬をあえて服用するということは、一見、アテナイ市民に対する痛烈な意趣返しのアイロニーであるかに見えるだろう。しかしそれは、ソクラテス自身にとっては、あくまでも神が下したもうた「運命の必然」（『パイドン』62C）に導かれた行為だったのであり、みずからの吟味と探究の生を最終的に、そしてもちろん決定的に確認するための、真実ありのままの行為だったのである。

ソクラテスの生と死は、プラトンにとって最大のパラドクスであった。そのパラドクスをプラトンは、アイロニーという形式を通じて、ソクラテス的対話篇という不朽の探究的ミーメーシスにまで高めたのである。

〔参考文献〕

金山弥平「ソクラテスの最後の言葉」、『西洋古典学研究』LXII、日本西洋古典学会、二〇一四年。

小池澄夫「死と愛」、久野昭編『西洋思想史』、晃洋書房、一九八二年。

齋藤信治『ソクラテスとキェルケゴール――イロニーの概念』、學藝書房、一九五五年。

Aspasius, *In Ethica Nicomachea commentaria*, ed. G. Heylbut, CAG XIX, Berlin, 1889.

Boder, W., *Die sokratische Ironie in den platonischen Frühdialogen*, *Studien zur antiken Philosophie* 3, Amsterdam,

1973.

Friedländer, P., *Platon*, 3 Bde., Berlin, 1964[3].

Jankélévitch, V., *L'ironie*, Paris, 1936.（V・ジャンケレヴィッチ『イロニーの精神』、久米博訳、ちくま学芸文庫、一九九七年）

Kierkegaard, S., *Om Begrebet Ironi med stadigt Hensyn til Socrates*, Kjøbenhavn, 1841.（S・キルケゴール『イロニーの概念』上・下、飯島宗享・福島保夫・鈴木正明訳、『キルケゴール著作集』第二〇・二一巻、白水社、一九六六・六七年）

Muecke, D. C., *Irony*, London, 1970.（D・C・ミュカ『アイロニー』、森田孟訳、研究社出版、一九七三年）

O'Brien, M. J., *The Socratic Paradoxes and the Greek Mind*, Chapel Hill, 1967.

Picht, G., *Platons Dialoge „Nomoi" und „Symposion"*, *Vorlesungen und Schriften*, Stuttgart, 1990.

Schlegel, F., *Charakteristiken und Kritiken I (1796–1801)*, *Kritische Friedrich-Schlegel-Ausgabe*, Bd. 2, Zürich, 1967.（F・シュレーゲル『ロマン派文学論』、山本定祐訳、冨山房、一九七八年）

Vlastos, G., "Socratic irony," *Socrates. Ironist and Moral Philosopher*, Cambridge, 1991, pp. 21–44.

第3章　ロゴスとミュートス

國方栄二

プラトンの対話篇を読むと、問答法的な議論と並べるかたちで（あるいはその代わりに）しばしばミュートスが挿入されていることに気づく。例えば、魂の死後の運命に関する物語や、宇宙と人間の誕生にまつわる物語である。これらの物語は明らかに問答法的議論とは異なった性格をもっている。周知のように、プラトンは『国家』において、理想国家を言論において建設する中で、ホメロスやヘシオドスの神話的な物語を追放している。そのプラトンがなぜこのような物語を語ったのか。本章ではこのような疑問に答えるとともに、プラトンの哲学においてミュートスがもっている意義を明らかにすることを試みたい。

1 ロゴスとミュートス

言葉の意味

ロゴスとミュートスと言うと、われわれがロゴス（λόγος）でまず思い浮かべるのは、「言葉」とか「論理」とか、あるいは「理性」といった意味であり、biology（生物学）や ecology（生態学）のようないわゆる学を成立させる人間の合理的な思考を表すものと考えられるのに対して、ミュートス（μῦθος）のほうは、英語の myth からも連想されるように、「神話」とか「物語」といった意味で、人間の非合理的な、時には原始的な表象能力に根づいたものとみなされるのが普通である。しかしながら、ギリシア語のロゴスとミュートスは、もともとこのように対比的に用いられる言葉ではなかった。ミュートスはホメロスでは非常に多くの用例があるが、たいていは「言葉」、「話」といった意味で用いられている。例えば、『イリアス』に「アレクサンドロスのミュートス」（VII. 388）という表現が出てくるが、これはギリシア方にヘレネを返さぬというパリス（アレクサンドロス）の「言葉」である。これに対して、ディオメデスがそれはトロイア方の破滅を意味すると反論すると、その「ミュートス」（VII. 404）にギリシア軍が歓声をあげる。これも「言葉」である。このようにホメロスでは（そしてのちの作家においても）、ミュートスは通常、「言葉」や「話」以上の意味をもつものではない。これに対して、ロゴスはホメロスでは極端に用例が少なく、二例を数えるにすぎない。「［パトロクロスは］話（ロゴス）をして無聊を慰めていた」（『イリアス』XV. 393）という例と、「［カリュプソがオデュッセウスを］つねに優しく甘い言葉（ロゴス）でたぶらかす」（『オデュッセイア』I. 56）という例である。これらのロゴスに合理性の意味を確認することはできない。むしろ、「ロゴスでたぶらかす」といった否定的な意味あいで用いられていることが注目される。ヘシオドスでも同様であり、エリス（争い）の子に「ロゴスども」（『神統記』229）を数えているが、エリスのほかの子どもの名前と比較しても、これは「空言」、「虚言」の意味に近い。したがって、初期ギリシアの詩では、ミュートスとロゴスに対比的な意味あいはなく、ロゴスのほうがどちらかと言えばネガティブな意味で用いられていたと言うことができる。

ロゴスをよりポジティブな意味で用いるようになったのは哲学者の功績である。そしてそのためには、人間がもつ知識の限界に関して、認識論的な洞察をくぐりぬけなければならなかった。クセノパネスは、人間には正確な知は不可能であって、彼らに許されるのは「思惑（ドコス）」のみであると言った（断片三四）。これは、ホメロスがムーサのもつ直接的な知に比して、人間は「噂（クレオス）」（『イリアス』II. 486）しかもたないと言ったのと対照的である。ホメロスの場合には、ただ情報の間接性のみが問題にされていて、場合によっては（現場に居あわせた者ならば）直接知をもつことは原理的に不可能ではないのに対して、クセノパネスの場合には、人間の認識の本来的な有限性が指摘されているからである。そして、ロゴスはヘラクレイトスにおいて哲学の基礎的な概念にまで高められることになる。「このロゴスの真実を人間たちはけっして理解することはない」（断片一）と言われるとき、ロゴスには詩人が述べたような否定的な意味あいはもはやなく、むしろ有限的な認識能力の彼方にある世界の理法を指している。目や耳や舌の感覚器官によってではなく、「ロゴスによって判定せよ」（断片七）というパルメニデスの言葉も、同じように理解することができる。ロゴスは語り手から離れて客観化され、同時に抽象化も推し進められることになる。

しかし、これらの哲学者たちも神話的表現それ自体を否定したわけではない。この点を確認しておくことは重要である。クセノパネスは、人間の姿をした（anthropomorphic）神々を描いたとしてホメロスやヘシオドスを非難したが、神話的形式そのものを否定したわけではないし、パルメニデスにいたっては、その哲学の表現にムーサならぬ無名の女神を用いている（断片一）。つまり、初期の哲学者たちの登場によって、ロゴスはポジティブな意味をもつにいたったが、その新しい哲学はミュートスの否定から出発したわけではないのである。かつては、ネストレの『ミュートスからロゴスへ』（一九四〇年）に代表されるように、ミュートス的要素をできるだけ排除し、ロゴス的精神がそれにとって代わることにギリシアの科学・学問の成立を見ようとする見解が長い期間にわたり大勢を占めた。その影響はプラトンのミュートス解釈にまで波及しており、そのもっとも古典的な解釈例としてヘーゲルを挙げることができる。ヘーゲルは、プラトンのミュートスについて言及しながら、これは人が幼年であるときにのみ用いられるもので、年を経て理性が成熟してくれば廃棄されるのがふさわしく、ミュートスの挿入は論理の必然的な展開を中断させるから哲学書にはふさわしくないと主張している（G. W. F. Hegel, *Vorlesungen über die Geschichte der Philosophie*, 1833, [Suhrkamp 19, S. 29–30]）。ヘーゲルの批判の前提となっているのは、哲学がミュートスの否定から出発するという見方である。このような見方は初期ギリシア思想の解釈にもみられる。それは、ヘーゲルに始まり今日のいわゆる科学主義的な解釈にいたるまでしばしば出現するが、言うまでもなくプラトンについても誤った解釈である。

2　プラトンのミュートス

ミュートスとロゴスは、プラトンにおいても多くの場合、たいした意味の違いなしに用いられている。ミュートロギアー（μυθολογία）という表現がある。英語の mythology は「神話学」を意味しているが、ギリシア語の場合には文字どおり「ミュートスを述べること」である。プラトンは『国家』（第六巻501E）において展開される理想国家論をこの名で呼んでおり、同様に、晩年の『法律』（第六巻752A）で国家建設をめぐる議論にもこの言葉を当てている。この場合のミュートスは「神話」ではないし「物語」でもない。強いて訳すならば「論」ということになるだろう。したがって、ロゴスとミュートスはたいして変わらない意味で用いられていることになる。しかしプラトンの場合には、両者が時に意識的に区別されて「ミュートスではなくロゴスだ」（『パイドン』61B、『ゴルギアス』523A、『プロタゴラス』324D、『ティマイオス』26E）と言われることがある。それはだいたい「作り話ではなく真実だ」というような意味の表現である。例えば、『ゴルギアス』では死後の魂の運命について語られていて、この物語を聴く人は「老婆の語る作り話」（527A）ととるかもしれないが、むしろ本当の話だと強調されている。したがって、ここで言うロゴスは真実の話のことであって、論理によって展開される議論を指すわけではない。その内容はむしろ、われわれが普通「プラトンのミュートス」と呼んでいるものである。つまり、プラトンにおいても、ロゴスは「論理」、「問答法的な議論」で、ミュートスは「神話」、「物語」というように、言葉の上で明確に区別されているわけではないのである。ここにプラトンのミュートスを論じるさいの困難がある。われわれは、プラトンが対話篇に挿入しているミュートスを、必ずしもμῦθοςというギリシア語で表現しているのではないことを念頭に置いておかねばならない。そのためにもプラトンのミュートスが何であるかを規定しておく必要がある。どのようなかたちで、どのような条件のもとで語られたものがミュートスであるかを明らかにできないとすれば、われわれが特定したミュートスがなぜ「ミュートス」と呼ばれるのか、理解に苦しむことになろう。ミュートスが何であるかの規定は、当然ながら、ミュートスを特定するための条件となる。

プラトンのミュートスを定義することに関しては、ミュートスのもつ意義は対話における働きによってのみ決定されねばならず、一律の定義をあたえることは不可能であるという見方もある。しかし、プラトンがミュートスについてまとまった規定をしているところがある。『国家』の初等教育論において、子どもにどのようなミュートスを語り聞かせるべきかを論じた箇所である。そこでは、ホメロスやヘシオドスらが物語作家の代表として取り上げられ、そのミュートスを理想国家にふさわしくないものとして排除すべきだと宣言されている。プラトンはここで物語作家らに「虚偽を語らせてはならない」(第二巻381D)と主張する。けれども、ミュートスを規定するときになると、ミュートスは「虚偽の話」だと言う。虚偽の話とは、もちろん単にでたらめの話ではないが、市民の初等教育において有効な手段として容認されるものである。そこでミュートスが「虚偽」(プセウドス)を含むということが何を意味するかが問題となってくる。そして、この点を明確にすることは、われわれのミュートス理解にとっても資するところが大きいと考えられる。

ミュートスとは何か

プラトンは『国家』のいわゆる詩人追放論の中で、ホメロスやヘシオドスを「作り事の物語」の作者として非難しているが、ミュートスをつくること自体を否認しているわけではない。プラトンによれば、ミュートスはその大部分が虚偽であるが、一部には真実も含まれる（同 377A）。ここで言う「真実」とは「事実」の意味で、「虚偽」とは事実に対応するものがないことをいう。ホメロスやヘシオドスが非難されるのは、彼らが事実を語っていないからではない。むしろ、語られることがたとえ事実であっても、その内容が若者にとって聞くにふさわしいものでなければ、語られるべきではない（同 378A）。われわれは昔のことについて本当のことを知らないので、虚偽をできるだけ真実に似せることによってこれを役立てねばならないのだという（同 382C–D）。この最後に言われた「真実」は事実としての真ではなく、より高次な真理を指している。この「真実に似た虚偽」の意味については諸解釈があるが、フィクション（虚構）を語れと言っているのではないことを確認しておくことは、ミュートスの理解において重要である。フィクションははじめからそれが事実でないことを前提とするが、プラトンが言っているのは、ミュートスはまったくの虚構（架空物語）だということではなく、伝聞の類のものに関わるために多くの虚偽（非事実）を含むことはやむをえないが、より高次な真理にできるだけ近づけて語られねばならないということである。この「高次な真理」とは、例えば「神は善きものである」といった命題を指す。この命題は『国家』において論証されており、問答法的理論と神話的物語は結局、同じことを、前者は論理によって、後者は物語を通じて語っているということになる。ただし、物語として語る場合には、歴史的なあるいは伝聞の類の事実が関わってくるため、虚偽（非事実）を多く含むことはいたしかたない。「真実に似た虚偽」とはこのような意味である。

プラトンの関心は、むろん、物語の真実が実際にどのようなものであるかという点にもあったが、それ以上に、真理をより有効に証示する事実に向けられていたから、したがってこの事実はたえずより有効なものにとって代わられることになる。物語の含む事実性の割合がもっとも少ないように思われるのは、『国家』で述べられる「気高い嘘」（γενναῖον ψεῦδος）であろう。それは、神が国家を構成する人間を誕生させるにあたって、統治する能力のある者には金(きん)を、これを補助する能力のある者には銀を、その他の人間には鉄と銅を混ぜてあたえたとする物語（第三巻415A）である。教育される人間が国家の起源に関する歴史物語として受け入れるべきものとされているが、物語が適切な教訓を含んでいるかぎり、その事実性が軽視されるよい例である。けれども、プラトンが事実にまったく無関心というわけではなかったことは、その他のミュートスから明らかである。むしろ、自分の信念を語るのにできるだけ有効な事実を追究したが、同時に、プラトンは過去の出来事について完全には知りえないことを認めている。したがって、ミュートスを語る前に、あるいはそのあとに、きまって内容の詳細については強く主張しないことを断っている。ミュートスのもつ事実性は真実に値すると言いながらも、しかしそれを仮の表現として表明することを忘れないのである。かくして、プラトンのミュートスは多くの虚偽（非事実）と若干の真実（事実）を含むが、純然たるフィクション（虚構）ではなく、別の高次な真理（倫理的な命題）に一致すべきものとして、つねに他の物語と代替可能な物語を指している。これらの物語は必ずしもギリシア語の μῦθος で表現されないこともあるが、以下の記述では、混同を避けるために、このような性格の物語を「ミュートス」と呼ぶことにしたい。

ミュートスの種類

プラトンは対話篇の中に多くのミュートスを登場させているが、対話の中でのミュートスの位置について知るためには、それらがどのように分類されるかを見ておく必要がある。このミュートスの分類については、古くはフルティジェ（P. Frutiger）による寓意的（allégorique）、発生論的（génétique）、疑科学的（parascientifique）という分けかたがよく知られていて、ほかにもいろいろあるが、もっとも分かりやすいのは次のエーデルシュタイン（L. Edelstein）による区別である。

(1)　魂の死後の運命についてのミュートス（『ゴルギアス』、『パイドン』、『国家』、『パイドロス』）。

(2)　宇宙の生成、人間の誕生についてのミュートス（『ポリティコス（政治家）』、『ティマイオス』、『クリティアス』）。

これらのほかにもミュートスはある（包括的な研究はブリッソン〔L. Brisson〕等がおこなっている）。『饗宴』においてアリストパネスが語る物語、『プロタゴラス』のいわゆるプロメテウス神話など、興味深いミュートスもあるが、これらがプラトンの創作によるものかどうかについては諸解釈があり、ここでは扱わない。プラトンの主要なミュートスは右に挙げた七つの作品に出てくるものであると言ってよいであろう。

(1)はプラトンの初期ないし中期の作品に現われるもので、特に最初の三作品では問答法的議論に挿入されるかたちで登場する。『ゴルギアス』では、魂を多くの悪でみたされた状態であの世（ハデス）に赴くことが最大の不幸であることを示すために、死んだ人間の魂がそこで受ける裁判と相応の報いについて語られる。魂の不死論証をテーマとする『パイドン』が死後の魂の定めを述べたミュートスで議論を締めくくっているのも、同様な例である。『国家』第一〇巻のミュートスは、正しい人が受ける現世での報いにつづいて、死後における報いを語るものである。いったんは死んだものの、数日後に息を吹き返した兵士エルがあの世で見聞した次第を物語るこのミュートスは、先の二作と同様な種類のものであるが、輪廻転生の詳細が興味深く述べられている。『パイドロス』のミュートスはエロース論という、より大きな枠組みの中で語られている点で先の三つの作品と趣を異にするが、輪廻転生についての詳細な記述は『国家』のそれを相補するものと見ることができるだろう。このような死後の魂が経験する裁き、報い、そしてそれに応じた転生は、オルペウス教ないしピュタゴラス派の教説を下敷きにしていて、それに基づいて死後の魂の運命に関する主題が述べられていると思われるが、その教説の詳細については定かではない。しかしその教説の内容がどのようなものであるのか、いかなる経緯でこれを受け入れたのかといったことは、ここで扱うテーマではない。むしろ、プラトンがこうした教説をどのように解釈したかが問題となる。

プラトンは、なぜこのようなミュートスを議論の終わりに、あるいはその間に挿入することをあえてしたのか。それは、例えば不正をこうむるのは不正をなすよりも善いといった倫理的命題を扱う議論の中で出てくる。魂の不死を論じた議論でも、そうであるからこそ、この世において正しく生きることが大切であると説かれている。もし問答法的な議論で十全な証明があたえられたのであれば、これに加えてミュートスを語る必要はなかったはずである。『国家』では正義について問題にされるが、正しい行為はそれ自体で善きものであることを証明したのであれば、正しい者が死後に受ける報酬について語ることは必要のないことのように思われる。正しい行為は、すべての報酬を取り去っても、その人にとって善きものだからである。しかるに、プラトンはつづいて報酬についても語っている（第一〇巻612B）。

明らかにそうしなければ議論が完結しないからである。この問題を考えるうえでヒントになるのは、『ゴルギアス』における「［ソクラテスの問答は］どことなく人を肯かせるところがあるような気もする。けれども、わたしの結局の気持ちといえば、［……］あなたの言葉にすっかり承服することはできないのだ」（513C）というカリクレスの言葉である。この言葉は、論理では納得しても、情念ではまだ説得されないままであることを語っている。つまり、論証によって人間の知性を納得させるだけでは十分ではなく、さらにその人の情念に訴える必要があるのである。ミュートスには、問答法的な議論にある論理的な強制力はない。代わりにそれは人びとを心から信服させることができる。人間はこのような物語を「自分自身にあたかも呪文のごとく言い聞かせ（エパデイン）なければならない」と、『パイドン』（114D）においてこうしたミュートスを導入する理由が明確に語られている。それは「鉄と鋼の論理」（『ゴルギアス』509A）とは異なる、もっとしなやかな、それでいて人の情念に訴えかけてくる説得である。ミュートスはこのような説得を目指すことによって、問答法的議論を補完するものとなる。

(2)のグループのほうは、宇宙の誕生や人類の発生、さらに発生後の人類史を扱っている。これらはプラトンの後期作品を中心に現われるが、作品全体がミュートスで書かれることもある。そのような例が『ティマイオス』、『クリティアス』、『ヘルモクラテス』とつづく三部作である。『クリティアス』は中断され、『ヘルモクラテス』は書かれずに終わったが、これらの対話篇でプラトンが構想したことは、宇宙の誕生と人類の発生から説き起こし（『ティマイオス』）、もっとも理想的な教育を受けた古アテナイ人の偉業を語るアトランティス物語（『クリティアス』）、そして最後の作品については推測の域を出ないが、国家制度の成立と人類の堕落までを論じたものではなかったかと思われる。『ヘルモクラテス』のテーマは、おそらく新たな構想のもとに『法律』第三巻で取り上げられたのであろう。(2)のグループは、(1)とは異なり、宇宙誕生以来の人類史を扱っている。これについては、その記述が文字どおり(リテラル)のものか否かが、のちの時代にしばしば論じられた。宇宙は本当に神(デーミウールゴス)によって構築されたのか、あるいはこれは寓意(アレゴリー)的なものでしかないのか、突如海中に没したとされるアトランティス王国の物語は歴史上の事実かどうかについて、すでにプラトンの学校アカデメイアの時代から論議の対象になっていたのである。おそらくプラトンは、死後の魂の運命に関わるミュートスでもそうであるが、宇宙と人類の歴史を扱うミュートスにおいても、これを「事実」として受け入れたと考えるべきであろう。すなわち、宗教的教説も歴史的伝承も実際にあったこと、あることを語るものであるとプラトンは信じていたように思われる。ただし、先に述べたように、それらの事実は、別のより有効な事実があれば、それと置きかえられるべきものであった。

(2)のグループは宇宙開闢以来の歴史を扱うミュートスであるが、このタイプの特色は、プラトンがこれらを語るにあたって、「パイディアー」(慰みごと)という語をきまってつけ加えていることである。パイディアーという意味から、これらのミュートスは真面目な目的で語られたものではないと、しばしば考えられた。しかし実際には、これらが真摯な意図のもとに書かれたことを示すのはさほど困難ではない。プラトンがパイディアーと形容したのは、ひとつにはこのミュートスが「エイコース・ロゴス」(ありそうな物語)と呼ばれていることとも関係している。「エイコース・ロゴス」とは、もともと『ティマイオス』において、宇宙論あるいは自然学にはイデア論のような厳密な学は不可能であり、蓋然的な論究にとどまると言われているものである。つまり、永遠的存在については厳密な議論が成立しても、宇宙はそれの似姿・似像（エイコーン）でしかないので、これについてはありそうな（エイコース）話で満足しなければならないと言われる。エイコース・ロゴスは「エイコース・ミュートス」とも呼ばれるが、言葉遣いの違いは重要ではない。『クリティアス』にも、それほど明確ではないが、エイコース・ロゴスを暗示する言葉がある（107D）。「ありそうな」はギリシア語の「エイコース」の訳であるが、このように訳してしまうと、プラトンが原範型（イデア）とその似姿・似像との対比で示そうとしたものがいくぶん見失われてしまう。エイコース（εἰκώς）はもともとは「(あるものに)似ている」（ἔοικα）という動詞の分詞が形容詞的に用いられているので、「蓋然的」というネガティブな意味あいとともに、「原範型に似ている」というポジティブな意味をも含んでいるからである。

それとともに、『ティマイオス』でエイコース・ロゴスが論じられる場面で、「語り手であるわたし［ティマイオス］も判定者であるあなた方も、人間の本性をもつものでしかない」（29C–D）と言われていることに注意する必要がある。人間はイデアについても明確な知識を保持していないのであるから、同様に人間知の有限性はついてまわるはずである。そうすると、なぜエイコース・ロゴスの議論において人間が有限であることが強調されるのだろうか。『ティマイオス』を読むと、プラトンの自然学の探究が純然たる自然の研究ではなく、むしろ自然現象の中に神の深慮を見いだして、これを人間の正しい生き方に役立てることを意図したものであることは容易に見てとれる。つまり、エイコース・ロゴスとは、神の創造の足跡を人間の目から見て、これをたどることを目的とするものであり、人間の本性の限界ゆえにエイコースにとどまるということである。したがって、人間の知の有限性による記述の困難さは、個人がみずから真理にいたる問答法（ディアレクティケー）の路程の困難さとは同じではなく、むしろ神が宇宙や人間を誕生させ、人間がみずから歩み出したとき、それを見守ってきた神の足跡をあるがままに描くことの困難さなのである。すぐれたミュートスは真実にできるだけ似せられた虚偽であったが（『国家』第二巻382C–D）、エイコース・ロゴスはこの「真実に似た虚偽」を宇宙および歴史に適用しつつ、神の働きをありのままに記述するという難業をあえて試みたものである。後期プラトンの関心のひとつに悪の起源は何かという問題があったが、神の働きを記述することは弁神論（theodicy）と深い関わりがある。『ポリティコス（政治家）』では、クロノスの時代とゼウスの時代という二大周期で宇宙の全天体の運行が逆行するという途方もないミュートスが語られているが、プラトンはこれによって人間の悪については神に責任がないことを明らかに示している。後期著作に現われるこれらのミュートスは、個人の魂のありかただけを扱うのではなく、弁神論的な意図のもとに、自然史および人類史という壮大なスケールのもとに、人類を誕生させた神が人類の悪に対して責任がないことを示すことを意図している。

ミュートスの有用性

以上のように、(1)魂の死後の運命に関するミュートス、(2)宇宙と歴史のミュートスを順に見てきたが、前者では人間がいかに生きるべきかという倫理的な問題を考察する中で、問答法的議論を補完するかたちでミュートスが語られており、それは人間の情念に訴えて、善き生へ向かうように説得することを意図したものであった。後者には、プラトンの後期著作における歴史や自然への関心の深さを窺わせるものがあると言える。しかしながら、よく注意して見ると、正しい人間はこの世の生のみならず死後においてもよき希望があると告げられ、したがって人間は生の選びに最大の関心を向けねばならないことになるが、その選択においてどのような生を選ぶかは人間に責任があり、神にはそれについての責任はないと言われていた（『国家』第一〇巻617E）。こうしてみると、これら二種類のミュートスも共通の理念の上に立っていると言うことができる。いつも選ぶのは人間、人間の魂なのである。

ミュートスは問答法的議論と違って「事実」に関わる。死後の魂の運命にまつわる物語も、自然や歴史を扱ったミュートスも、その内容はそもそも「論証」されるべき性質のものではない。ミュートスはこの点においていわゆるロゴスとは異なっていて、むしろ「説得」されるべきものである。この論証を目的とするロゴスと、説得を旨とするミュートスをプラトンは対話篇の中で自在に使い分けており、（ギリシア語の λόγος と μῦθος とは異なり）両者は互いに対立することなく補完しあいながら、プラトンの思想を形成する。さらに、この説得という方法はとりわけ教育場面において重要な意味を有していると言うことができるだろう。若者への教育にはロゴスよりもミュートスが用いられることが多いからである。プラトンが『国家』において悪しきミュートスを駆逐しようとしたわけもそこにあった。「ミュートスは救われた」（同 621C）という『国家』の末尾の言葉は、その物語が作り事ではなく真実のものだという意味であるが、すぐれたミュートスは人間にとってかけがえのないものとなる。正しい意図をもつことによってミュートスははじめて有用なものとなるのである。

［参考文献］

國方栄二『プラトンのミュートス』、京都大学学術出版会、二〇〇七年。
Annas, J., "Plato's Myths of Judgement," *Phronesis* 27, 1982.
Brisson, L., *Platon, les Mots et les mythes: comment et pourquoi Platon nomma le mythe?*, Paris, 1994.

———, *Plato the Myth Maker*, translated, edited, and with an Introduction by G. Naddaf, Chicago/London, 1998.

Collobert, C. et al. (eds.), *Plato and Myth: Studies on the Use and Status of Platonic Myths* (Mnemosyne Supplements), Leiden, 2012.

Edelstein, L., “The Function of the Myth in Plato’s Philosophy,” *Journal of the History of Ideas* 10, 1949.

Frutiger, P., *Les Mythes de Platon*, Paris, 1930.

Gill, C., “Plato on Falsehood—not Fiction,” ed. by C. Gill & T. P. Wiseman, *Lies and Fiction in the ancient World*, Austin, 1993.

Moors, K. F., *Platonic Myth: An Introductory Study*, Washington D. C., 1982.

Morgan, K. A., *Myth and Philosophy from the Presocratics to Plato*, Cambridge, 2000.

Nestle, W., *Vom Mythos zum Logos*, Stuttgart, 1940.

Partenie, C. (ed.), *Plato’s Myths*, Cambridge/New York, 2009.

Schuhl, P.-M., *La Fabulation Platonicienne*, Paris, 1968.

Smith, J. E., “Plato’s Myths as ‘Likely Accounts,’ Worthy of Belief,” *Apeiron* 19, 1985.

Stewart, J. A., *The Myths of Plato*, London, repr. 1960, ed. by G. R. Levy, 1905.

Ward, S. P., *Penology and Eschatology in Plato’s Myths*, New York, 2002.

Zaslavsky, R., *Platonic Myth and Platonic Writing*, Washington D. C., 1981.

（付記） 本章ではロゴスとの対比のもとに、主としてプラトンのミュートスについて論じた。本章で述べたことは拙著『プラトンのミュートス』でより詳細に扱われているが、一方、プラトンのロゴスの問題についてはほとんど触れることができなかった。これについては本書Ⅲの第2章などを参照されたい。

第4章　論理と説得
――プラトンと弁論術――

木下昌巳

1　プラトンと弁論術

プラトンと弁論術の敵対関係

古代アテナイの民主制は、紀元前五世紀後半のペリクレスの時代において、その頂点に達する。この民主制の下においては、政治的な見識や判断力よりも、一般大衆に迎合して彼らを説得する能力が政治的成功の鍵を握ることになった。このような状況に呼応して登場したのが、「ソフィスト」と呼ばれる弁論術の教師たちであった。彼らは、高額な報酬と引き替えに、政治的野心をもった若者たちに弁論術を教えたのである。弁論術とは、真実のあり方如何に関わらず、自分の主張を真実らしく見せかけ、そうすることによって他者を思うがままに説得しようとする技術であった。それは政治的成功を約束する技術として歓迎され、ソフィストたちは、その教師として大きな社会的成功を収めた。プラトンは、そのような状況を目の当たりにして、弁論術の欺瞞と虚飾を暴き出し、哲学の立場から正義と真実を守ろうとした。――プラトンと弁論術の関係についてのスタンダード・ストーリーはこのようなものであろう。

われわれは、このストーリーをどこまで受け入れることができるだろうか。

プラトンの著作のなかで弁論術がテーマとして直接的に取り上げられ論じられるのは、『ゴルギアス』と『パイドロス』の二篇である[1]。この二つの著作のうち執筆時期が先行すると考えられる『ゴルギアス』においては、弁論術に対して徹底的な批判がなされており、全き意味においてその価値が否定されていると言ってよい。そこで展開されている弁論術への批判の痛烈さは、この著作全体が伝える倫理的主張の力強さとあいまって、冒頭に述べたようなプラトンと弁論術との間の敵対関係という捉え方を、通念として固定させることになったと思われる。だが、ここでプラトンは、弁論術を、ただ言葉のごまかしによる説得の方法として切り捨てているわけではない。『ゴルギアス』における弁論術批判は、プラトン固有の倫理思想を背景にしてはじめて理解されうる性質のものであって、その意味において、この批判は特殊な批判である。『ゴルギアス』の弁論術批判の意義を評価するためには、その批判の前提となっているプラトンの倫理学的立場を正確に理解する必要がある。本章ではまず、『ゴルギアス』における弁論術批判の背後にあるプラトンの倫理学的な立場を明確にして、弁論術のいかなる点が問題にされているのかを明らかにしたい。

さらにまた、『ゴルギアス』における弁論術への評価は、弁論術に対するプラトンの最終的な立場ではない。『ゴルギアス』のあと、約一〇年の時を隔てて執筆されたと考えられる『パイドロス』において弁論術が取り上げられ、その意義がふたたび論じられることになる。そこでは、『ゴルギアス』における ような弁論術への激しい攻撃は影を潜め、逆に、弁論術に対して一定の評価が与えられている。プラトンは、『パイドロス』執筆の時点で、弁論術に対する見方を改め、弁論術に積極的な意義を認めるに至ったと考えられる。とは言っても、『パイドロス』においても、無条件に弁論術の価値が認められているわけではない。従前の弁論術については、『ゴルギアス』の場合と同様に、「技術」たる資格を満たさないものとしてその価値が否定されている。しかしその一方で、弁論術のあるべき姿が探求され、弁論術は「哲学」と結びつくことによって「真の技術」になりうるとされるのである。では、哲学と結びついた弁論術とは、具体的にどのような弁論術なのか。それは、実際のところ、ソフィストの弁論術といかなる点で異なるのか。これらのことは一般に、十分には理解されていないように思われる。本章では、第二の目的として、『パイドロス』で語られている弁論術と哲学の関係を見届けながら、技術としての弁論術の内実を描き出すことにする。そしてそのうえで、『パイドロス』においてプラトンが弁論術に対する評価を変更するに至った理由を考察することにしたいと思う（以下の論述においては、「プラトン」と「ソクラテス」という人名を、対話篇執筆者の思想として議論する場合には「プラトン」、対話篇中の発言者を念頭に置いて言及するときには「ソクラテス」、という仕方で使い分けることにする。しかし筆者は、対話篇中のソクラテスの言葉を、その対話篇執筆時のプラトン自身の見解として解釈する立場をとるので、この両者は実質的に区別されるものではない）。

2 『ゴルギアス』の弁論術批判

魂の技術としての弁論術

『ゴルギアス』の内容を一言で言い表わすならば、哲学の側に立つソクラテスと、弁論術の側に立つ三人の人物——ゴルギアス、ポロス、カリクレス——との対決であると言うことができる。ソクラテスは、二人目の対話相手であるポロスに向かって、ソクラテス自身の弁論術観を決然と表明する（『ゴルギアス』462B-466A）。ソクラテスの主張は、次の二点にまとめられる。

(1) 弁論術は技術ではなく経験である。

(2) 弁論術は技術ではなく迎合である。

(1) 弁論術をこのように規定することによって、プラトンが弁論術を批判しようとしていることは疑いえない。だが、この批判の意味は、一般に、かならずしも正確には理解されていないように思われる。その批判の意味は、プラトン固有の「技術」（テクネー）の概念を前提にして、はじめて理解できるものである。

(1) プラトンは、技術と経験を対置したうえで、弁論術を経験の一種であると規定する。このように規定することによって、弁論術には何らかの理論性が欠如していることが指摘されていると思われる。では、弁論術に欠けている理論性とは、どのような理論性なのであろうか。われわれが「弁論術」という言葉から思い浮かべるのは、おそらく、他者を説得するための言葉の修辞法に関する技術というものであろう。実際、弁論術を教えることを職業としていたソフィストたちは、自分たちが教える技術のことを「弁論術」（レートリケー）ではなく「言葉（ロゴス）の技術」と呼んでいた[2]。だとすれば、弁論術に欠けている理論性とは、言葉の効果的な使用法に関する理論的体系性のようなものだと思われるかもしれない。

しかし、プラトンの見るところ、このようなことがらは弁論術が技術であるための副次的な部分でしかなかった[3]。ここでプラトンが強調しているのは、弁論術と人間の魂との間の対応関係である。弁論術の機能は他者を説得することにあるが、説得という行為は、人間の魂に働きかけることによって遂行される。弁論術が効果的に機能するためには、魂に対してどのような働きかけをすればどのような反応を引き起こすかということを理論づける「心理学」、あるいは「魂の生理学」とでも呼ばれるべき知識が不可欠となるはずである。それゆえ、弁論術が技術であろうとするならば、何よりも人間の魂に関する知識がその中核を占めるのでなければならないはずである。だがプラトンによれば、ソフィストたちの弁論術は、人間の魂のあり方には目を向けることなく、言葉の効果的な使用法を経験的に身につけることによって、聴衆の魂を操作しようとするにすぎないものであった（『ゴルギアス』465C）。このような意味において、弁論術は技術の資格をもつものではなく、経験の一種であるとされるのである。

(2)　しかし、弁論術が技術であることをプラトンが否定するのには、より重要な理由が存在する。プラトンにとって、「技術」とは、ただ何かを製作したり操作したりするための知識体系のようなものではない。技術とは、それが取り扱う対象を善き状態にすることを目的とするものであり、この働きによってこそ、技術は真正の技術たりうるとプラトンは考えるのである（『ゴルギアス』500E-501A、『国家』第一巻341D）。たとえば医術というものは真正な技術であるが、医術が技術であるのは、医術がその対象である人間の身体を健康な状態にすることを目指し、実際にその仕事を成し遂げるからである。同様に、弁論術が真の技術であるとするならば、それが働きかける対象である人間の魂をすぐれた状態にするものでなければならないはずである。だが、プラトンの見るところ、弁論術は、相手の魂をすぐれた状態にすることなどまったく顧慮することなく、ただ快楽を与えることだけに意を凝らし、そうすることによって他者を説得しようとするものであるにすぎない。弁論術が迎合の一種と規定されるのは、このような理由による。

弁論術が技術であることを否定するプラトンに対して、もしかりにプラトンが言うように弁論術が快楽をもたらすことを目指すということが事実であるとしても、弁論術は快楽を理論的に扱うことをその機能とする「快楽の技術」として成立しうるのではないか、という疑問が生じる。このあと、快楽を目指す迎合の例として料理術が引き合いに出されているが、料理術というものは口当たりのよい料理を調理するための技法として十分体系的に整備されたものであり、それはすでに「快楽の技術」と呼ばれる資格を具えているのではないかと思われる。それと同じように、弁論術も快楽を制御する方法を精密化することによって、やはり技術として成立する可能性が十分にあるのではないか、というわけである。この疑問に対して、たとえば『ゴルギアス』の代表的な註釈書の著者であるドッズは、快楽というものはその性質として無定型で計量不可能なものであるから、そのようなものは対象を理論的に扱おうとする技術の対象としてなじまないとプラトンは考えているのだろうと推定している(4)。だが、このような解釈は、プラトンの技術の概念を見損ねたものであろう。対象となるものの善を図るということは、プラトンにとって技術が技術であることの核心をなすことがらである。かりに料理術がどれほど快楽を完全に制御することができたとしても、身体の善さである健康に貢献するものでないかぎり、それを真の意味での技術と見なすことはできないのである。弁論術の場合もこれと同様である。弁論術が魂を善き状態にすることを顧みず、ただ快楽を与えることを目指すものであるならば、それは永遠に真の技術としての地位を占めることはできないのである。

弁論術と政治術

続けてソクラテスは、「真正な技術」として認められる立法術、司法術、体育術、医術という四種類の技術と、そのそれぞれに対応して存在するとされるソフィストの技術、弁論術、化粧術、料理術という、本来「迎合」という種族に属するとされる四種類の偽の技術との関係を提示して、そのなかにおける弁論術の位置づけを示すことによって、弁論術というもののあり方と本性をより明確にしようとする（『ゴルギアス』464B-466A）。その関係を図式化すれば、次のようになる。

	魂を対象とする技術		身体を対象とする技術	
純正な技術	政治術		（名前はない）	
	立法術	司法術	体育術	医術
迎合	ソフィストの技術	弁論術	化粧術	料理術

ここで注意しなければならないのは、迎合の一種として分類されている弁論術に対応する純正な技術とは何か、ということである。形式的には、弁論術と「ソフィストの技術」というものが区分され、そのそれぞれに対応する純正な技術として立法術と司法術が対応させられている。しかし、弁論術と「ソフィストの技術」との間には、それらを区別する実質的な違いは存在しないことに注意しなければならない。[5]この両者が区別できないものであるなら、弁論術と真に対応する純正な技術は、司法術ではなく、立法術と司法術を包含するところに位置する政治術であると考えなければならない。実際、『ゴルギアス』の後半では、弁論術＝偽の政治術という位置づけの下に、政治術としての弁論術の不適格さが指弾されているのである（『ゴルギアス』502D–505B）[6]。

では、なぜ弁論術は偽の政治術であるのか。その意味を理解するには、政治の任務に対するプラトン固有の考え方を知る必要がある。プラトンにとって政治の役割とは、内政、外交、軍事などに関わることがらに適切に対処することにとどまるものではない。国民全体の魂をできるだけすぐれたものにすること、このことが政治の果たすべきもっとも重要な仕事であり、それを実現することが政治家に課せられた最大の任務なのである。[7]弁論術が偽の政治術であるという主張は、このようなプラトンの政治観にもとづくものである。弁論術は人間の魂を対象とするものであるから、本来の政治術とその対象が競合することになる。しかし、弁論術は、魂をすぐれたものにすることを顧みないで、ただ快楽を与えることだけを目指している。その意味で、弁論術は偽の政治術にほかならないのである。

〈ソフィストの弁論術〉対〈ソクラテスの問答法〉

以上のような弁論術への批判に対して、次のような疑問が生じるかもしれない。そもそも弁論術とは、たんに説得を効果的におこなう方法を探求する価値中立的な技術であって、最初から魂をすぐれたものにすることを目的とするものではないだろう。[8] そのような弁論術に対して、魂をすぐれたものにしないという理由でそれを非難するのは、的はずれな批判ではないだろうか。しかし、『ゴルギアス』の弁論術批判は、とくにソフィストたちの弁論術に向けられた批判であり、その意味は、ソフィストたちの教育活動と弁論術との関係を念頭に置くことによって、よく理解できるものである。当時、ソフィストたちは、「徳性（アレテー）を教える」ということをスローガンとして多くの若者たちを惹きつけ、大きな社会的成功を収めていた。[9]「徳性を教える」ということは、字義どおりには人間をすぐれたものにするということを意味するが、彼らが実際におこなった教育の内容は、弁論術を教えることにその中心があった。もし彼らの「徳性を教える」という公約が偽りでないならば、弁論術を教えることは、すぐれた人間を育成することに貢献しなければならないはずである。しかし実際には、彼らは、真実の如何に関わらず、ただ相手を説得するための方法を教えているにすぎなかった。「徳性を教える」という彼らの公約は、偽りの看板でしかなかったのである。弁論術は人間の魂をすぐれたものにしないというプラトンの主張は、何よりも、このようなソフィストの教育に対する批判として理解されるべきものである。

弁論術に対するプラトンの不満の背後には、ソクラテス的な問答法との対比が存在する。プラトンの師であるソクラテスは、真に徳性を具えた人間になるためには、徳性についての確実な知識を得ることがまず何よりも必要であると考えて、「徳性とは何か」という問題について、さまざまな人々と議論を交わした。他者と議論をするにあたって、彼は、自分たちの議論から非論理的な要素を徹底的に排除するために、質問を短く区切って言葉の意味を明確にし、一つ一つの論点に対する対話相手の同意・非同意を確認しながら議論を進めていくという方法をとった。いわゆるソクラテスの問答法である。そしてこの方法は、ソクラテス自身が知識を得るための方法というよりも、対話相手がそれまでもっていた信念を揺さぶることによって自分の無知に気づかせ、確たる知識に根拠づけられた真の徳性の探求に向かわせることを目的とするものであった（『ソクラテスの弁明』29A-30C）。その意味において、ソクラテスの問答法は、徳性への教育にほかならないのである。一方、弁論術は基本的に、同時に多くの聴衆を相手にして一方的に説得をおこなおうとするものである。このような仕方では、説得しようとすることがらの根拠までも聞き手に理解させることは不可能である。弁論術によって聞き手に植えつけられた認識は、内容の如何に関わらず、厳密な意味での知識とはなりえず、信念あるいは思惑（ドクサ）のレベルにとどまる（『ゴルギアス』454C-E）。ソクラテスの立場に立つならば、ただ信念のみを注ぎ込もうとする弁論術による説得が何の価値ももたないものであることは、きわめて当然のことである。

『ゴルギアス』執筆当時のプラトンは、いまだ師ソクラテスの強い影響下にあり、そこで語られている弁論術に対する批判も、いま述べたようなソクラテス的な視点からの批判として、もっともよく理解できるものである。ソフィストの弁論術に対するプラトンの捉え方が公平なものであるのか、あるいは、ソフィストたちが教育者として果たした役割は実際にどのようなものであったのかということは、また独立して考えなければならない問題であろう。(10) しかし、すくなくとも『ゴルギアス』執筆時のプラトンにとって、ソクラテス的な問答法こそ、人々を真の徳性へと導く唯一の教育法であったのであり、そうした見地から弁論術は否定されなければならなかったのである。

3　『パイドロス』——弁論術の再評価

プラトンは、『ゴルギアス』のあと、中期の著作『パイドロス』においてふたたび弁論術をテーマとして取り上げることになる。『パイドロス』を一読して感じられるのは、弁論術を論じる議論のトーンが『ゴルギアス』とは大きく変化していることである。この二つの著作の間における変化としてまず目につくことは、『ゴルギアス』では、弁論術が技術であることが否定されていたのに対して、『パイドロス』においては、弁論術が技術として成立する可能性が積極的に認められていることである。[11] もちろん、ソフィストたちの弁論術がそのまま技術としての資格を与えられているわけではなく、それはやはり「技術以前に学んでおくべき予備的なことがら」にとどまるものとして位置づけられている（『パイドロス』269B–C）。だが、その一方において、プラトンは、弁論術が技術として成立することを認めたうえで、弁論術が技術であるためにどのような条件が必要であるかということを明らかにしようとするのである。

弁論術と「対立論法」

では、この技術としての資格を具えた弁論術とは、具体的にどのようなものなのだろうか。そして、それはソフィストの弁論術とどのように異なるのだろうか。ソクラテスは、技術としての弁論術を身につけようとする者は、真実を把握することが必要であり、「十分に哲学を修める（知を愛する）のでなければ、何ごとについても十分に話す能力をもった者にはなれないだろう」と主張する（同 260E–261A）。また、何かを説得しようとする者は、弁論術を習得する以前に、説得することがらを学んでおかなければならないとも述べている（同260D–E）。これらの主張だけを見れば、技術的な弁論術とは、真実を探究する哲学に従属することによって、いかなる場合でも真実のみを説得しようとするようなあり方の弁論術であると思われるかもしれない。だが、弁論術の技術性という観点から見るとき、弁論術に対して哲学が関わることの意義は、これとはまた別のところにある。

真実の知識が弁論術に対してどのように貢献するのかということを、ソクラテスは『パイドロス』のなかで語られた二篇の自作の弁論を例として引き合いに出しながら説明している。この二篇の弁論はともに「エロース」（恋）をテーマとするものであるが、その一方はエロースというものを称揚し、その価値を積極的に認めるものであったのに対し、もう一方はエロースを批判して、その価値を否定するという、正反対の主張からなるものであった。この二つの弁論を続けて聞かされた対話相手のパイドロスは、このソクラテスによる弁論の出来栄えを双方ともすばらしいものとして称賛する。つねに真実のみを追究していると思われるソクラテスが、なぜこのような相容れない内容をもつ二つの弁論を語ってみせたのだろうか。

ソクラテスがこのような二つの弁論を語ってみせたことは、「対立論法」（アンティロギケー）と呼ばれるすぐれて弁論術的な技法と深い関わりがある。「対立論法」とは、同じ一つの論題について、互いに相容れない二つの主張をなす一対の弁論を組み立てることである。このような技法の背後にあるのは、真実のあり方如何に関わらずいかなる主張でも説得することを目指そうとするきわめて弁論術的な発想であり、反対の主張を掲げながらも、双方とも劣らず正しく聞こえるような一対の弁論をいかに作り上げるかということが、ソフィスト的な弁論家の腕の見せどころとなった。ソクラテスによって語られたエロースをテーマとする二つの弁論は、組み合わさって一対の「対立論法」を形成していると見なすことができる。つまり、ここでソクラテスは、「対立論法」というソフィスト的な技法を彼自ら実践してみせたのである。ソクラテス自作の弁論がパイドロスの言うように実際にすぐれた出来栄えであったとするならば、どうしてソクラテスはそのような弁論を作成することができたのだろうか。それは自分に哲学の知識があったからだ、いかなる主張をなそうとする場合においても、哲学の知識を具えた者は、そうでない者よりもより説得力のある弁論を巧妙に作り上げることができる。そういう意味において、哲学は弁論術に貢献する――「巧みに語ることができるようになるためには哲学を修めなければならない」というソクラテスの主張は、このような意味に解されなければならない。この二つの弁論を通読するとき、そこに含まれる思想的内容の豊かさと霊感に満ちた語り口が圧倒的な印象を与えるがゆえに、二番目に語られたエロースを称賛する弁論だけが、技術としての要件を満たす弁論であるように思われるかもしれない。しかし、ここでソクラテスが説明しようとしているのは、どのようにして二番目の弁論を巧みに語ることができたのかということではなく、最初の弁論を語り終えたあと、いかにしてスムーズに反対の主張をもつ二番目の弁論へと移行することができたのかということである（同265D–266B）。ある弁論が技術にかなったものであるか否かという問題は、語られる内容の真偽や善悪とは独立して考えるべき問題なのである。

弁論術とディアレクティケー

では、弁論術が技術であるために必要とされる哲学とは、どのような内実をもつものなのだろうか。そしてその哲学は、弁論術に対して具体的にどのように貢献するのだろうか。ソクラテスは、弁論術に必要とされる哲学の内実が「ディアレクティケー」と呼ばれる方法であることを明らかにする。ディアレクティケーという方法は、『国家』においては、善のイデアの認識に至るための哲学的方法として位置づけられ、いわばプラトンの哲学の奥義とも言うべきものである（『国家』第七巻531C–535A）。このようなディアレクティケーの位置づけを念頭に置くならば、ディアレクティケーと結びついた弁論術が、相反する二つの主張のいずれをも説得することを可能にする技術であるということは、意外の感を与えるかもしれない。だが、この『パイドロス』の議論では、ディアレクティケーは、まさにそのようなことを可能にする方法として提示されているのである。

ディアレクティケーは、「総合」と「分割」と呼ばれる二つの方法からなる。ソクラテスは、総合の方法を「それぞれの場合に教えようと思うものを、一つ一つ定義してそのものを明白にするために、多様に散らばっているものを総観して、これをただ一つの本質的な相へとまとめること」と説明し、もう一つの分割の方法は「自然本来の分節にしたがって切り分けながら、さまざまな種類に分割することができるということ。そしていかなる部分をも、下手な肉屋のようなやり方で壊してしまおうとはしないこと」と説明する（『パイドロス』265D–E）。つまり、「総合」と「分割」の方法とは、両者とも、実在のなかに存在する類と種の関係を自然の分節にしたがって見て取る方法であり、この二つの方法の違いは、実在のあり方を類と種の関係において、下から見上げるか上から見下ろすかの違いであると言うことができるだろう。

では、これらの方法は、弁論術に具体的にどのような仕方で役立つのだろうか。ソクラテスは、個々の弁論の優劣を決定するための重要な要件は、弁論の最初に論題に対して明確な定義が提示され、その定義にもとづいて最後に至るまで順序正しく首尾一貫した議論がなされているかどうかということにあるとする（同 263D–E）。「総合」と「分割」の方法は、まさにこの要件を実現することを可能にする。「総合」の方法がどのように役立つのかということは、「それぞれの場合に教えようと思うものを、一つ一つ定義してそのものを明白にするために、多様に散らばっているものを総観して、これをただ一つの本質的な相へとまとめること」というこの方法に対する定義そのものから見て取ることができる。たとえば弁論のテーマが「エロース」であるとするならば、「エロースとはかくかくのものである」というように、まず弁論の最初にエロースに対する明確な定義を示さなければならない。弁論の作者は、「総合」の方法を用いることによって、冒頭で「エロース」に対する明確な定義を与えることができることになる。しかし、一つの論題に対してただ一通りの定義しか見つけることができないならば、その単一の定義から相反する結論に至るような仕方で、二つの弁論をそれぞれ首尾一貫した仕方で語り通すことは困難であろう。相反する結論を首尾よく導き出すためには、冒頭で示されたテーマに対する定義が、それぞれの結論を引き出すために都合のよいものでなければならない。そこで用いられるのが「分割」の方法である。この方法によって、自然本来の文節の区分から自らの主張に都合のよい部分を切り出してきて、それをテーマに対する定義として措定することが可能になる。ソクラテスは、自分がエロースに関して首尾よく対立する二つの結論を導くことができたのは、「分割」の方法を用いることによって、エロースのなかに「人間的な狂気」と「神的な狂気」という二種類の形態が存在することを見て取り、そのそれぞれをエロースそのものの定義として二つの弁論の冒頭に置くことができたからだと説明するのである。

技術的弁論術が以上のようなものであるとすれば、この弁論術が行使する説得力の源泉は、説得が語られる方法ではなく、やはりある意味で語られることがら自体の真実性に起因することになると思われる。だとすれば、この弁論術は、純粋に説得の方法を探求するソフィストの弁論術とは基本的に異質のものであり、そもそもそれを「弁論術」と呼ぶのがふさわしいのかどうかという疑問が生じる。しかし、プラトンの技術的弁論術とソフィストの弁論術との間には、重要な共通点が存在する。それは、この二つの弁論術がともに、聞き手に対して、厳密な知識ではなく信念を与える説得をおこなうものであるということである。技術的弁論術によってもたらされる説得は、ことがらの真実をそのまま伝えるものではない。この弁論術を用いて説得しようとする者は、自分だけが一方的に真実全体のあり方を認識したうえで、他者の魂をあるどちらかの方向に誘導しようとする意図のもとに説得をおこなうのである。そして、そのような仕方で説得された者は、説得されたことがらの内容が真実と何らかの関わりをもつものであるとしても、それがどのような仕方で真実なのかという根拠までは理解しえないのである。技術的弁論術は、他者の魂を任意の方向へと誘導することをその第一義的な目的とするという点においてやはり弁論術なのであり、しかもそれは、ソフィストの弁論術よりも鋭利で確実な弁論術なのである。

弁論術の再評価

弁論術による説得でもたらされる認識が厳密な知識ではなく信念にすぎないということは、すでに『ゴルギアス』において指摘されていたことであった。ここでわれわれは、『ゴルギアス』では、まさにこのような弁論術の特性によって、その価値が批判され、否定されていたことを思い起こさなければならない。ただ相手の魂のなかに信念を注ぎ込もうとする弁論術は、徳性とは何かということを厳密にロゴス（論理）によって根拠づけながら、魂の善きあり方を追求していこうとするソクラテス的な立場とは完全に相容れないものであり、プラトンが弁論術を否定した理由の核心は、まさにこの点にあったのである。この批判に照らし合わせてみるならば、技術的弁論術もまた、知識ではなく信念を植えつける説得をおこなうものであるかぎりにおいて、魂をすぐれたものにしないという批判を免れえないはずである。では、プラトンは、技術的弁論術に関して、倫理的観点からはどのように評価しているのだろうか。この点については、『パイドロス』では明確に述べられていないように見える。だが、ソクラテスが弁論術の働きについて、『ゴルギアス』での評価を変更し、医術と対等の資格を与えたうえで、次のように語っていることに注意しなければならない。

「どちらの場合［医術と弁論術］においても、取り扱う対象の本性を——医術の場合には身体の本性を、弁論術の場合には魂の本性を分析しなければならない。もし君が、たんに熟練や経験だけではなく技術によって、身体に対しては、薬と栄養を与えて健康と体力をもたらすつもりであり、魂に対しては、法にかなった言論と訓練を与えて、相手のなかにこちらが望むような説得と徳性とを授けるつもりであるならばね」（270B）

このソクラテスの言葉は、技術的弁論術が人間の魂に徳性をもたらしうるものであることを示している。このことは、信念を植えつける説得によってでも、魂をすぐれたものにすることが可能であるとプラトンが考えていることを意味する。つまり、『パイドロス』において、プラトンは説得におけるリゴリズムを放棄したのである。

さらにこのことは、弁論術そのものへのプラトンの評価にも連動する。『ゴルギアス』の弁論術批判の要点を一言で述べれば、弁論術による説得は相手の魂に厳密な知識ではなく信念をもたらす説得であり、そのような種類の説得によっては、魂をすぐれたものにすることはできない、ということであった。この批判が技術的弁論術に当てはまらないのなら、この弁論術によってなされる説得は、信念ではなく知識をもたらす説得でなければならないはずである。しかし、これまでに見たように、その説得が信念を植えつける説得であるという点においては、技術的弁論術もまたソフィストの弁論術と変わるところはないのである。だとすれば、技術的弁論術もまた、『ゴルギアス』の批判を免れえないはずである。だが、『パイドロス』においては、技術的弁論術は、魂をすぐれたものにする働きをもつものとして、その有用性が明確に認められているのである。ということは、『ゴルギアス』と『パイドロス』における弁論術への評価は、その核心となる点において矛盾していることになる。プラトンは、この二つの作品の間で、弁論術に対する評価を修正したと考えなければならない。

なぜプラトンは、『パイドロス』において弁論術に対する態度を変化させたのだろうか。その理由は、プラトンが『パイドロス』を執筆した時期には、一般大衆の知的能力に不信を抱くようになっていたことにあると思われる。

『パイドロス』と『国家』

『ゴルギアス』における弁論術批判と、ソクラテスが「問答法」と呼ばれる方法で対話をおこなったということとは、同じことの二つの側面であるということを先に見た。ソクラテスは、さまざまな人々を相手にして、「徳性とは何か」という問題について問答を交わすことによって、彼らをして自らの魂をよくすることに意を向けさせようとした。この行為は、どこまでも論理（ロゴス）に則しておこなわれなければならないものであって、そこに弁論術のような非論理的な要素が混入することは徹底的に排除されなければならなかった。

このようなソクラテスの態度の背後には、人々の知的能力に対する一種のオプティミズムが存在する。ソクラテスの企てが成功するためには、対話相手となる人がソクラテスと同じように「徳性とは何か」ということに切実な関心をもち、あくまでも論理に則してこの問題を問いつめようとする姿勢とそれに堪えるだけの知的能力を共有している必要がある。しかし現実には、ソクラテスは、この活動ゆえに人々からの敵意を招き、結局は毒杯を仰がざるをえなかったのである。

プラトンは、中期以降の著作において、ソクラテスの哲学的モチーフを受け継ぎながらも、独自の思想を発展させていく。ソクラテスは、政治が果たすべきもっとも重要な任務は国民の魂をすぐれたものにすることであると考えたが、プラトンもこの政治観を引き継ぐ。プラトン中期の代表作である『国家』のなかで語られる理想国家は、すべての国民の魂をすぐれたものにするということを主眼として建設されることになる。その一方で、『国家』においては、プラトンは、ソクラテスが抱いていたような一般大衆の知的能力に対するオプティミズムを明確に放棄する。そこでは、正義、勇気、節制などの徳性に関する知識は、究極的には「善のイデア」の知識によって根拠づけられなければならないという思想が表明されている。だが、プラトンによれば、「善のイデア」の知識に到達することができるのは、ごく少数の知的能力にすぐれた「哲学者」に限られ、それ以外の一般大衆は、徳性に関する厳密な認識を得ることができない。一般大衆は、統治者である「哲学者」が獲得した「善のイデア」の知識を教育を通して二次的に分けもつことによって、魂の徳性を実現することが要求されるのである（『国家』第六巻 484C–D, 506A）。

プラトンが彼の理想国家から詩人を追放したことは、よく知られている。だが彼は、あらゆる種類の詩を排斥しようとしたのではなく、そこで禁止されているのは、国民に対し道徳的に悪影響を及ぼす詩に限られる。むしろプラトンは、理想国家の初等教育において、音楽・文芸（ムーシケー）による教育に重要な地位を与え、それを積極的に利用しようとしている。音楽・文芸による教育は、人間の魂の感情的な部分に働きかけることによって、人々をある望ましい行為へと習慣づけるものであるとされる[12]。つまりプラトンは、『国家』において、非論理的な方法による教育の必要性を積極的に認めているのである。

『パイドロス』は、『国家』とほぼ同時期に前後して書かれた著作である。『パイドロス』における弁論術に対する肯定的な評価は、いま見たような『国家』の立場と一体的なものであると考えられる。厳密な知識を与えない説得によって魂をすぐれたものにするという技術的弁論術の働きは、『国家』で語られている文芸・音楽による教育の機能と完全に重なるものである。先に引用した『パイドロス』で語られたソクラテスの言葉に含まれる「魂に対しては、法にかなった言論と訓練を与えて、相手のなかにこちらが望むような説得と徳性とを授ける」という表現がもつ教育的ニュアンスは明らかであろう。プラトンが『パイドロス』において弁論術を積極的に評価するようになった理由は、この時期に至って政治的・教育的手段として弁論術の必要性を認めるようになったからである。

このようなプラトンの政治観と弁論術への意義づけに対して、現代人の多くは受け入れがたいものとして直感的な疑念を感じるかもしれない。しかし、このことをどう考えるかということは、本章のテーマとはまた別の問題である。

［註］

（1）著作年代の観点からは、一般に『ゴルギアス』はプラトンの前期著作に属するものとされているが、議論がアポリアーに陥り積極的な結論が得られないまま完結する最初期のソクラテス的対話篇とは異なり、より明快で積極的な主張が表明されていることから、多くの研究者は、この著作を前期著作のなかでもあとの時期、あるいは前期と中期の過渡期に書かれたものと位置づけている。一方、『パイドロス』では、イデア論や想起説などのプラトン独自の成熟した思想が展開されており、この著作がプラトン中期以降の作品であることは疑いえない。この二つの著作の正確な執筆年代を定めることは困難であるが、『ゴルギアス』は前三八〇年代前半に、『パイドロス』は前三七〇年代に置かれるのが一般的である。

（2）現存する資料のなかで、「弁論術」の原語である「レートリケー」（ῥητορική）という語がはじめて見いだされるのは、まさにこのプラトンの『ゴルギアス』においてである（本篇のなかでの初出は448D9）。ある論者たちは、「レートリケー」という語自体が、プラトンの案出によるものであると主張している（Schiappa, E., *Protagoras and Logos*, South Carolina, 1991, pp. 39–53; Cole, T., *The Origins of Rhetoric in Ancient Greece*, Baltimore/London, 1991, p. 2）。

（3）『パイドロス』266D-269Cにおいて、ソフィストたちが教えるような言葉の使用法に関する知識に言及して、それらを「技術」としての弁論術を習うまでに予備的に習得しておかなくてはならない知識であるとされている。

（4）ドッズは、この箇所に触れて、次のように述べている。「プラトンの見方によれば、最善ということは、それぞれの場合において合理的に（rationally）決定可能であるが、快ということはそうではないのである」（Dodds, E. R., *Gorgias*, Oxford, 1959, p. 229）。

（5）ソクラテスは、『ゴルギアス』520Bにおいて、ふたたび弁論術とソフィストの技術との違いに言及している。しかし、そこでのソクラテスの意図は、この二つの偽の技術の違いを明確にすることではなく、一般に否定的に評価されているソフィストの技術と弁論術との親近性を強調することによって、弁論術を攻撃することにある。

(6) ここでは、テミストクレス、キモン、ミルティアデス、ペリクレスといった著名なアテナイの政治家たちが、「弁論家」として言及され、民衆の魂をすぐれたものにしなかったという理由で批判されている。

(7) 『ゴルギアス』の末尾近く(521D-522A)で、ソクラテスは、アテナイ人のなかで自分だけが真の意味での政治の技術を手がけていると主張しているが、このソクラテスの主張は、このような政治に対する捉え方を反映したものである。

(8) 『ゴルギアス』456D-457Cにおいてゴルギアスは、弁論術の効用を、まさにこのような立場から説明している。

(9) ゴルギアスは、ソフィストたちのなかで例外的に、徳性を教えることを否定したと伝えられている(『メノン』95C)。しかし、ゴルギアスの実際の活動は、典型的なソフィストのそれであり、彼が徳を教えることを否定したのは、ほかのソフィストたちとの差異化を図ろうとする顧客獲得のための方策と捉えるべきである。

(10) 近年、プラトンの哲学者としての圧倒的な影響力により、ソフィストと彼らの弁論術に対して、これまで公平な評価がなされてこなかったという認識の下に、プラトンの視点から独立した、より客観的な視点から、ソフィストと彼らの弁論術を評価しようとする研究動向が存在する。そうした傾向を示す著作としては、まず、Kerferd, G. B., *The sophistic Movement*, Cambridge, 1981 があり、さらに、Poulakos, T. (ed.), *Rethinking the History of Rhetoric: Multidisciplinary Essays on the Rhetorical Tradition*, Boulder/Oxford, 1993; Wardy, R., *The Birth of Rhetoric: Gorgias, Plato, and their successors*, London/New York, 1996; Schiappa, E., *The Beginnings of Rhetorical Theory in Classical Greece*, New Haven/London, 1999 など。

(11) ある論者たちは、『ゴルギアス』の後半(504D)で「技術を具えたすぐれた弁論家」という表現がなされていることに着目して、『ゴルギアス』においても、すでに弁論術が「技術」として成立する可能性が認められているると考えている（たとえば、Kennedy, G. A., *The Art of Persuasion in Greece*, Princeton, 1963, p. 16; Rowe, C. J., *Plato: Phaedrus with translation and commentary*, Wiltshire, 1986, p. 196 など）。しかし、この表現のポイントは、厳密な意味での弁論術の技術としての資格を問題にしているのではなく、国民をすぐれたものにすることを目指す理想の政治家を、国民に迎合することに専心するアテナイの現実の政治家から区別することにある。この直前で、「国民の魂ができるだけ善いものになることを目指して、自分の言葉が聴衆に快く響こうが不快に聞こえようが、それに関わりなく終始一貫、ただ最善のことがらを語ろうとつとめることは立派なものだということになるだろう」（同 503A）と言われていることに注目するべきである。『ゴルギアス』においては、説得という行為に快楽という要因が介入することは、完全に否定されていると考えなければならない。

(12)　音楽・文芸による教育の特性については、『国家』第三巻 401E-402D および第七巻 522A、第一〇巻 605B を参照。

［参考文献］

本章で中心的に取り上げたプラトンの著作は、次の邦訳で読むことができる。

『ゴルギアス』、加来彰俊訳、岩波文庫、一九六七年。
『パイドロス』、藤沢令夫訳、岩波文庫、一九六七年。
『国家』上・下、藤沢令夫訳、岩波文庫、一九七九年。

ほかに、弁論術とソフィストを扱ったプラトンの著作として、次の二編が重要である。

『プロタゴラス』、藤沢令夫訳、岩波文庫、一九八八年。
『ソピステス』、藤沢令夫訳、『プラトン全集』第三巻所収、岩波書店、一九七六年。

ゴルギアスの弁論術的作品や資料については、次の訳書を参照。

内山勝利編『ソクラテス以前哲学者断片集』第Ⅴ分冊、岩波書店、一九九七年。▼この巻には、プロタゴラス、ヒッピアスなどゴルギアス以外のソフィストたちに関わる原典資料も収録されている。

プラトンとソフィスト、プラトンと弁論術の関係を扱った邦語の研究書として、次の二点がある。

藤澤令夫『プラトン『パイドロス』註解』、岩波書店、一九八四年（初版＝岩波書店、一九五七年）。

納富信留『ソフィストと哲学者の間――プラトン『ソフィスト』を読む』、名古屋大学出版会、二〇〇二年。

ソフィストと彼らの弁論術を取り扱った邦語文献として、次の三点を挙げておく。

田中美知太郎『ソフィスト』、講談社学術文庫、一九七六年（初版＝弘文堂教養文庫、一九四一年）。

G・ロメイエ＝デルベ『ソフィスト列伝』、神崎繁・小野木芳伸訳、文庫クセジュ、白水社、二〇〇三年。

納富信留『ソフィストとは誰か？』、人文書院、二〇〇六年。


（付記）『パイドロス』からの引用は、藤澤令夫『プラトン『パイドロス』註解』（岩波書店、一九八四年）の訳文を適宜変更して使用した。

Ⅲ

思想

第1章　ソクラテス

――「無知の知」の射程――

高橋憲雄

1　「無知の知」という逆説

ソクラテスという謎

ソクラテスは書物を残さなかったが、彼について報告する多くの資料が存在する。その中でもプラトンの初期著作が最も重要であり、プラトンの著作を通してソクラテスの人と思想を知ることができると考えてよいだろう。そしてプラトンをもとにしたソクラテスについては、すでに多くのすぐれた書物・論文が書かれている。同じスタイルで語ることは無用であるようにさえ思えるが、しかしまだ何か物足りない気もする。

古代ギリシアの哲学者たちの中には、理解されることを意図的に拒むかのような者がいる。ソクラテスもその一人であり、謎であると言える。しかしその謎は、解釈困難な断片的なことばを今日に残すへラクレイトスやパルメニデス、あるいはエンペドクレスの場合と違って、ある種の素朴さをまとう。「無知の知」という中心的な思索にしても、一通りの理解ならそれほど困難とは思えない。

つまり、「知らないということを知っている」ということは、哲学の唯一の堅固な基盤である。なぜなら、知っていると思い込むことからは知の希求は生まれてこないから。ソクラテスは、哲学のこの基盤を確保するために、人々を論駁して行き詰まりに追い込み、知っているという思い込みを破壊するのである……。

右の解釈は、例えばプラトン『メノン』に依拠するが、きわめて妥当なものである。ただ平明・素朴に過ぎて、その思索を突き動かす動因を明らかにしてくれないようにも思える。あるいは言い方を変えれば、素朴さの意味そのものを未解明に残すようにも思われる。

ソクラテスの思想をさらに解明するためには、プラトンの初期著作に現れるソクラテスの全体像を描き出そうとすることに加えて、彼の思索を、先行する哲学者たちの思想との関連において、いわばギリシア思想史の中に当てはめて考察することも必要だろう。

「無知の知」という逆説

「無知の知」の概略はプラトン『ソクラテスの弁明』から知ることができる。ソクラテスは「彼以上の知者はいない」という神託の解釈を通じて、自分が他人に優る知を「無知の知」として把握する。何事について無知かと言うと「善美のこと」である。世の人々は、善美のことについて何も知らないのに知っていると思っている。それに対してソクラテス自身は、それを知らないがゆえにそのとおり知らないと思っている。この一点の差が彼を最高の「知者」となす。というのも、神のみが真の知者であり、人間の知の価値は皆無に等しく、その最高のものでさえ、譬えてみればソクラテスが有するような「無知の知」であるからだ。

ところで、善美のことを知らないとは、どういうことだろう。何が善いことで何が悪いことか、何が立派なことで何が醜いことか、何が追求すべき価値か、こうした事柄についてわれわれは例外なしに何ほどかのことを了解していると思っているし、またその了解なしには生きていけない。善美のことは、例えば法・習慣・規範（ノモス）など社会的に通用する価値として確定しており、われわれはそれにそくしつつ善美のことや幸福を目指しながら、自分のためになるはずの生を営んでいる。それなのにソクラテスは善美のことは何も知らないと語り、しかも何も知らないということを「私は知っている」と語る。これは単なる空とぼけではありえない。

彼がそれをもたぬと主張するところの善美のことについての知は、善美のことについてわれわれが抱く了解・通念（ドクサ）とは異なるものでなければならない。ソクラテスが、善美のことを知らないということを「知っている」と断言するとき、彼はドクサと真の知とは異なると断言しているのである。つまり、幸福を求めてのわれわれの生のあり方が、その意図とは違ったほうを向いているというのだ。「無知の知」には、生のあるべき姿に関わる一種の強い知の確信が含まれている。

2　ソクラテス以前の哲学

哲学によるドクサ批判

この確信の内容を浮かび上がらせるために、プラトンのテクストをいったん離れて、ソクラテス以前の哲学の知の伝統に目を向けることは無駄ではないだろう。それは、ごく大雑把に言えば、宇宙・自然がどうあるか、またその内に存在する人間がどうあるべきかを究明する営みである。この知の営みは、われわれの日常的な認識（ドクサ）と対決するという仕方で具体化されてゆく。こうしたドクサ批判の中で、世界についての理解を導き、また人間の生を導くべき原理として見いだされるのが、「理性」（ロゴス）や「知性」（ヌース）と呼ばれるものである。哲学者は、理性・知性の立場に立って世界を正しく理解し、世界の内に存在する自己の自己自身にとって透明な生を営むことができる。それに対し、世の多くの者たちは、思惑（ドクサ）に導かれて夢遊病者的な生を営むのだと言われる。

　われわれの日常的認識（ドクサ）を差し当たり簡単に特徴づけておこう。それは、まずはものを二つに分けて考える思考（二値論理的思考）であろう。そしてこの認識の起点（基点）となるのは、（ごく一般的に言えば）自己の保存である。つまり対象を自己の保存にとって有益なもの（快、生）と有害なもの（苦、死）とに弁別し、有益なものをどう確保するか、有害なものをどう回避するかを思案する。この思考では、ものごとは自己の保存を起点（基点）とする意味連関の中に取り込まれて、単に断片的にまた手段としてのみとらえられる。さらには、ものごとを獲得したり忌避したりする自分の行為そのものも、同様の意味連関の中で断片となり手段となる。人間の生は、断片的・手段的行為の継ぎ合わせとして引き延ばされるだけで（死の定めによって未完に終わることが最初から決まっている）、全体性と意味を喪失する、と言えるかもしれない。

ヘラクレイトスとパルメニデス

　ドクサ批判は、ソクラテス以前の哲学者ではヘラクレイトスとパルメニデスにおいて最も明確な表現を獲得する。彼らの思想の中に、われわれの幸福を求めての生のあり方がその意図とは逆を向いているという主張が読みとれる。それは、ソクラテスの「無知の知」に含意される知の確信と基本的に同質である。

ヘラクレイトスは、大多数の人々の考えを批判して、「反対物の一致」とのちに呼ばれることになる思想を展開する。夜と昼は同一、生と死は同一、等々。このまったく非論理的に思える思想を解明することは困難であるが、一つの可能な解釈は〈反〉原子論的な思考を読み込むことであろう。原子論的思考は、反対物、例えば夜と昼のそれぞれがまず自体的に存在していて、しかるのちに反対的な関係に立つ（反対的な性質をもつ）というように考える。それに対してヘラクレイトスは、昼と夜それぞれの意味と存在は相関的にのみ成立すると考える。しかもその相関性は相互が相互を否定しようとする動的なものであり、ヘラクレイトスはその動的相関性を「たたかい」と呼ぶ。「反対物」は相互のたたかいの中で相互がそれとして成立しうる。あるいは、一般化して、事物の内には自身の否定（非存在）が隠れて居合わせ、事物は非存在の闇に刻々と落ち込み、自らを存在に引き上げる不断のたたかいによってのみ、それとして成立しうる。

このような思考を詳しく解明する余裕はないし、またここはその場でもない。不十分ながら具体例でイメージしておくだけにとどめよう。安定して燃え続けるロウソクの炎を考えてみれば、それは常に消え去り常に非存在へと落ちてゆくのであるが、その傾動性に抗（あらが）って自らを存在へと引き上げ燃え上がることでのみ、その同一性を確保する。あるいは、同一の人間の身体を絶えず死滅し絶えず生まれる細胞レベルで考えてもよいだろう。

それとしての存在を獲得しようとするならば、自らを存在に向けて不断に引き上げねばならない。これが存在の構造についてのヘラクレイトスの洞察である。「在る」とは原子や化石のように変化せず持続するのではなく、そのつどそれと成ること、不断に自己を更新し獲得することであろう。存在はその瞬間ごとに全一的なのである。

逆に、自己にしがみつき、死と苦痛を避けて安楽を求めることは、非存在に落ち込む傾動性に自らをゆだねることである。われわれの日常的生のあり方はこうしたものであり、ヘラクレイトスはそれを「私的に知恵をもっているかのごとくに暮らす」、「それぞれが私的な世界へと逸脱する」と表現する。それは、自己起点（基点）と二値論理を特徴とするドクサに対する批判として理解できる。

パルメニデスについて考察することはここではできないが、ただ彼もまた、二値論理的な思考（昼と夜を相反する自体的な原理として立てるような思考）を死すべき者（自己の生に固執する者）どもの思惑として、世界を虚構することとして批判している。そして、真実においては、「在るは、今・ここに・一挙に・全体として、在る」と主張する。

ヘラクレイトスとパルメニデスの思索に共通する一つの論点は、「存在の全一性」とでも呼ぶべき思想である。ドクサにおいて手段化され断片化される存在をあるがままの姿でとらえることが、哲学の目指す「観想」（テオーリアー）であるとすれば、観想のために彼らがとる方途は、認識の自己起点（基点）性からの脱却、いわば「脱我」だと言えよう。ヘラクレイトスは「ロゴスに聞く」ことを唱え、パルメニデスは「思惟で観る」ことを唱える。これは近代以降のことばで解釈すれば、認識における主観―客観の対立図式を乗り越えることであり、さらにこれはヘラクレイトスでは宇宙的ロゴス（神と言ってもよい）との合一を意味し、パルメニデスの「思惟することと在ることとは同じ」という魅惑的なことばの一つの含意もそこにあるのかもしれない。

自己起点（基点）性からの脱却は、感覚や身体からの魂の解放だけでなく、生の全体性の回復という道徳哲学的な含意をもち、ソクラテスの「魂をこそ大切にせよ」という格率に通じるものである。ただ、この比較からすると、ソクラテスのことばはあまりにも素朴に聞こえてしまうが、しかしその点の正確な見極めがソクラテス理解の鍵ともなろう。

パルメニデス以後（いわゆる「自然学」）　古代ギリシア哲学はパルメニデスを境に大きく変質する。彼は、一般的と思われる解釈によれば、世界理解の原理として知性ないし思惟（ノオス＝ヌース）を立て、「知性に現前するものを観よ（知性によって観よ）」と語る。そして思考の原則（探究の道）として「在るは在る」、「在りかつ在らぬは不可能」を提示し、その原則に従う考察によって、すべての変化や多様性を「在らぬが在る」を含意するものとして否定し、結果として変化と多様性に満ちたこの世界をわれわれの抱く虚妄として断罪する。この思索は先に述べたような道徳哲学的な含意をもつはずであるが、直後の思想の歴史ではその論点が等閑に付されてしまったように思われる。

思想の歴史で問題になるのは、この世界は虚妄だというパラドクスへの対処、「現象の救済」という課題である。その課題に導かれて「論理的」思考を深化させつつ、哲学は宇宙・自然から生命あるいは永遠の生命としての神的なものを排除し、必然的強制力をもつ物的な力によって宇宙が成り立つととらえる方向に進む。その完成形体が古代原子論である。

神的なものを自然から排除するような思想を、プラトン『パイドン』のソクラテスは「自然学」と呼んで批判する。「自然学」はいわゆる機械論的な説明を一つの特徴とする。「なぜソクラテスはいま牢獄に座っているのか」と問われて、筋肉や関節の構造について説明するのみで、ソクラテスが獄中にとどまることを「善」として意思するという原因については何も語らない。「自然学」は自然のあり方と人間の生のあるべき姿との連関を断ち切り、人間的な生のあり方をそのまま物的必然にゆだねてしまう。あるいはそれが言い過ぎだとしても、「自然学」では人間存在の不可思議さや存在理由の不明瞭さは、主題的に問いただされることがなくなってゆく。人間の問題は、また「善美のこと」についての問題は、宇宙・自然についての問題から事実上切り離された、人間的な問題領域の中で扱われるようになると言ってもよいだろう。

3　ソフィストたちの知

ソフィスト思想

ソフィストたちの思想は、それを肯定的に評価すれば、哲学の知の伝統に対して挑戦的な意図をもって登場する。理性・知性の立場とドクサの立場とを峻別し、ただ哲学者の理性のみが宇宙・自然のあり方と人間存在のあるべきあり方を認識しうるとする、哲学の貴族主義的な考えに反対して、ソフィスト思想は大衆のドクサと常識を弁護する。また同時に「自然学」にも対抗して、幸福を志向する人間の問題を物的必然から人間の手に取り戻そうともするのだろう。あるいは、逆説的に聞こえるだろうが、「自然学」が結果として生み出した人間的な問題領域を引き継ぐのだと言えるかもしれない。

人間は、快苦に誘導される動物的存在として自然の力学的必然によって支配されるにせよ、ロゴス

（ことば・理性）をもつ唯一の動物として意思的な生を営むと考えられる。しかもその際、ソフィストたちは人間の問題から神々を敬して遠ざけることで、人間を価値と真理（善美のこと）の創造者として位置づける。人間は力学的必然（ピュシス）に対抗して、また神々に由来するとされる神話的束縛から解放されて、自律の規則、自由の根拠としての規範（ノモス）を創造する。

「人間中心主義」とも言えるソフィストたちの思想は、古代民主制の理論的支柱たりうるものであったかもしれない。民主制の理念では、自由でロゴス（言論の力、理性）を有する個々人が、議論と対話を通じて合意形成を行い、その合意にそくして社会生活を営む。合意の内容である規範に対して個々人が主体的に参加するという仕方で、個々人が社会を担う。そのような存在が「（自由）市民」（ポリーテース）であり「人間」である。ソフィストたちは特に弁論術を教育することで「人間の教育者」を標榜したのである。ソフィスト的理解によるロゴスと知とは価値を創造する力であるが、さらにはその要点は（プラトンの『テアイテトス』の中で見事に解釈されているように）、古く有効性を喪失した規範に代えて、新しく有効性をもった規範を合意として人々に善いと思わせるというものであり、規範を更新しながら不断に社会を担う力であるとも言える。その思想において、善美のことは、またロゴスを有する存在としての「人間」は、人間自らにとって徹底的に透明であるべきもの、合理的であるべきものとして理解される。

ソフィスト思想の変質

ソフィスト思想は、その革新的な人間理解と合わせて、浅薄な合理主義を含んでいたと言えるかもしれない。人間が人間自らに透明であるべきことを前提に合理性を追求するこの思想にあっては、批判の破壊力は迷信や不合理なものに向かうだけでなく、人間に理解できないものの全般にまで及んでゆくであろう。

既存の価値が合理性を見いだせないというだけで批判され、しかも価値を創造するとされるロゴス（言論の力）の要点がその場の多くの者の合意を作り出すことにあるとされるならば、価値（善美のこと）の根拠としては、その場の多くの者の合意以外に何がありうるだろうか。

ソフィスト思想は旧来の価値観に代えて新しい価値観を追求する傾向をもつ。しかし新しい価値の創造と言っても、価値の根拠がそのようなものでしかないなら、既存の価値のみならずいわば新しい価値もまた、別の視点から合理的な根拠を欠くものとして批判されるようになるのも必然だろう。

ソフィストたちが理解するようなロゴス（弁論の力）は、自己の欲望や行為を正当化するための単なる道具へとたやすく変化するだろう。歴史家トゥキュディデスの流儀で語るなら、善美のことの「ことばの意味は自分たちの行いに合わせて恣意的に変更される」のである。そんなロゴスはせいぜい対立しあう欲望や利害・打算の調整の道具にすぎず、場合によっては数の力や暴力にとって代わられ、人間の共同体的な生を支えるにはあまりに薄弱である。

そうした恣意性を脱却しえない合意（ノモス）に対しては、自らを絶対的なものと主張する自然（ピュシス）が台頭してくるが、それは人間中心主義という啓蒙的な思想のあとにあっては「神の法」や神的摂理ではなく、物的自然の法である。つまり、善とは欲望の充足（快）であり、力こそが正義であるという野蛮の論理である。ソフィストたちの思想は変質し、力学的必然を主張する「自然学」とある意味で一致して、原子論的なものとなる。固体的な力（欲望）こそが人間存在の実体・本性であり、その衝突を通じて、強者の支配という世界秩序が必然的に生ずるとする主張である。それに対して徹底的なたたかいを挑むソクラテスの姿が、プラトンの著作『ゴルギアス』に活き活きと描かれている。

4　ソクラテスの人間理解

ペシミズム　ソクラテスをとりまく思想的状況がこのようなものだと仮定すると、彼が直面する課題は何であったのか。ソクラテスの人間理解の検討から始めてみよう。ソクラテスの人間理解は、ソフィストたちのそれに比較するならば、伝統的なものに根差していると思われる。

古代ギリシアの伝統的な人間理解は、人間をまず何よりも「死すべき者」として、不死なる神々との絶対的な対比においてとらえる。不死なる神々は至福のものであり、（比喩的な意味で）目が見え、存在理由をそれ自体において有する。それに対して人間は惨めで儚く、目が見えず、存在理由をもたない。意味なく生まれ、意味なく苦しい生を送り、意味なく死んでゆく。このような暗いペシミズムが古代ギリシアの文化の根底にあるように思われる。ただ古代ギリシアの文化はペシミズムに終始するのではなく、そこからの一種の逆転によって成立するのであろう。もちろん、その逆転は一様ではない。人間存在のそのようなあり方を多かれ少なかれ主体的に引き受け、人間としての分を守るべきことを説くこともあれば、悲劇的・英雄的に人間の運命を味わいつくすということもあろう。あるいは、人間と神々との絶対的対比を大枠としながらも、ロゴス・ヌースの立場に立つ哲学者を、ドクサの泥沼をうごめく大衆から区別して、神の知の側に引き上げようとすることもあろう。

あるいはまた、ソフィスト思想のように（ペシミズムと直接的には無縁だが）、神々を敬して遠ざけ、ロゴスをもつ唯一の動物たる人間を善美のことの創造主とみなす方向性もある。

ソクラテスの人間理解

ソクラテスがとる方向はそのどれとも異なる。彼の「無知の知」は神々と人間との絶対的対比を出発点とし、「神のみが真の知者」であるとする。もちろん、彼もロゴスを人間の人間たる特質と考えて、ロゴスに信頼を寄せる。しかしそのロゴスは、人間を価値の創造主とするような力（欲望実現のための道具へと変ずる力）ではないし、また哲学者の認識を神の知の側に引き上げるような真理発見の力（認識主体としての自我に通じるような力）とも考えられてはいない。それらはどちらも、ロゴス（ロゴスを有する人間）に対するあまりにも無反省で安易な信頼であろう。ソクラテスにとっての課題は、そして「無知の知」の含意の一つは、ロゴスに対する安易な信頼の拒否にあるように思われる。

当然の帰結として、ソクラテスにとって、人間（自己）は自己自身にとって不透明なものとして現れる。ソクラテスがロゴスに寄せる信頼は、差し当たり、人間はロゴスを有する存在として自分自身のあり方を吟味・反省しうる（物的必然から身を引き離しうる）という確信だけであると言えるかもしれない。自己自身のあり方を吟味・反省する存在としてのみ、人間の主体は身体（身体に根づく欲求）ではなく魂であり、その「魂をこそ大切にせよ」と語られるのであろう。

生身の人間においては、身体は魂に対してときに支配力をもつ。身体に根づく欲求が人間主体としてふるまい、ロゴスは道具としてそれに従属するとも言える。その場合には快苦に還元できないような価値は存在しえない。だから、もし人間がロゴス的存在であること（人間の主体が魂であること）を示そうとすれば、問題となるのは、人間が快苦の力に代表される物的強制力を脱しうることを実証すること、欲望や快苦の力に抗してロゴスによって自らを統御できることを実証することであろう。これが吟味の内容になるはずだ。

それが可能となるときに、快苦を超えた価値（善美のこと）に触れうると言ってよい。しかし善美のことに触れうるという魂のいわば本来的神性（真理発見の力）は、無邪気に前提されてはならないはずである。むしろその神性は、吟味の実践を促す（と同時に、吟味の実践を通じて初めて明らかにされる）仮説的なものとしてとらえられるべきであろう。

そうであれば「知らないということを知っている」ということは、善美のことについて語るだけではなく、善美のことに触れうるという魂の神性についても同様でなければならない。プラトン『パイドロス』のソクラテスは、他の事柄に関わる暇はないことの理由として、いまだ「自分自身を知る」ことができないでいるからと語る。彼の考察は自分自身に向かう。自分は複雑怪奇・傲慢凶暴な怪物なのか、それとも穏和単純で少しでも神性を有する存在なのか。

「脱我（ヘラクレイトスで言えば、私的世界を脱して共通的世界へ参入すること）」、「宇宙的ロゴス（神）との合一」、「認識における主客の対立図式の超克」、「生の全体性の回復」といった事柄は、人間がロゴスを有する存在であることを吟味・実証すること、「汝自身を知る」ことなしに意味をもつような課題ではないはずである。

だとすれば、「無知の知」についてこう解釈できるかもしれない。「無知の知」は、善美のことについての知と単なるドクサとを峻別するものであるが、「知らないのに知っていると思う」というドクサは大衆的生を特徴づけるのみではない。ソフィスト思想も従来の哲学も、ロゴスの立脚基盤についての反省を欠くがゆえに、ロゴスを有する存在とされる人間の問題を根本からは引き受けていないと考えられよう。ソクラテスの思索は、人間がロゴスを有する存在である（人間の主体が魂である）ことを吟味・実証するという文字どおりの根本から出発するのであり、それがあるいはソクラテスの「素朴さ」の意味であろう。

5　エレンコスと「無知の知」

エレンコス

ロゴス（ことば、反省的能力、理性）を通じての人間の生のあるべき姿についての吟味と探究、それがソクラテスの対話の実質であり、その対話は固有名詞的に「エレンコス」（論駁）と呼ばれる。

まず対話ということの意味であるが、それはおそらく、一つにはロゴスの成立基盤の問題に関わるだろう。対話は（第一・第二）人称性を特徴とする。ソクラテスの対話では、「自分の思うところを語れ」という要請に端的に見られるように、一般的な考えではなく、その人自身の考え、もしくはその人自身が吟味に付されることがある。それは例えば批評的言説や一般の分析的考察の対極に立つ。批評的言説や一般の分析的考察の立場はいわゆる「客観性」である。それに対して、ソクラテスのエレンコスは、特徴的には、人格と人格との間に取り結ばれるたたかいの場に位置する。そのたたかいの場における合意形成が、エレンコスの差し当たって目指すところである。それはきわめて特殊的・個別的である。こうした人称性・個別性は、ソクラテスの出発点、およびその「素朴さ」から理解されるべきだろう。

無知の知

主に善美のことに関わる問いをソクラテスは問う。相手は何の疑問もなく答える（その答えを「P」と記号化しよう）。その答えは相手にとって自明であり時代常識であることも多いのだが、ソクラテスは反対の見解（not-P）を表明する。相手にはソクラテスは「奇妙な」人物として現れる。だが、問いを受けてさらにソクラテスのいくつかの質問に答えてゆくと、最後にソクラテスは、それらいくつかの問いに対する相手自身の答えの中から、相手の最初の答え（P）とは反対の結論（not-P）を導出して見せる。相手は自分自身の中に相矛盾する考えがあることを示されて論駁される。

ソクラテスの「奇妙さ」とは何か。われわれはだれしも、自分のあるいは時代の常識にそってものごとを理解し考える。だれもが自己起点（基点）的な一定の世界理解（理解の枠組みと内容）をもっている。その世界理解は、多かれ少なかれ特殊的・限定的であり、成熟ないし硬直化とともに、われわれの人格や人間性を形作るものとなる。われわれは、その世界理解によって、自己理解と自己のアイデンティティをも確立するのだと言える。この自己理解・自己確信は、自分の世界理解の特殊性・限定性に対して無自覚にさせがちであり、われわれは自分の考えを自明のもの、間違いのないものと思い込む。自分の考えに反するものは「奇妙な」、「わけの分からない」ものである。「奇妙な」、「わけの分からない」存在とは、自己起点（基点）的な認識の枠組みに取り込んで位置づけることのできない異物である。異物は出来上がった自分の世界理解や自己理解を脅かすものである。

われわれは通常、そうした異物をはねつけるか、あるいはそこから逃れる。しかしソクラテスは、プラトン『饗宴』のアルキビアデスが感動的に語るように、はねつけることも逃れることもできない特殊な異物であり、相手は彼に魅入られて対話に取り込まれ、自己矛盾という人格と自己理解の危機にさらされる。

ソクラテスに魅入られ論駁されるとき、相手は自分の理解の枠組みの限定性を自覚し、それとともに自己理解を揺るがされる可能性に至りつく。それは、自分にとって自分が分かっていなかったと自覚すること、ソクラテスに転嫁していた「わけの分からなさ」を自分の自分自身にとってのものとして引き受けることの可能性であると言える。これが「無知の知」である。

相手は、自分自身に透明であると思われていた自分と、自分には見えていなかった自分とに引き裂かれ、あらためて自分に向き合わされることにもなる。自分を守っていた殻としてのドクサ（私的世界理解、私的な理解の枠組みと内容、価値観＝評判＝自己確信、自己理解）を揺るがされ、自分自身にとっての本当の価値（善美のこと）について問わざるをえなくなる。それが自己吟味である。

ソクラテスのエレンコスは「無知の知」に至らせるという（治）療法的な性格を強くもつ。ソクラテスの対話における合意は、その場での特殊的なものであり、たとえ同じ合意が繰り返しの吟味に幾度堪えるとしても、論理的に考えれば「真理」たりうるものではない。この限定性をエレンコスが突破しうるかどうかという問題が、ソクラテス解釈のトピックの一つとなった。この問題を取り上げる余裕はないが、ただ言えるのは、「繰り返し」の吟味と語られるとき、もともと数や量が問題なのではないということだ。

ソクラテスが追求するのは人格的なたたかいの場における合意であり、質的な限定性を特徴とする。それはソフィストたちのロゴス（弁論術）が作り出す「その場の多くの者たちの合意」とは際立って異なる。それを考慮すれば、エレンコス（吟味）にとっては状況の特殊性こそが決定的に重要だと言えよう。

プラトン『クリトン』のソクラテスは死刑を明後日に控えた獄中にいる。友人が勧める脱獄の是非について、彼は国法を仮想的な相手に立てて対話をする。死なねばならないという時になってこれまでの自分のことば（ロゴス）が変わるのかどうか、平時の議論が議論のためだけのものだったのかどうか。ソクラテスは、ロゴス（ことばと考察）を自分の欲求や行為を正当化する道具にすることなく、平時と変わらぬロゴスに自らを従わせる。極限的状況の吟味でも変わらぬ合意があるならば、それを善美のことについての差し当たっての真実（実践的仮説）と考えることは許されるだろう。

もちろん、善美のことに触れる方途をどう切り開くかが問題になる。しかしその問題をソクラテスは自分に続く者にゆだねるのかもしれない。

［参考文献］

岩田靖夫『ソクラテス』、勁草書房、一九九五年。

加来彰俊『ソクラテスはなぜ死んだのか』、岩波書店、二〇〇四年。

田中美知太郎『ソクラテス』、岩波新書、一九五七年。

廣川洋一『ソクラテス以前の哲学者――初期ギリシアにおける宇宙自然と人間の探究』、講談社、一九八七年／講談社学術文庫、一九九七年。

Brickhouse, T. C. & Smith, N. D., *Socrates on Trial*, Clarendon Press, 1989.（T・C・ブリックハウス、N・D・スミス『裁かれたソクラテス』、米澤茂・三嶋輝夫訳、東海大学出版会、一九九四年）

Cornford, F. M., *Before and After Socrates*, Cambridge University Press, 1932.（F・M・コーンフォード『ソクラテス以前以後』、山田道夫訳、岩波文庫、一九九五年）

Guthrie, W. K. C., *The Greek Philosophers: From Thales to Aristotle*, Methuen, 1950.（W・K・C・ガスリー『ギリシアの哲学者たち』、式部久・澄田宏訳、理想社、一九七三年）

Vlastos, G., *Socratic Studies*, ed. by M. Burnyeat, Cambridge University Press, 1994.

第2章　言　語

朴　一功

哲学は言語による思索の作業である。言葉を理解できるなら、哲学を始めることができる（『メノン』82B）。しかし哲学が知恵の探求であるかぎり、哲学の言語には正しさが要求される。その正しさはどこに求められるのであろうか。この問題が『クラテュロス』の主題である。『クラテュロス』はプラトンが言語論を展開している唯一の作品である。本章のねらいは、プラトンがどのような経緯で言語論に取り組み、その論点と彼の視点がどこにあるのかを、『クラテュロス』に基づいて明らかにすることである。

1　プラトンの言語論の課題

プラトンの哲学は、彼の死に至るまで長期にわたって展開され、数々の対話篇の内に表現されている。

『クラテュロス』の著作年代についてはこれまで盛んに論じられ、それをプラトンの後期作品群に位置づける解釈と、中期ないしは中期直前の作品と見る解釈が争っており、今なお意見の一致を見ていない[1]。いずれにせよ、『クラテュロス』が初期から中期にかけてのプラトンの思想展開を踏まえた作品であることは疑われない。以下の論述は、この観点からなされる。

哲学とは思考の活動であり、思考は知に至るための言葉の組み立て作業にほかならないが、プラトンは『クラテュロス』の最終部で、事物を言葉（オノマ）なしで学ぶ可能性に触れたうえで、事物をそのものを通じて学ぶほうがすぐれていると論じている（438E-439A）[2]。こうした見解をプラトンは後年までもち続けたのであり、『第七書簡』では、「分別をわきまえた者ならばだれも、知性によってとらえきったものを、しいて言葉というひ弱なものにして表わすようなことは、けっしてしないであろう」と述べて、対象について「真にあるもの」よりもむしろ「何かそれらしさ」しか示さない「言葉（ロゴス）の弱さ」に言及している（343A）[3]。思考は言語を用いてなされるが、しかし何かを知るにあたって、知られるものと、それを知ろうとする知性との直接的関係こそ、プラトンにとってはいっそう重要な事柄であった。

とはいえプラトンは、言葉の介在なしには、「真にあるもの」についての知識に完全にあずかることはできないと主張する（同 342D-E）。問題は、「真にあるもの」と言葉との遠近関係、あるいは言葉の真実性である。言いかえれば、すべての言葉が同じようにひ弱というわけではないのである。たとえば『パイドン』で、プラトンは魂の不死論証に関連して、シミアスに次のように語らせている。

「実際、私にはこう思われるのです、ソクラテス、おそらくあなたも同じお気持ちでしょうけれど、［……］すなわち、事柄がどのようになっているのか、その真相をだれかから学ぶなり、自分で発見するなりするか、あるいは、もしそうしたことが不可能なら、少なくとも人間にゆるされる言説のうち、最善にして最も論破しがたい言説（ロゴス）をとらえて、それに身をゆだね、ちょうど筏に乗って大海を渡るように、危険をおかして人生を渡りきらねばならないのです」（85C–D）

これはソクラテスの、「ぼくという人間は、自分でよく考えてみて最善と思われる言論（ロゴス）以外には、ぼくのうちの何ものにもしたがわないような人間なのだ」（『クリトン』46B）という発言と響き合う。ソクラテスが表明する言葉への信頼を、『パイドン』のシミアスは反復している。だが、身をゆだねるべき言葉とは、シミアスにとって（そしてプラトンにとって）まさに「筏」なのであり、そのメタファーは人間にゆるされる言葉のもろさとともに、その言葉のもちうるかぎりの最大限の力をも暗示している。言葉の弱さと力、言いかえれば、言葉の真実性が何に由来するのかを探ることが、「名前の正しさ」を主題とする『クラテュロス』の言語論の課題であり、その重要性は、生死にかかわるシミアスとソクラテスの発言が告げるように、倫理の領域にまでおよぶであろう。

2　ソクラテスの対話法と『クラテュロス』の背景

『クラテュロス』は、ヘルモゲネスの象徴的な言葉から始まっている――「ではどうだろう、こちらのソクラテスにも、われわれの議論（ロゴス）をお伝えしては」（383A）。

この問いかけにクラテュロスの賛同を得たあと、ただちに議論の争点がヘルモゲネスによって説明されるが、「議論（ロゴス）を伝える」という表現が言葉の伝達可能性を暗示しているように、[4]プラトンにとって言語が最初に問題化したのは、初期作品群におけるソクラテスの対話法によってであろう。ソクラテスの対話の主題は、周知のように、人間の生き方にかかわる徳の問題であり、しかもその対話において、対話者は自分の思いに反して答えてはならず、それをありのままに表明することが求められる。対話に参与する者は、ソクラテスであれ相手であれ、どちらも同じようにみずからの言葉に、みずからの生の重みをかけなくてはならない。[5]徳について語られる一つ一つの言葉は、対話者自身の生のあらわれにほかならない。それゆえ、ソクラテスによって遂行される対話は、徳の探求であると同時に、対話者自身の生き方の吟味でもある。ソクラテスとの対話について、たとえばニキアスは、「はじめは何か他のことから話し始めたとしても、必ず彼に言葉でひっぱりまわされて、ついには自分自身について、現在どのような生き方をしているか、また今までどのような生活を送ってきたのかを説明させられるはめになる」（『ラケス』187E–188A）と述べている。

それだけではなく、ソクラテスは相手が「徳をもっているように言い張っているけれども、実はもっていないと思われたなら、最も価値あるものをいちばんそまつにし、つまらないものを不相応に大切にしていると言って非難する」のである（『ソクラテスの弁明』29E–30A）。ソクラテスと対話をする者は、自己の言説を吟味されるばかりか、論駁され、咎められ、ひいては自分の生き方を否定されかねないことになる。かくして、カリクレスは反発する。

「さあ、どうか教えてもらいたい、ソクラテス、私たちは今あなたがまじめに言っていると考えたらよいのか、それとも、冗談だととってよいのか。ほかでもない、もしあなたがまじめであるとしたら、そして、あなたの言っていることが真実だとしたら、われわれの生はすっかり転倒してしまっていることになるのではないだろうか」

（『ゴルギアス』481B–C）

ソクラテスの対話が、カリクレスのようなソクラテスと対極的な立場の相手となされるとき、両者の対話には亀裂が入り、議論は中途で破綻し、言葉は互いに共有されなくなる。問題は、立場の違いが対話によって克服され、対話が対話として成り立つ可能性はあるのかどうかということである。ソクラテスは、カリクレスの問いかけに対し、次のような答え方をしている。

「カリクレスよ、もし人間の感情というものが、人によってそれぞれ違っていて、互いに同じところが何もなく、われわれひとりひとりの抱く感情は、他の人々に縁のない私的なものだとしたなら、自分自身の心の状態を他の者にわかってもらうということは容易ではなかっただろうね」

（同 481C–D）

ここから人間の内面の欲望や感情の問題が浮上するが（これは『国家』篇の「魂三区分説」で扱われる）、しかし、心の構造や欲望のあり方に劣らずプラトンが留意したのは、ソクラテスの対話法における言語レベルの問題である。その根は二つあると考えられる。

一つは、ソクラテスと、カリクレスのような根本的に立場の異なる人たちとの対話における、言葉のやりとりの限界である。すなわち、どのように生きるべきかに関して、ソクラテスの見解と彼らの立場との間に真の接点はほとんど見いだされず、一つ一つの言葉の意味理解さえ、ソクラテスと彼らとの間ではずれが生じるのである。同じ言葉を用いながら、なぜこのようなことが起こるのか、言葉は各自に恣意的な仕方で了解され使用されるのか、使用される語はそれの指示する対象とどのような関係にあるのか。

もう一つは、あるものXの「何であるか」を問う、ソクラテスの問いである。この問いに応ずる答えとして彼が求めたのは、Xの事例ではなく、Xの〈本質〉であった。彼はエウテュプロンに語っている。

「ぼくが君に要求していたのは、多くの敬虔なことのうちどれか一つ二つをぼくに教えてくれることではなくて、すべての敬虔なことがそれによってこそ敬虔であるということになる、かの相（エイドス）そのものを教えてほしいということだった」（『エウテュプロン』6D）

「敬虔な」と呼ばれる数多くの事例がある。しかし「敬虔とは何であるか」という問いにおける「敬虔」という語は、ソクラテスによれば、ある一つの相（エイドス）、すなわち、ある一つの本質的特性を指示するものである。しかもソクラテスの徳の探求は、多くの初期対話篇の結末が示唆するように、さまざまな徳を知識という一つのものに還元する方向をとっているが、「敬虔」や「勇気」、「節制」という個々の徳性を示す言葉の間には、明らかに意味上の差異があり、ソクラテスの立場と日常言語の用法とは衝突するのである。ある事例が「敬虔な」と呼ばれ、その事例が選び出されるのは何によるのか。

根本的に立場の異なる他者との対話成立の可能性、および哲学の言語と日常言語との乖離――これらの問題が『クラテュロス』の背景にあるものであり、いずれも言葉の伝達可能性にかかわっている。

3 「規約説」をめぐって

『クラテュロス』の冒頭で、ヘルモゲネスは議論の争点を対話者のソクラテスに説明する。ヘルモゲネスによれば、クラテュロスの見解は次の三点にある。

C1＝存在するもののそれぞれには、「自然によって」名前の正しさが本来定まっている（383A4-5）。

C2＝ある人たちが呼び方を取り決めたうえで、自分たちの音声の一部を発音しながら呼んでいるようなものは名前ではない（383A5-7）。

C3＝ギリシア人にとっても異邦人にとっても、だれにとっても、名前には何らかの正しさが、同じものとして本来定まっている（383A7-B2）。

これに対して、ヘルモゲネス自身は次の三点を主張する。

H1＝名前の正しさは、「取り決めと同意」による（384D1）。

H2＝ある人があるものに名前として定めたものなら何であれ、それは正しい名前である（384D2-3）。

H3＝いかなるものにも「自然によって」本来名前が定まっているわけではけっしてなく、そのように呼び習わし、呼んでいる人たちの「慣習と習慣によって」名前は定まっている（384D6–8)。

このようなクラテュロス説とヘルモゲネス説との争点は、一つの事例によって示される。「クラテュロス」という名は本当にクラテュロスの名前であり、「ソクラテス」という名もソクラテスの名前であるが、「ヘルモゲネス」という名は、たとえすべての人がそう呼ぼうとも、それはヘルモゲネスの名前ではない、とクラテュロスは主張するのである（383B2–7)。[6] ヘルモゲネスはその真意をただそうとするが、クラテュロスは何も明確なことは言わない。

そこでヘルモゲネスはソクラテスに意見を求め、以後、両説の検討が行なわれることになるが、クラテュロスが「ヘルモゲネス」という名前を否定している点については、ソクラテスが推測を述べている。すなわち、ヘルモゲネスが財貨の獲得を目指しながらそのつど失敗していることをクラテュロスは念頭に置いていて、ヘルモゲネスをからかっているのではないか、とソクラテスは言うのである（384C)。だが、これ以上のことは何も言わない。

『クラテュロス』では、最初にヘルモゲネス説が検討され、続いて語源論が展開されたあと、後半部でクラテュロス説が検討される。しかし両説とも論駁されており、プラトンがどのような立場をとっているかが解釈上の問題となるが、ここではテクストの詳細な分析には立ち入らず、[7] プラトンの基本的な見解を確認したうえで、さらにそれが彼の哲学の展開にどのように作用したのかを考えてみることにしよう。

多くの論者が指摘するように、H2には、H1やH3の「取り決め」や「慣習」に含意されている言語の社会性ないし公共性の局面への顧慮が欠落しており、ヘルモゲネスが、H2について、人があるものに定めた名前を今度は別のものに取り替えて、もはや先の名前で呼ばなくなれば、あとの名前が先の名前に劣らず正しいと説明するとき（384D3-5）、彼は言語に個人の主観性・恣意性を容認する立場をとっているように見える。事実、ソクラテスが彼に、「ではどうだろう。もしぼくが、存在するものの何かを、たとえば、われわれが現在「人間」と呼んでいるところのものを「馬」と呼び、また現在「馬」と呼んでいるところのものを「人間」と呼ぶならば、同じものに対して、公的には「人間」という名前が、私的には「馬」という名前があることになるのだろうか。そして、他方のものには、私的には「人間」という名前が、公的には「馬」という名前があることになるのだろうか」（385A）と問いかけると、彼は「そう思われます」と肯定の返答をするのである。しかしヘルモゲネスは最後に次のように語っている。

「ソクラテスよ、名前の正しさとしてはこれ以外にはありえないと思います、すなわち、私にとっては、私が定めた名前でそれぞれのものを呼ぶことであり、またあなたにとってはあなたが定めた別の名前でそうすることです。また国家の場合でもそのようにして、私の見るところ、いくつかの同じものについて、それぞれの国家によって独自の仕方で名前が定められています。ギリシア人どうしを比べても、ギリシア人と異邦人とを比べてもそうです」（385D-E）

ヘルモゲネスが着目しているのは、言語規則の恣意性であるよりもむしろ、事物を定められた名前で呼ぶ、という事態である。しかも彼は、名前の「取り決め」は、個人の場合であれ、国家という共同体の場合であれ、他者に対してばかりではなく、自己自身に対してもなしうると想定しているのである。のみならず「取り決め」の拘束範囲が「取り決め」主体に限定されることをも彼は了解している。こうした内容がH2に含意されているとすれば、そのときH2はH1ともH3とも矛盾しないであろう。すなわち、「取り決め」という局面に観点を置けば、ヘルモゲネスの主張の要点はH1に尽きていると言ってよい。彼にとって、名前とは「取り決め」と「同意」によって成立するものであり、名前の正しさとは名前使用の正しさであって、その正しさはまさに名前を使用する主体の「取り決め」と「同意」そのものに基づくのである。このように名前の成立を「取り決め」に求める点でヘルモゲネス説は「規約説」と呼ぶべきものであり、それによる名前の正しさとは、「取り決め」られた人為的規則への適合にほかならない。

プラトンは、このようなヘルモゲネスの「規約説」を否定していないばかりか、他方、クラテュロス説の論駁において、はっきりと「規約説」に加担しているのである。クラテュロスによれば、名前とは事物のある種の「模写」（ミーメーマ）であるが（430A）、ソクラテスは「硬さ」を表わすギリシア語「スクレーロテース」（σκληρότης）を取り上げ、この語に「模写説」の反証となりうる字母ラムダ（λ）――この字母は「硬さ」と反対のものを表示する――が含まれていることを指摘する（434D7）。この指摘に対して、クラテュロスは、ラムダが含まれているのはおそらく「正しくない」のであり、ラムダのかわりにロー（ρ）を語るべきだと応答するが、ソクラテスは、「だれかが「硬い」（スクレーロン）と言えば、われわれは互いに何も理解できないのだろうか」と問いかける。クラテュロスは「できる」と答えるが、その理解は「習慣を通じてのこと」だと主張する（434E1–4）。そこでソクラテスは、「習慣」を「取り決め」と同定したうえで、決定的な問いを提出する。

「現にたとえば、もろもろの数の一つ一つに対して、それらと類似した名前をどこから手に入れてあてがうことができると君は考えるのだろうか、もし君が名前の正しさに関して、君の同意と取り決めに一定の権威をもたせないとすれば」（435B7–C2）

数の事例に言及してソクラテスは、「名前の正しさ」に「取り決め」が不可欠であると言うのである。実際、思考の対象である数と、物理的音声としての名前あるいはその発音の仕方との間には、「取り決め」によるのでないかぎり、いかなる対応関係も存在しない。こうしてソクラテスは最終的な結論を下す。

「ところで、名前が可能なかぎり事物に似ているという見解を、ぼく自身も気に入ってはいる。しかし、類似性のもつこのような牽引力は、真実には、ヘルモゲネスの言い方を借りれば、「やっとのもの」なのであり、名前の正しさのためには、取り決めという、この通俗的なものをもあわせ用いることが必要なのではないか」（435C2–6）

ソクラテスはヘルモゲネスの見方を支持し、まさに「規約説」に加担しているのである。それはプラトンの見方でもあり、『第七書簡』の記述とも符合するであろう。(8)

4　言語論からイデア論へ

名前は規約によって成立する。あるものxに定められた名前nが、xの名前である。そしてxをその名前nで呼ぶところに、「正しさ」が認められる。これがヘルモゲネスの見解であり、プラトンもその立場に立っている。しかしソクラテスはヘルモゲネスを論駁して、逆に、「クラテュロスの言っていることは真実なのだ、名前が事物に自然によって定まっているというのは」（390D–E）と述べているのである。これはどういうことであろうか。

ソクラテスはヘルモゲネスの論駁において、次の二点を確認している。

(1)　われわれは道具である名前を用いて名指しながら、何かを互いに教えあい、事物をそのあり方にしたがって区分している（388B7–11）。

(2)　名前とは、ある種の教示的な道具であり、また事物の〈本質〉（ウーシアー）を区分する道具である（388B13–C1）。

これらはヘルモゲネスが念頭に置いていなかった事柄であるが、注意すべきは、プラトンが名前を事物にそのまま対応させていないという点である。すなわち、名前とは事物のあり方を「区分する道具」であり、もろもろの名前の正しさとは、語相互の関係の問題であって、一つの語とその指示対象だけの問題ではない、ということである。[9] 個々の名前の意味は、根本的には、事物相互の関係性に対応するような、名前相互の関係性に基づくと考えられるからである。

してみれば、馬を「人間」と呼び、人間を「馬」と呼んでもかまわない。両者の区分だけが重要だからである。この帰結はヘルモゲネス説を全面肯定するように見えるが、しかし命名における本質的な問題は、ある名前がどのような仕方で事物のあり方を区分しているのか、あるいは命名者が命名行為以前に、事物のあり方、ひいては世界のあり方そのものをどのように区分しているのかということであって、ヘルモゲネスはこの問題への視点を欠いているのである。あるものxに対する命名あるいは名指しの「正しさ」のためには、他と区別される、当の「xとは何であるか」が何らかの仕方で問われねばならないのである。

ここでわれわれは、「ヘルモゲネス」という名前をめぐる最初の問題に立ち返ることができる。「規約説」を採用し、「模写説」を斥けるプラトンの見方はこうである。「ヘルモゲネス」という名前は、事実ヘルモゲネスの名前であり、彼を「ヘルモゲネス」と呼ぶのは正しい。だが、その「正しさ」は規約的次元のものにすぎない。「ヘルモゲネス」という名前は、ヘルモゲネスを指示し、ヘルモゲネスの「あり方」を外的に「区分する」ものではあっても、その「あり方」の内実を、すなわちヘルモゲネスの「何であるか」を示すものではないからである。われわれはさらに「ヘルモゲネスとは何者であるか」を問うことができる。その問いに対して、たとえば「哲学者」と答えることができるとすれば、「哲学者」こそがヘルモゲネスの「あり方」を真に「区分する」名前なのであり、彼の〈本質〉を表示するのである。しかるにその時、当の命名者は「哲学者」という名前を他の名前に取り替えることができない。その名前は、ヘルモゲネスの「あり方」そのものとの関係に基づいて本性的（自然的）に定まるからである。この点においてこそ、プラトンはクラテュロスの見解を肯定しているのである。

とはいえ、「ヘルモゲネスとは何者であるか」という問いは、どこまで有意味な問いであろうか。もちろん、われわれはそのような問いを発することができる。実際、あらゆる固有名に関して、ソクラテス的問いを立てることができる。たとえば「アテナイとは何であるか」、「パルテノンとは何であるか」、「日本とは何であるか」等々。これらは確かに本質的で、有意味な問いである。しかしソクラテスはもとより、プラトンもまた、固有名に関するこのような問いを正式に提出することは一度もなかったのである[10]。なぜか。それは、通常、こうした問いは事例の区分ないし同定にかかわるものにすぎないからである。問題はその先にある。

すなわち、ヘルモゲネスであれ、アテナイであれ、またパルテノンであれ、日本であれ、個としてのそれらの「何であるか」をあらためて問うことは、名づけられているそれらを、さらにどのような名前で名指すかの問題にほかならず、もしそうだとすれば、より根源的なのは、その場合の名指しに使用される名前のほうなのである。「ヘルモゲネスとは何者であるか」と問われ、「どこそこのあの人」ではなく「哲学者である」と答える。「パルテノンとは何であるか」と問われ、「アクロポリスのあの神殿」ではなく「美である」と答える。この時、われわれはさらに「哲学者とは何者であるか」、「美とは何であるか」と問うことができる。プラトンが根本的と見たのは、ヘルモゲネスやパルテノンの「あり方」そのものを判別するところの基準のほうであり、よりいっそう問われるべき問いは「哲学者とは何者であるか」、「美とは何であるか」であって、単に「ヘルモゲネスとは何者であるか」、「パルテノンとは何であるか」にとどまるものではないであろう。問題は固有名の指示対象そのものにあるのではなく、むしろその指示対象の「あり方」を表示しうる共通名の内実なのである。

ところがプラトンは、その「あり方」そのものは変化を免れたもの、流転することのないもの、すなわち超越的イデアであることを示唆する。もしその「あり方」が時空におけるもろもろの事象の変化・流転をこえたものでなければ、そもそも共通名の使用ということ自体がありえないと考えられるからである。こうして、『クラテュロス』の最終部でソクラテスは語っている。

「実際、考察してくれたまえ、驚くべきクラテュロスよ、このぼくがしばしば夢見ているものを。何か美しいものそのものや善いものそのものがあり、また〈あるもの〉の一つ一つもそれぞれ、そのようにそれ自体としてあると言うべきだろうか、それともどうだろうか」（439C6–D1）

ここから『国家』篇で、イデア論の原則が次のように定式化される。

「われわれは、われわれが同じ名前を適用するような多くのものを一まとめにして、その一組ごとにそれぞれ一つの〈実相〉（エイドス）というものを立てることにしているはずだ」（第一〇巻 596A6–7）(11)

すなわち、「同じ名前」で呼ばれる事物には、それらの意味の源泉となる一つの共通の本質が実相（エイドス＝イデア）として立てられる。かくして、われわれは事象の本質的な関係の網目に踏み込むことになるが、プラトンによれば、それを解いて世界のあり方を真に区分し表示しうる言葉こそ真実の言葉であり、その真実性は、言語の用法や規則、あるいは語源などの分析によってよりもむしろ、他者との

（あるいは自己との）対話で使用される言葉のなかで、事象の「何であるか」を問い、言葉をこえて事象の本質に迫ろうとするソクラテス的探求によってこそ、もたらされるものであっただろう。(12) 言葉の世界は、世界そのものではなかったからである。

[註]

（1）一九世紀以来の文体研究の成果は『クラテュロス』を中期ないし中期直前の作品と位置づけているが、内容面から見れば、それは真偽論や流転説との関係で後期的な特色を示している。イデア論の展開との関連では、『クラテュロス』389Bにおける〈梭(ひ)〉という人工物のイデアへの言及は、『国家』第一〇巻596Bにおける〈寝椅子〉のイデアを回顧するものとも、予期するものとも見ることができる。どちらの見方をとるにしても、『クラテュロス』は中期作品群の近辺に位置すると見られ、哲学的な議論に関するかぎり、それが後期的な作品か否かは本質的な問題ではないであろう。また近年、セドレーは、原文が幾度か改訂された可能性を検討し、『クラテュロス』はプラトンの思想における複数の段階の所産（ハイブリッド）であると論定して、一定の著作年代には位置づけられないと主張するにいたっている（Sedley, D., *Plato's Cratylus*, Cambridge, 2003, pp. 6–16）。

（2）ギリシア語の「オノマ」は「名前」を意味するが、名詞ばかりでなく形容詞や動詞なども含み、今日の「語」にほぼ相当する。それは「ロゴス」（言明としての言葉）を構成する最小部分と言われている（『クラテュロス』385C）。

（3）『第七書簡』からの引用は、R・S・ブラック『プラトン入門』（内山勝利訳、岩波文庫、一九九二年）所収のものによる。

（4）「伝える」と訳されたギリシア語は「アナコイヌースタイ」（*ἀνακοινοῦσθαι*）。原意は「共有してもらう」。

(5) この点は、ヴラストスの以下の論文に負っている。Cf. Vlastos, G., "The Socratic Elenchus," *Oxford Studies in Ancient Philosophy* 1, Oxford University Press, 1983, p. 36.（田中享英訳「ソクラテスの論駁法」、井上忠・山本巍編訳『ギリシア哲学の最前線Ⅰ』、東京大学出版会、一九八六年、四五頁）

(6) このクラテュロスの主張に関して、プロクロスは、「クラテュロス」という名前は、ヘラクレイトスの教説をしっかり掌握する（ペリクラテーサイ）というところから、また「ソクラテス」という名前は、魂の力の救い主（ソーテール・トゥー・クラトゥース）というところからつけられているように思われると述べ、他方、ヘルモゲネスと彼の名前との不調和は、その名前が、儲けもの（ヘルマイオン）の利得が彼に生じる、あるいはヘルメス神が利得の監督者であるところからつけられているにもかかわらず、実際には彼が利得に恵まれなかった点にある、と解している（Proclus, *In Platonis Cratylum Commentaria*, edited by G. Pasquali, Leipzig, 1908, XVIII, XXI）。このようなヘルモゲネスについての説明は、以下で言及されるソクラテスの推測を下敷きにしているであろう。

(7) 詳細な分析については、拙稿「『クラテュロス』におけるプラトンの言語哲学の視座」（内山勝利・中畑正志編『イリソスのほとり――藤澤令夫先生献呈論文集』、世界思想社、二〇〇五年、二〇四―二四三頁所収）参照。

(8) すなわち、「現に「円い」と呼ばれているものが「まっすぐな」と呼ばれようと、「まっすぐな」と呼ばれているものが「円い」と呼ばれようと何らのさしつかえもないし、名前を入れかえて反対の呼び方をしてみても、事柄が確固たるものでなくなるようなことは少しもないのである」（343B）。

(9) Cf. Crombie, I. M., *An Examination of Plato's Doctrines*, vol. II: *Plato on Knowledge and Reality*, London, 1963, p. 479.

(10) 例外的なのは、『メノン』71Bにおける「メノンとは何者であるか」という問いである。ただしこれは、「あるものｘが何であるかを知らなければ、ｘがどのような性質のものかを知ることができない」という主張の例証として出され（メノンがだれであるかを知らなければ、メノンが美しいかどうかも知りえない）、「メノン」という人物の同定にかかわる次元のものである。

(11)　藤沢令夫訳『国家』下（岩波文庫、一九七九年）、三〇四頁による。この文章は解釈の余地があり、「われわれは、多くのものを一まとめにして、その一組ごとにそれぞれ一つのエイドスというものを立て、それらにエイドスと同じ名前を適用しているはずだ」という別訳が文法的に可能である。自然なのは藤沢訳であり、別訳を採用している訳者はほとんどいないけれども、そもそものようなものにまでイデアが認められるかというイデアの範囲の問題にかかわるものとして、別訳は研究者たちによってしばしば言及されてきた。別訳の難点は、「多くのものを一まとめにする」ときの原則が示されていない点にある。なお、イデア論の一般化については、藤沢令夫『プラトンの哲学』（岩波新書、一九九八年）、九一―九三頁参照。

(12)　『パイドン』99E参照。

第3章　知識

中畑正志

1　全体的展望

哲学全体と重なる知の理論

現代の哲学には、認識論（epistemology）と呼ばれる一つの研究分野がある。epistemology という英語は一九世紀半ばにつくられたが、この語がギリシア語で「知識」（ἐπιστήμη）と「理論」（λόγος）を表す言葉から構成されていることに示されるように、この分野の最も重要な課題は、「知識とは何か」、「われわれはどのようにして知識を獲得できるのか」といった問題を解明することである。なかでも、真なる信念――何かを思ったり信じたりすることを、現代の認識論では、英語の belief の訳語として「信念」と呼ぶのが一般的である――がどのような条件を満たせば知識とみなされうるのか、ということがきわめて熱心に議論されてきた。というのも、何かただしい（真である）ことを思ったり信じたりしても、たまたま思ったことがただしかったという場合には、それをそのまま知っているとは考えられないからだ。その信念が知識となるには何らかの根拠や証拠にもとづいている必要がありそうだ。だが、どんな根拠でもよいというわけではないだろう。では、真なる信念がどのような根拠にもとづけば知識となることができるのか……。

こうした現代的な問題は二〇世紀後半の一時期にはかなり活発に議論されたが、その源泉はしばしばプラトンにあると考えられている。[1] たしかにプラトンは、知識をめぐるさまざまな問題について思索を積み重ねており、そのなかには、いま述べた真なる信念と知識との関係という問題にかかわる考察も含まれる。しかし現代の議論との相違も指摘されねばならない。最大の相違は、知識をめぐる問題が彼の哲学を構成する一つの部門であったわけではないということにある。知識にかかわる考察は、プラトンの哲学の中心に位置し、むしろ彼の哲学全体とほぼ重なるとさえ言える。いわゆるイデア論も魂についての見解も、「知る」ということの理解と密接に関係していた。

こうした事情を考慮して、以下では、最初に背景となる事情を確認したのち、知識をめぐるプラトンの考察を集約して、それがどのような特質をもつものであるのかを見届けることにする。関係する議論を対話篇の文脈から切り離して取りまとめるというやり方は、プラトンの読み方として、近頃あまり評判がよくない。だが、限られた紙面で大きな話題を扱う以上、プラトンの著作のいくつかの議論を慎重に要約して並べるよりも、強引に単純化してはっきりと見方を提示するほうが、「プラトンを学ぶ人」に有益な材料を提供できるだろう。

知を表す言葉

知にかかわるプラトンの考え方を調べるうえで、あらかじめ注意しておくべきことがある。こんにちでも、「知識とは何か」ということは、はたして知識に統一的な規定を与えることができるのかということも含めて、それ自体が探究の対象である。だが、おおよその意味は、「知る」（英語なら"know"）という言葉の使用法にもとづいて理解されているだろう。ところが、このおおよその意味であっても、それを表現するプラトンの語彙は一つではなかった。名詞だけを考えても、エピステーメー（ἐπιστήμη）以外に、ソピアー（σοφία）、プロネーシス（φρόνησις）、グノーシス（γνῶσις）、ノエーシス（νόησις）、テクネー（τέχνη）などの言葉が「知る」ことと関連している。しかもプラトンは、こうした言葉をしばしば置換可能であるかのように言い換えて使用している。「知識（エピステーメー）とは何か」を主題とした対話篇である『テアイテトス』においてさえ、「エピステーメー」は「ソピアー」に置き換えて導入され、さらに「テクネー」、「プロネーシス」といった言葉にも置換されている。[2] そこで、こうした言葉と概念の拡がりを考慮して、「エピステーメー」の訳語としてしばしば用いられる「知識」ではなく、より広い含意をもつ「知」という言葉を使って話を進めていくことにする。

知にかかわる言葉のプラトンによるこうした使用法は、たとえばアリストテレスとは異なる。アリストテレスは、自然について考察する「観想的な知」と倫理や生き方について考察する「実践的な知」、さらに、ものをつくりだす「製作的な知」の間に明確な区別を設けており、このほうが現代のわれわれには親しみやすいかもしれない。だが、親密性は正当性の保証にはならない。プラトンの知に関する語彙の多様性は、われわれに考えさせる問題を含んでいる。それは、プラトンの知の概念の豊かさや全体的な性格を物語ると主張されるかもしれない。あるいは理論的区分が不十分だと指摘されるかもしれない。読者には、これからの概観を参考にして、ぜひこの問題を考えていただきたい。

2　初期の思考

ソクラテスという転換点

一般的に言って、人間が何かを知り理解することに深く関心を寄せるのは当然のことだ。生きていくうえで、われわれは外界と自分自身について、ただしく確かな認識をもつほうが望ましいからである。さらに古代ギリシアにおいては、多くの人々が、知とそれ以外の認識とを区別し、知の重要性を指摘してきた。たとえばクセノパネスは、知ることについての反省的な考察をおこない、「知」と「思うこと」（ドコス＝δοκός）との区別を強調した（断片三四）。さらにヘラクレイトス、パルメニデス、あるいはデモクリトスらも、それぞれの仕方で、「知る」ことの本性、その対象や内容となるべきもの、そしてそれを獲得する方法について思索をめぐらしている。

しかし前五世紀後半に、知をめぐる思考の歴史に大きな転換が訪れる。ソクラテスの登場である。もちろん、歴史上実在したソクラテスが実際に何を語ったのかを特定することはきわめて困難である。しかし、プラトンにとって――そして知をめぐる思考の歴史にとっても――重要なのは、プラトンが対話篇で描き出したソクラテスである（それゆえ、いちいち断らないが、以下での「ソクラテス」とは、プラトンがその対話篇で描くソクラテスのことである）。そのソクラテスは、知るということに対して深い関心を寄せた。そしてプラトンの知に対する基本的態度も、この――プラトンが理解したかぎりでの――ソクラテスが出発点となっている。

ソクラテスは、あるときから人々との対話問答に献身し、そのために死刑に処されることにもなった。その対話の活動の出発点は、知をめぐる問題である。ただしソクラテスの知に対する態度は単純ではない。知をめぐる彼の思考は無知とも重層的にかかわっていたからである。

無知と知

『ソクラテスの弁明』の説明によれば、ソクラテスを他者との対話活動へと促したのは、知に関する一つの対立である。すなわち、「ソクラテス以上の知者はいない」というデルポイの神託と、彼自身がすでにもっていた自分が無知であるという自覚（自己知）とが相容れないことにあった（21B）。ソクラテスは神託の真の意味を計りかねて、それを理解するために、知者と思われる人のところへ行き、対話し、彼らの誇る知を吟味した。神託は他者との比較においてソクラテスに知的優位を認めるものだったからである。その最初の対話でソクラテスは次のような認識を得るに至る。すなわち、「この男もわたしも善美の事柄については何も知らないらしいけれども、この男は、知らないのに何か知っていると思っているが、わたしは、知らないから、そのとおりに、また知らないと思っている」という点に、「自分のほうがより知がある」という意味での知が認められる、と（21D）。ソクラテスはさらに人々との対話による探究を継続し、いわゆる職人がその専門的技術としての知をもっていることを認めるが、肝心なことの知をもっていないことを確かめる。そして、さまざまな対話を経て、人間が得ることができる知は神の知に比べるとほとんど価値がないという認識に至る。それでもなお、ソクラテスは「自分は知にかけて値うちがないと知っている」と表明し、この知のあり方を「人間のなかの最高の知者」とも呼ぶ（23A–B）。

ソクラテスは、最初に確信していた自分自身の無知の自覚を、多くの対話を経たあとも放棄したわけではない。しかしこの自覚を保持しながらも、一方で他者との比較においては、その自覚にもとづいて、他者より知があるという比較級の知を自分自身に帰している。他方で、神との比較においては、人間の知がほとんど無意味であることを認めながらも、その承認それ自体を一つの知として語り、それを人々のなかでの「最高の知者」として表現している。

こうして神に対する人間の有限性の自覚を基本的な態度としながらも、ソクラテスは、無知の自覚と人々との対話にもとづいて、自分自身のもつ認識に知としての身分を認めている。しかしその身分を保証するのは、最終的には「ソクラテス以上の知者はいない」とするデルポイの神託であり、つまり神からのメッセージであろう。ここには、神に対する深い知的謙遜とともに、神からの知への促しがある。

これがプラトンの知に対する出発点となる思考である。繰り返すが、その基本となっているのは、自己および他者が知として容認しているものに対する厳しい吟味の姿勢である。しかし他方で、無知の自覚こそがかえって知への可能性を開くこともまた洞察されている。

主導する問い「Xとは何であるか」

プラトンは、以上のようにソクラテスと人々との対話を描き出した。さらにその対話は、ソクラテスが「知を希求すること＝哲学すること」（φιλοσοφεῖν）とも「探究」とも呼んだ（29C）ように、たんに対話相手を論駁してその無知を暴露するだけの活動ではなく、対話の主題についての知を追求するプロセスともなっている。

その知の追求には、いくつかの共通するパターンが認められる。まず、対話の主題の多くは、節度や勇気、敬虔などのいわゆる徳である。そして求められる知は、そのような主題となるもの（Xとする）

について、「Xが何であるかを知る」という形をとる。ソクラテスは、この「Xとは何であるか」の知がXにかかわる他のさまざまな事柄の知に優先することを主張する。これが初期対話篇の基本方針である。

さまざまな対話に共通する議論のパターンから、その問いに答えうるものは次のような資格を満たすものでなければならなかったと言いうる。

応答の満たすべき条件

(1) **知の対象**＝ソクラテスが吟味したのは、対話相手の、徳Xについての知の有無であった。徳を備えている人はその徳を知っているはずだからである。したがって、Xについて「何であるか」の問いの答えとなるものは、知の対象となるものでなければならない。

(2) **普遍性**＝求められるのは、そのXの名で呼ばれる個別的な多くの事例と同一ではなく、むしろそれらに共通して内在するものである。

(3) **基　準**＝さまざまな事象がXであるかどうかを判別するための基準である。

(4) **原因・根拠**＝Xと呼ばれるものは、それによってXという性格をもつというように、何かがXであることの原因あるいは理由を説明するものでなければならない。

こうしたリストが示すように、ソクラテスがその知に求める条件は厳しい。事実、初期対話篇での知の探求は、成功を勝ち取ることなく、行きづまりに終わっている。

3　知の本源性

なのだろうか。

「Xとは何であるか」を知ることが以上の条件をすべて満たさなければならないとすれば、それは知に対して過大な要求を課しているように思われる。そもそもわれわれがそうした知へと至ることは可能

想起説

事実、『メノン』ではそのような知を獲得する可能性そのものが疑問視されるに至っている。「徳とは何であるか」というソクラテスの問いに、対話相手のメノンは、男の徳はしかじかであると答えたり、あるいは徳の部分であるものをもち出したりするが、ソクラテスにまず徳とは全体として何であるかを知ることが先決だと戒められる。そうした状況にあって、困惑したメノンが次のように問い返す。

「おや、ソクラテス、いったいあなたは、それが何であるかがあなたにぜんぜんわかっていないとしたら、どうやってそれを探究するおつもりですか。というのは、あなたが知らないもののなかで、どのようなものとしてそれを目標に立てたうえで、探究なさろうというのですか。あるいは、さいわいにしてあなたがそれをさぐり当てたとしても、それだということがどうしてあなたにわかるのでしょうか——もともと、あなたはそれを知らなかったはずなのに」（80D　藤沢令夫訳に準拠）

ソクラテスはこれに対して、学び知ることは想起することだという想起説を示して応答する。われわ

れはすでに知ろうとすることを学んでいるのであり、その知を再び取り戻すことによってその知に至ることができるのだ、と。この主張は、少なくとも『メノン』のなかでは、まだ一つの理論と呼ぶにはほど遠いもので、十分な正当化もなされていない。ソクラテスも「他のいろいろな点については、この説のためにそれほど確信をもって断言しようとは思わない」(86E)と告白し、「この説は、活動と探究への意欲を鼓舞するもの」(81E)であると述べている。

本来的あり方としての知へのかかわり

想起説は、まだ一つの考えの素描、知の可能性への一種の賭のようなものにとどまっており、無知から知へと至るための具体的な手引きにはならない。しかしこの説は、われわれがすでに知とかかわっている存在であり、それがわれわれの本来的あり方である、という展望を示している。

たしかにわれわれは、ソクラテスの問うXとは何であるかを知らないが、Xについてさまざまな考えを抱いている。それを反省し吟味するならば、もともと獲得していた知とのかかわりを回復できるのだ。――人間がいわばその初期設定において知とかかわっている存在であるという、知の可能性への展望こそが、プラトンの知の理解の最も基本となる。そしてそれはまた、次に見られる知のさまざまな性格を規定しているのである。

4　知とドクサ

想起説が提示された『メノン』は、知とドクサ(δόξα)との区別、さらに知と真なるドクサとの区別をはじめてはっきりと示した対話篇でもある。「ドクサ」という言葉は、何かを思ったり信じたりすること、そしてそう思われたり信じられたりしたことを表し、「信念」と訳される英語の belief にほぼ相当する。認識論とは、知と信念、とりわけ知と真なる信念との関係に関する考察であるとすれば、ある意味においては、プラトンのこうした議論に認識論の出発点があると言うこともできるだろう。

知と信念

真なる信念はそのままでは知識にならないということを冒頭でも述べた。知識という資格を得るには、正当化（justify）されているとか信頼できるといった条件を満たすことが必要となるだろう。ただし、そのような条件の探索においては、基本的に、われわれが何かについて信念をもっていること自体は自明であると考えられ、そのうえで、ある特別な条件を満たす信念が知識として認定されるのである。しかし古代以来、信念を条件づけることによって知へ至るという試みは強い疑念にさらされてきた。われわれがまず最初に獲得できるのはさまざまな信念であるとすれば、そこからどのようにして特定の信念だけに知という特別な身分を与えることができるのかが問われるのである。たとえば、そのような身分を保障するためにその信念を正当化したり根拠づけたりするものも、やはりある信念ではないのだろうか。こうした疑問を突きつける懐疑論は、信念から出発してそこに何かを付け加えることによって知へ至ろうとする途に横たわる大きな障害である。

知を指向するドクサ

想起説は、実は、この知と真なるドクサとの関係にかかわる提案でもあった。プラトンは、真なるドクサが「原因・根拠の思考による束縛」によって知となりうること、そしてそのような束縛こそが想起であると主張する（98A）。しかしこれは、知識に転換するために信念に付加する条件や方法を示すにしては、あまりに曖昧な議論である。一見したところ、何らかの原因・根拠にもとづいてドクサないし信念を正当化する必要を主張しているようにも見えるが、むしろプラトンの強調点はそれが魂に束縛されるということにあった（このことの意義については第7節を参照）。想起説の主要な論点は次のことにあるだろう。われわれはXについてさまざまな信念（ドクサ）を抱いている。Xをめぐるそうしたさまざまな信念は、誤った信念も含めて、想起説のもとでは、Xの知へ至る可能性を秘めた認識として捉え直されるのだ。われわれはもともと知をもつ存在である。信念やドクサとは、その批判的吟味を通じて知へ至る途を開く認識状態なのだ。

5　知と感覚知覚

想起説は、『パイドン』に至ると、いわゆるイデア論と結びつけて論じられている。このことからもわかるように、イデア論と知にかかわる考察との連絡は密接であり、むしろ一体になっていると言ってよい。ただし、この対話篇で知と対比されるのは、ドクサよりも感覚知覚（アイステーシス）である。少し具体的にその主張を見てみよう。

知の対象としてのイデア

たとえば、われわれが実際に目にする、つまり視覚を通じて出会う「等しい」長さのものは、厳密に測定すれば等しくはない。わずかではあっても違いがある。にもかかわらず、それらが（おおよそ）等しい、あるいは等しくないということが識別できる。それは、そのような識別に先立って「まさに等しいということそのもの」、つまりプラトンの言う〈等のイデア〉を理解しているからである。そしてわれわれが感覚知覚を通じて経験するもののなかには厳密に等しいものは存在しないとすれば、われわれは感覚知覚とは異なる仕方でその厳密な対象の知を得ていることになるだろう。こうしてイデアとは、感覚知覚と区別・対比された知の対象である。

ただし、このイデアの知と感覚経験とはまったく独立別個の認識ではない。

イデアの知と感覚知覚　なぜなら、たとえば等しいという感覚的認知は、「等しさそのもの」の知が感覚的経験においてはたらいていることによってはじめて成立する。一般的に言うならば、何かをFとして感覚的に識別する場合、その当の感覚的識別においては、明確に意識されていなくとも、「Fそれ自身」というその基準あるいは規範であるイデアとの関係によって、Fという認知が成立する。

以上のように、イデアの知と感覚知覚とは明確に区別されるが、同時に、イデアの知が感覚知覚の識別において潜在的に機能していると理解される。感覚知覚も、ドクサと同じように、知とのかかわりを含んだ認知である。イデアを想起することが「感覚知覚から」出発すると語られる（75A）のも、そのためである。感覚知覚による判別が実はその感覚知覚を超える何かへの参照を含んでいることに気づくことが、イデアの知へ至る出発点となるのである。

6　知のエロース的性格

知へ至る途は、以上のように、知への指向のもとで自分自身のドクサや感覚知覚を見つめ直すことによって開かれていく。これは、自らの知的状態に対して批判的な眼をもち続けるとともに、また人々の知的状態に対しても吟味し反省することを促したソクラテス的モチーフの展開であると言える。

プラトン的エロース
（プラトニック・ラブ）

プラトンの知の理解のうちには、こうした知を希求するというダイナミズムが本質的に含まれていた。『饗宴』において、巫女のディオティマによって語られる美のイデアへ至る行程の描写（201D-212A）は、このような局面を最もよく伝えている。美のイデアは、身体をはじめとするさまざまな美しいものを経験しながら、真の美を求めるエロース（恋）の道の究極にあるものとして、知を愛し求める者に現われる。知を愛する者とは、神のようにすでに知者であるのではなく、また自己の無知に気づかない者でもなく、知と無知の中間にある者である。この中間的で満たされていない知のあり方が、イデアの知へ向かういわば駆動力となる。「エロースの道行き」と呼ばれるイデアとの出会いへ至る道程は、エスカレーターのように人を導いてくれるわけではない。知への希求というエロース的契機こそが、その道行きのそれぞれのステージへと導くのである。

7　知の理論性と人格性

しかし知の希求と言っても、もちろん、ただやみくもに何かを知りたがればよいというわけではない。すでに見たように、『メノン』において真なるドクサは「原因・根拠の思考による束縛」によって知となりうることが主張されていた。この見解は、他の著作での知についての議論とも連絡して、プラトンの求める知の特質を二つの点で示唆している。

原因・根拠の説明

第一に「原因・根拠の思考」という局面は、プラトンにとって知が当の事象の原因や理由を説明できる能力であることを示している。これは、初期対話篇において「Xとは何であるか」という知の対象となるべきものが満たすべき、Xの原因・根拠であるという条件⑷を反映している。またプラトンが、技術が技術であるためには、対象とするものに「理論的説明（ロゴス）を与えることができる」という条件を設定している（『ゴルギアス』465A）ことにも呼応するだろう。そして知の対象であるイデアは、感覚される諸事象の原因・根拠として構想されていた。感覚される多くの美しいものは、美のイデアによって美しいのである（『パイドン』100B-E）。

知は人に宿る

しかしプラトンは、この原因・根拠の思考によって「束縛される」ことを、知の条件として強調する。「束縛」とは、知が人の「魂から逃げ出さないようにする」ための条件であった。このことは、知とは、それぞれの人の魂のうちに確かなかたちで宿ることによってはじめて成立するものであることを意味するだろう。したがって、たんに原因や理由を示す理論が整えられたり、さらには数学を典型とするような推論の体系が構築されたりしても、それは学問という意味で「知識」（エピステーメー）と呼ばれるかもしれないが、そのままではプラトンの考える知ではない。知は人に宿る。原因・根拠の思考や説明という上記の要件も、知をもつ人自身によって遂行され満たされるのでなければならない。『メノン』に登場する召使が幾何学の問題を何とか解いてみせたように、どんなに稚拙でも自分自身でなぜそうであるのかを説明できるのでなければならない。

知のこうした人格的性格は、初期対話篇においてすでに顕著であった。ソクラテスは、対話の主題である徳を知ることが徳を身につけてそのように振る舞うことであると考えていたからである。人に宿り、人のあり方を決めうるもの、それが知である。

このような知の特質は、『国家』において、「学ぶべき最大のもの」としての善のイデアに関連して、教育の役割というかたちで次のように述べられている。

魂の向け変え

「一人一人の人間がもっている、そのような〔真理を知るための〕力と各人がそれによって学び知るところの器官とは、はじめから魂のなかに内在しているのであって、ただそれを――あたかも目を暗闇から光明へ転向させるためには、身体全体といっしょに転向させなければ不可能であったように――魂全体といっしょに生成流転する世界から一転させて、実在および実在のうちでも最も光り輝くもの〔＝善〕を見ることに堪えうるようになるまで、導いてゆかねばならない」

（第七巻518C　藤沢令夫訳）

この「各人の魂にすでに内在している力と器官を向き変える」という思考は、知がその本来のあり方として人に宿り、その人のあり方を決めるものであるというプラトン的理解を雄弁に物語っている。教育が本来目指すべきことは、そのような知的能力を適正な方向に定めることである。

理解としての知

以上の事情を考えるなら、プラトンの考える知と現代的な意味での知識の間には、概念的な相違があると言わねばならないだろう。そして、プラトンの求めた知はこんにちの「知識」(knowledge) よりも「理解」(understanding) に相当する、という一部のプラトン研究者たちの主張には、正当な理由があることになる。プラトンが知に求めた「自分自身で説明できる」ということは、必ずしも(現代的意味での)知識の要件ではないかもしれない。われわれは、友人から聞いたとかテレビで見たとかいうことだけにもとづいて、何かを知っていると主張するからである。だが、何かを理解していると言うためには、それを説明できることが必要であろう。

ただし、プラトンの思索を哲学および認識論の歴史のなかに適正に位置づけるためには、プラトンがわれわれが知識と考えるものとは別のものを問題にしていたと考えて済ますのは望ましくない。それを知あるいは知識についての一つの知見として受けとめ、その意義について考えることのほうが生産的であろう。

8 反省

プラトンの知に関する見解は、これまで見たかぎりにおいても、少なくともわれわれ自身の知識観を別の視点から見直すうえで参照に値するだろう。

しかしプラトン自身は、これまで参照してきた中期の対話篇よりも、のちに書いた対話篇において、「知とは何か」という主題を表だって取りあげている。『テアイテトス』がそれである。そこでは知識の候補として、(i)感覚知覚、(ii)真なるドクサ、(iii)ロゴス（言表あるいは説明）を伴う真なるドクサ、の三つが挙げられ、順に知識としての資格を満たすかどうかが検討されている。最終的には、いずれについても、知の規定としては不十分であることが論じられ、知識の最終的な定義は得られないままに終わっている。

この対話篇が何をどのように達成したのか、という点については多くの解釈がある。しかしプラトンが後期に至って、あらためて「知とは何か」という主題に取り組んだという事実自体も、多くのことを示唆するだろう。

中期対話篇での感覚知覚とドクサ

たとえば、いま見たように、『テアイテトス』では感覚知覚とドクサとが明確に区別され、それぞれが知識と同一視できるかどうかが別個に検討されている。しかし、これまで見てきた中期の対話篇では、感覚知覚とドクサは、ともに知と対比される認知の種類とされているが、その異同や関係は必ずしも明確ではなかった。ともに想起説にもとづく考察が展開されていても、知が対比されるのは、『メノン』ではドクサであるが、『パイドン』では感覚知覚であった。『国家』では事情はさらに複雑である。第五巻でのイデア論の記述では、知はつねにあるものとしてのイデアにかかわるのに対して、ドクサはありかつあらぬものにかかわるというかたちで対比される。だが、このようなドクサの「対象」となるものの性格づけは、むしろ『パイドン』での感覚知覚によって捉えられるものの特徴――ある人には等しく現われ、別の人には等しくなく現われる――を想起させる。他方で、善のイデアに関する記述のなかでは、イデアも善のイデアも「知られるもの」（ノエートン）であり、「見られるもの」（ホラートン）と呼ばれる感覚対象と対比されている。だが後者の領域は「ドクサの対象となるもの」（ドクサストン）とも呼ばれる（『国家』第六巻510A, 511D、第七巻534A）。こうした記述において、プラトンが感覚知覚とドクサとの関係について明晰な考えをもっていたかどうかは疑わしい。

感覚知覚とドクサの区別

『テアイテトス』においても、議論の当初は、感覚知覚（アイステーシス）という言葉のうちに、五感で感覚されることも、人に現われたり思われたりすることも含まれていた。しかし、分析の進行にしたがって両者は区別され、論駁は固有の意味での感覚知覚とそれと区別されるドクサとに明確に分けて展開されることになる。一方の感覚知覚は、「(～で)ある」ということの把握を、それゆえ真であることを欠いているという点で、知ではありえないとされる。このことは、感覚知覚がすべて偽であるから知ではない、という意味ではないだろう。むしろ、このようにドクサから区別され限定された意味での感覚知覚は、それだけを取り出してみれば、「～である」という構造さえもたないがゆえに、世界と照らし合わせることができないこと、したがって、そもそもそれが真か偽かを弁別するステージに登場しえないことを意味するだろう。他方、ドクサについては、真ないし偽でありうることが承認されたうえで、それが偽であるということがどのような意味で可能なのかという問題に多大な考察が当てられている。しかしドクサの真偽の弁別が可能であることの論証は、『ソピステス』における考察に俟たねばならなかった。そこでは、「ある」と「あらぬ」の結合、そしてそれにもとづくロゴス（言明）の真偽の弁別可能性という基礎的な作業にもとづいて、ドクサの真偽の弁別可能性も確立される。『ティマイオス』で、イデアと対比される生成変化する世界が「感覚されるもの、すなわちドクサによって感覚を伴って捉えられるもの」（28C）と慎重に表現されているのも、そうした労多き考察の反映かもしれない。

いずれにせよ、こうした後期のプラトンの考察は、おそらく彼が営んだ学園アカデメイアでの討論を背景としていたであろう。プラトンは、それに応答するかたちで、自分自身の見解をも含めて批判的に吟味していることになる。プラトン自身、自らが提示した知の理解に安住していたわけではなかったのだ。彼はソクラテスが対話という営みを通じて示唆していた知への途を、著作を通じて考察しただけでなく、自身の知的営為を通じて自ら歩んでもいたのである。

［註］

（1）現代認識論において知識をめぐる論争の発火点となった Gettier, E., "Is Justified True Belief Knowledge?" *Analysis* 23, 1963, 121–123 は、知識が「正当化された真なる信念」という（批判的に検討される）考えを、プラトンの『メノン』と『テアイテトス』に見いだしている。

（2）もとより、文脈に応じてプラトンが他の言葉ではなく特定の言葉（たとえば「テクネー」）を使用する場合も、当然、多く存在する。しかしプラトンの知識ないし知に関する立場を全体として考察するためには、このような概念の拡がりと関連が十分に考慮されねばならない。

［参考文献］

プラトンの知の理論の全体については、近年（ミレニアム前後の二〇年ほど）、目立った業績はない。プラトンの思考を対話篇を超えて読みとり理論化することに対する警戒心のせいで、研究が各対話篇を中心としたものになっているからかもしれない。だが、

White, N., *Plato on Knowledge and Reality*. Indianapolis: Hackett, 1976.

のように、かりに失敗であっても、プラトンが知についてどのような考えをもち、そこにはどのような問題があるのか、われわれはそこから何を学べるのか、について大胆に語る試みがあってもよい。いやあるべきだろう。いっそのこと、近現代の認識論への批判的視点を学ぶという点から、

Williamson, T., *Knowledge and its Limits*. Oxford/New York: Oxford University Press, 2000.
Kvanvig, J., *The Value of Knowledge and the Pursuit of Understanding*. Cambridge: Cambridge University Press, 2003.

などを読むほうが参考になるかもしれない。前者は初学者にはむずかしいかもしれないし、プラトンにはわずかに言及するだけだが、後者はプラトンの『メノン』での知識と真なるドクサについての議論を考察の出発点とし

ている。

なお、本章で十分に触れることのできなかった後期の認識論については、著者の遺稿をまとめた藤澤令夫『プラトンの認識論とコスモロジー』、岩波書店、二〇一四年。において詳細な検討がおこなわれている。

第4章　イデア

金山弥平

プラトン哲学の中心思想であるイデア論は、歴史的ソクラテスによる定義探求をそのまま対話篇に写し取る初期の段階、思惟の対象である真実在イデアの存在を主張する段階（中期イデア論）、『パルメニデス』のイデア論批判のあとの段階（後期イデア論）の三期に分けて考えることができる。ただし「プラトンのイデア論」という言葉で一般に考えられているのは中期イデア論であり、本章でもそれを中心に論じることにする。

1　アリストテレスの説明

原因の説明

イデア論の体系的な説明を最初に提示したのは、プラトンの弟子アリストテレスである。彼は『形而上学』の冒頭で、知識と経験とを区別し、知識の特徴を、各事象をその原理・原因にまで遡って説明する点に認める。ついで第三章以下で、原因の種類として「形相」、「素材（質料）」、「始動因」、「目的（善）」の四つを考え、これら四種類の原因を説明するために、先行哲学者たちの原因に関する諸思想を振り返る。その中で「形相」の先駆的思想として紹介されるのが、プラトンのイデア論である（第六章 987a32-b14。同様の情報は、同書第一〔A〕巻第九章、第一三〔M〕巻第四章からも得られる）。

アリストテレスによれば、①プラトンは若い頃から、クラテュロスに接してそのヘラクレイトス的流転説に親しみ、感覚的対象はすべてつねに流転状態にあるから、それらについては知識は成り立たないと考えた。②他方、ソクラテスは倫理の領域において普遍（カトルー katholou）を探求し、諸々の徳の定義を試みた。③プラトンはソクラテスの立場を受け継ぐとともに、不断に流転する感覚的対象については定義は成立しえないとして、定義の対象となる別種の存在を求め、それを「イデア」（イデアー ideā）と呼んだ。④イデアは感覚的対象にとって原因の役割を果たしており、諸々の感覚的事物は、エイドス（eidos）を分有（メテクシス methexis）することによって存在する。

イデア、エイドス

③と④においてアリストテレスが「イデア」、「エイドス」と呼ぶものが、本章で取り上げるプラトンの「イデア」である。ギリシア語 ideā, eidos は、いずれも動詞「見る」（アオリスト不定詞＝イデイン idein、アオリスト一人称単数＝エイドン eidon）と密接に関係する語であり、元来は「見られるもの」、「姿」、「形」を意味していた。英語では通例、現在では「観念」の意味で用いられる idea を避けて、form と訳される。

ところで、上述のアリストテレスの「形相」も、ギリシア語では eidos（英語では form）と呼ばれる。

しかしプラトンのイデアとアリストテレスの形相は、次の点で決定的に異なっている。アリストテレスにとって、存在するものは形相と素材の合成体としての個物であり、形相は個物に内在し、個物から離れて存在することはない。他方、ソクラテスが定義の試みにおいて探求したのも、各行為に内在する共通の性格・性質としての徳であり、この点でアリストテレスの形相と共通する。ところがプラトンは、この内在的性格としての eidos, ideā とは別に、非感覚的な思惟対象としての eidos, ideā（＝超越的イデア）を立てたのである。

もちろん、プラトンの対話篇において、eidos, ideā の語が内在的性格の意味で用いられる場合もある。テクスト中で eidos, ideā が内在的性格を指すのか超越的イデアを指すのか確定困難な場合もあり、両者を区別しないで form という訳語を当てることもある。しかし確定可能な場合は、しばしば内在的性格には form、超越的イデアには Form の訳語が当てられ、前者に対しては「the F」、後者に対しては「the F itself」、「F–ness」、「Φ」などの符号が用いられる。

2　ソクラテスによる定義探求

アリストテレスは、プラトンのイデア論成立の背後に、ソクラテスによる定義探求とヘラクレイトス的流転説の影響を認めていた。彼の説明はどこまで正しいのであろうか。

前期対話篇のソクラテスは、幸福（エウ・プラッテイン eu prattein ＝文字どおりには「善く・うまく行なうこと」）に到達するためには、徳ある（＝善い・優れた）行為の「何であるか」と「Ｆそのもの」

遂行が必要であり、そのためには、それぞれの徳が「何であるか」〔ティ・エスティン ti estin〕を知ることが必要であるという立場から、節制（『カルミデス』）、勇気（『ラケス』）、友愛（『リュシス』）、敬虔（『エウテュプロン』）、正義（『国家』第一巻）、美（『ヒッピアス〈大〉』）、徳（『メノン』）などの「何であるか」〔定義〕を探求し、定義が探求される当の対象を eidos（『エウテュプロン』6D11、『ヒッピアス〈大〉』289D4、『メノン』72C7, D8, E5）とか ideā（『エウテュプロン』5D4, 6D11, E3）と呼んだ。前期対話篇におけるこの eidos, ideāを、ここではプラトンの超越的イデアと区別する意味で「ソクラテスのイデア」と呼び、超越的イデア「Φ」と区別して「F」で表示することにする。なお、以下の説明で用いる「Fである」という表現は、同定ではなく述語づけの意味で理解されたい。すなわち、「Fである」は「Fという性格・性質をもつ」を意味する。

定義の探求される対象は「Fそのもの」〔アウト・ト・F auto to F〕とも呼ばれた〔「美そのもの」〔アウト・ト・カロン auto to kalon〕（『ヒッピアス〈大〉』286D, 288A, 289C–D, 292C）を参照〕。ソクラテスが用いた探求方法は論駁法〔エレンコス elenchos〕である。論駁法では、論駁により対話相手の答えを斥けることによって、積極的に徳の「何であるか」が示されるのではなく、むしろ「何でないか」が明らかにされる。しかし、一見、否定的作業にすぎないように見えるこの論駁の過程は、探求の行き着く先に、「何でないか」を排除した純粋のFを望見させる。「Fそのもの」という表現は、ソクラテスの吟味によって立ち現われるこの純粋のFを指す表現であり、中期著作『饗宴』、『パイドン』、『国家』、『パイドロス』で用いられる「まさにFであるもの」〔アウト・ホ・エスティン・F auto ho estin F〕という表現とともに、超越的イデアを指すために用いられるようになった。

普　遍

アリストテレスによれば、ソクラテスは「普遍」を求めたということである。「普遍」（カトルー katholou）という語自体はアリストテレスの造語であるが、その語源となる表現は、男の徳、女の徳など徳の種類の列挙によって「徳とは何であるか」という問いに答えようとするメノン（『メノン』71E-73C）に向かって、ソクラテスが語る「一から多を作り出すのはやめにして、全体として（カタ・ホルー kata holou）、徳についてそれが何であるかを言ってもらいたい」（77A6-7）という言葉のうちに認められる。ソクラテスが「徳とは何であるか」の問いによって求めたのは、多数の徳の種類を列挙する答えではなく、それらにあまねく（普遍的に＝kata holou）行き渡っている共通の徳であり、そのかぎりにおいてソクラテスが「普遍」を探求したというアリストテレスの認定は正しいと言うことができる。

定義探求において求められているイデアFは、Fである事例に普遍的に内在する性格・性質であるというのは、ソクラテスが論駁法において対話相手の定義を斥けるために常套的に用いる論点である。例えば『ラケス』では、ラケスによる勇気の定義「戦列にとどまって逃げないこと」（190C）は、勇気には逃げながら戦う勇気もあれば、海難、病気などに対する勇気、欲望、快楽に対する勇気もあるという指摘によって斥けられる。ソクラテスが求めているのは、これらすべての勇気に同一のものとして内在する「勇気」なのである（191D-E――ほかに、速さ〔『ラケス』192A-B〕、敬虔、不敬虔〔『エウテュプロン』5D〕、美〔『ヒッピアス（大）』287E-288E〕、蜜蜂、徳、健康、大、強さ〔『メノン』72B-E, 73D〕の例を参照）。

「いついかなる場合もFであるもの」

そこでラケスは、それは「魂の忍耐強さ」であると答える（192B）。しかしソクラテスは、無思慮を伴う場合は、魂の忍耐強さは勇気ではありえないことを指摘し、ラケスの答えを修正する(192D)。これもまた彼が対話相手の定義を論駁する常套的手法であるが、その論法は次のようである。対話相手は、Fである諸々のもの(勇気ある諸行為)に内在するある性格・性質G(魂の忍耐強さ)に着目し、F(勇気)をG(魂の忍耐強さ)によって定義する。しかし、G(魂の忍耐強さ)が反Fである(勇気ではない)場合は容易に見つかる(無思慮を伴う場合)。それゆえ、GはFであるとともに反Fであることになって、Fの候補から斥けられる(同様の議論については、『カルミデス』159B–160D、『国家』第一巻331C–D、『ヒッピアス(大)』289A–C, 289E–291C, 292E–293C、『メノン』73Dを参照)。

ここには次の原則が認められる。

(A)　Fはいついかなる場合もFである(すなわち、(A′)何らかの場合に反Fでありうるようなものは、Fの候補とはなりえない)。

しかし、「いついかなる場合もFである」ようなものを、はたしてわれわれは見いだしうるであろうか。Fの候補としてどのようなGを対話相手が答えても、Gが反Fである事例を指摘し、相手の答えを斥ける前期対話篇のソクラテスの論法は、「反対性(反対的性質)の共存」(compresence of opposites)と呼ばれる次の原則の成立を示唆する。

(B)　Fである個々の事例に内在し、Fとして同定されるGは、すべていかなるものも反Fでありうる。

もし原則(B)を認めるなら、それと(A′)から、

(C) Fである個々の事例に内在し、Fとして同定されるGは、すべていかなるものもFの候補とはなりえない。

が帰結する。それゆえ、「いついかなる場合もFであるようなもの」の存在を完全に否定するのでないかぎり、われわれはソクラテスのイデアを、Fである個々の事例に内在しない何ものかとして、その存在をこの感覚的な世界とは別のところに措定しなければならない。かくして、定義探求においてソクラテスが求める対象を、ロゴス（言論、理性）に則って突き詰めていくなら、彼のイデアFに取って代わる形で必然的にプラトンの超越的イデアΦが登場することになる。例えば『国家』第五巻476–480では、見物好きの男たちが求める諸々の美は、醜いものとしても現われる（反対性の共存を受けいれる）がゆえに、美しく「あり」かつ「あらぬ」ものとして思わく（ドクサ doxa）の対象とされる。知識（エピステーメー epistēmē）の対象は、ただ純粋に「ある」のみを受けいれる（反対性が共存しない）「美そのもの」なのである。

「反対性の共存」と「流転」

ところでアリストテレスは、イデア論成立の背後に、クラテュロスと彼のヘラクレイトス的流転説の影響を認めていた。しかし感覚的事物における「反対性の共存」と、あらゆる言論の成立を否定したクラテュロス流の「流転」（アリストテレス『形而上学』第四〔Γ〕巻第五章1010a12–13を参照）とは明らかに異なる。この事実はいかに解されるべきであろうか。解釈者の中には、「流転」という契機を、例えば『パイドン』の「イデアはいかなる変化も受けいれないが、これに対して、感覚的事物はいかなる時にも同一の状態を保つことはない」（78D–79A, C–D）という主張のうちに読み取ろうとする人もいる。しかしこの主張は、感覚的事物の「流転」を説くものではあるまい。なぜなら、ヘラクレイトス主義者ではないケベスが、何の疑問も差し挟むことなくこれに同意しているからである。

『饗宴』210E–211Aでは、永遠的で生成・消滅、増大・減少することのない美のイデアと、そうでない感覚的対象とが対比され、イデアについては「ある面・ある時・ある関係・ある場所では美しいが、別の面・別の時・別の関係・別の場所では醜い、ということはない」と言われている。この発言は、イデアについて「反対性の共存」を否定しているものと解される。「イデアはいかなる変化も受けいれない」という『パイドン』の主張も、おそらくこの線で解されるべきであり、感覚的事物について言われている「いかなる時にも同一の状態を保つことはない」という発言も、「流転」よりはむしろ、「反対性の共存」を意味するものと考えられる。ともかく、感覚的世界の不断の流転がイデア導入を促したと考えさせる明確な証拠をプラトンの著作のうちに見いだすことは困難である（もっとも、例えば『テアイテトス』第一部のヘラクレイトス説批判〔181C–183B〕を、その線で解する解釈もなくはないが）。アリストテレスは、「反対性の共存」を誤って「流転」と解したのかもしれないし、あるいは「流転」を語ることで「反対性の共存」を意味したのかもしれない。実際、「反対性の共存」を「変化」として記述する例は、プラトンにも（『テアイテトス』152D–E, 154C–D）、アリストテレスにも（『ニコマコス倫理学』第五巻第七章1134b24–1135a5）認められるのである。

3 数学と問答法

数学の影響

上述の『饗宴』210E–211Aと並んで『パイドン』65Dは、プラトンの著作のうちで超越的イデアΦに言及がなされる最初の箇所の一つである。ソクラテスのイデアFはもっぱら倫理的性質に限定されていたが、プラトンはこの箇所でイデアの例として、「正義」、「美」、「善」に加え、「大」、「健康」、「強さ」を挙げている。このイデアの範囲の拡大はいかなる事情によるのであろうか。

前期対話篇において、プラトンが倫理的性質以外でイデアFを導入している唯一の場合は、『ゴルギアス』とともに前期対話篇の最後に位置する『メノン』72Eにおける「大」、「健康」、「強さ」の例である。『パイドン』65Dで同じく「大」、「健康」、「強さ」のイデアΦを導入するとき、プラトンの念頭には明らかに『メノン』72Eがあったと考えられる。

『メノン』と『パイドン』に共通する顕著な特徴は、想起説の提示と、数学への強い関心とである。『メノン』では、学習とは魂がこの世に生まれる前に学んだことを想起することにほかならないという想起説がはじめて紹介され、この説の正しさを示すために、奴隷の少年による幾何学の問題解決の実験が行なわれる。また数学の方法である仮設法も、『メノン』においてはじめて哲学の探求方法として用いられている（hypothesisの訳語としては、「仮設」、「前提」、「仮説」、「基礎定立」などが用いられうるが、ここでは、後述するようにhypothesisは「下に〔hypo〕置かれた〔thesis〕踏み台」としてのproposition〔命題〕であって、theory〔説、理論〕ではないという立場から、「仮設」を訳語として採用する）。他方『パイドン』では、数学的概念である「等しさ」のイデアを例にとって想起説の正しさが証明されるとともに、仮設法が原因探求のための重要な方法として提示され、イデア原因論導入の枠組みをなしている。「大」、「健康」、「強さ」のうち、「大」もまた数学で使用される概念であり、『パイドン』ではほかにも、「小」、「一」、「二」、「多」などの数学的概念が取り上げられている（74A–75C, 78D, 100B–101C）。想起説は魂の不死を前提する理論であるが、魂の不死の思想と、数学への関心をプラトンに促した要因の一つは、魂の輪廻転生と数学的学問による魂の浄化を説くピュタゴラス派との接触であった。プラトンは『メノン』執筆の頃と思われる前三八八／七年にピュタゴラス派の中心地、南イタリアとシケリアに最初の旅行を行ない、そこでピュタゴラス派の哲学者たちと出会う機会をもったのである。

先に見たように、超越的イデアΦの導入をもたらした二つの原則Ⓐと Ⓑは、前期著作ではもっぱら種々の倫理的概念に適用されていた。しかし、これらの原則はむしろ数学の対象によりよく当てはまる。『パイドン』74Aでは、ソクラテスが、等しい木ぎれや石ころ同士の感覚される等しさとは別に「等しさそのもの」が存在するか、とシミアスに尋ね、シミアス（おそらくピュタゴラス派）は、躊躇なく肯定の返事をする。というのも、74B–Cで説明されるように、等しい諸事物のうちで「等しさ」として同定されるものはすべて、「等しさ」として現われないこともあるが（原則Ⓑに相当）、数学で扱う「等しさ」は不等のものとして現われることはなく（原則Ⓐに相当）、それゆえ、明らかに両者は異なるからである。数学の対象が、感覚的諸事物のうちに同定されうるようなものではなく、思惟によってのみ捉えられうるものであるということは、当時の数学を集大成したエウクレイデス（ユークリッド）『原論』の定義一「点は部分をいっさい含まないものである」からも一目瞭然であろう（プラトンは、「四角形」、「対角線」〔『国家』第六巻510D〕、「二」〔『国家』第七巻525D–526A〕の例を用いている）。

数学の役割

この地上の似像に何の光彩もない「正義」や「節制」といった徳について（『パイドロス』250B）イデアの存在を認めるためには、ロゴスに徹する優れた哲学的能力が必要とされるであろう。それに対して数学で扱う「等しさ」が、思惟の対象として、感覚される等しさと別に存在するということは、数学に接したことのある者なら、だれでも容易に認めうることである。それゆえプラトンは、『パイドン』でひとたび倫理的概念と数学的概念とを同じイデア論の視野のうちに捉える視点を確立したあとは、認定のより困難な前者に対応するイデアへと、数学を助けとして人々の魂を導いていく道を模索する。

『国家』第七巻の「三本の指」の議論（523A–524C）において、プラトンは次のように論じる。中指、薬指、小指を並べて見るとき、小指より「大きい」と知覚されるものが、また同時に中指より「小さい」とも知覚される（反対性の共存）。このように感覚においては、同じものが大きくもありまた小さくもあると合図され、そのことから魂は困惑し、思惟（ノエーシス noēsis）を助けに呼んで、「大」、「小」それぞれについて、「何であるか」という問いを立てて考察するようになる。かくして「見られるもの」（ホラートン horāton ＝感覚の対象）と「思惟の対象」（ノエートン noēton）とが区別され、魂は後者に目を向けるようになる。魂を思惟の対象に向き直させるものは、「大」、「小」以外にも「一」や「数」があり、それらを扱う数学的諸学科は、魂を生成界から解放し、真の実在であるイデアへと導く重要な学科として位置づけられるのである（524D以下）。

問答法

しかしもちろん、数学を修得したからといって、いまだ真の知識を獲得したということにはならない。思惟される世界（イデア界）の究極には、ソクラテスが探求してやまなかった「善」があり、これこそ学ぶべき最大のものである（第六巻505A）。そしてそこへの到達を可能にするのは、唯一、ロゴスを導きとする問答法（ディアレクティケー）の営み、ソクラテス自身が行なった種類の探求なのである（第七巻531D–532B）。数学と問答法のこのような相違は、『国家』の線分の比喩（第六巻509D–511E、第七巻533C–534A）では次のように説明されている。数学の認識も、問答法の知識と同様、「四角形そのもの」などの思惟の対象の存在を認める。それゆえ数学も問答法と同じく、思わく（ドクサ doxa）ではなく、思惟（ノエーシス noēsis）に属する。しかし数学と問答法の間には、明確性と真実性という点で、思わくと思惟、似像と実物の違いに相当するような相違が存在する。なぜなら、数学は、仮設として立てられた事柄の原因・根拠を問うことなく、それを出発点として、たんに整合性を保ちつつ、感覚的図形に頼りながら結論を導いていくだけであるのに対して、問答法は、仮設（ヒュポテシス hypothesis）を文字どおり「下に（ヒュポ hypo）置かれた（テシス thesis）踏み台」として、「善」（善のイデア）という万有の原因・原理にまで遡り、そこから翻ってすべての事柄を説明することができるからである。プラトンにとっては、「善」こそが万有の原因（アイティアー aitiā）・原理（アルケー archē）なのである（第六巻508E3, 509B6–10, 511B7、第七巻516C2）。ところで、この善原因論と、イデアを原因とみなすイデア原因論とは、プラトン思想のうちでどのように調和するのであろうか。もう一度、ソクラテスの定義探求に立ち返り、「原因」という観点からそれを調べてみることにしよう。

4　原　因

アイティアー　ソクラテスは『エウテュプロン』6D-Eで、定義の探求されるイデアFについて次のように述べていた。

「ぼくが君に命じていたのは、すべての敬虔なことがそれによって敬虔である、かのエイドスそのものを教えるということだった。というのも、君は「一つのイデアによって」不敬虔なことは不敬虔であるし、敬虔なことは敬虔であると主張していたのだから」

Fであるものは「イデアFによって」Fである。「F」の与格（あるいは、前置詞ディア dia と対格）を用いた「〈Fによって〉Fである」というのは、ソクラテスが前期対話篇でしばしば用いる言い方であり（『プロタゴラス』332B, 360C、『ヒッピアス（大）』287C-D, 289D, 294B、『メノン』72C, E4-6）、Fが、何ものかがFであることのアイティアー aitiā（原因、理由）であるということを意味する。ギリシア語の「アイティアー」は、われわれの用いる「原因」という語よりも意味が広く、何であれ、ある事柄に対して責任のあるもの、その事象が起きた理由を説明するものを意味していた。アリストテレスの四原因説において、形相、素材、始動因、目的がすべて「アイティアー」（原因）と呼ばれているのも、そのような意味においてのことである。

真の原因

素材的原理にも原因の位置を与えるアリストテレスにとっては、黄金も、彫像の美しさの原因の一つである。しかしソクラテスの立場は異なる。「美とは何であるか」という問いにヒッピアスは、美はものがそれによって美しくなるものであるという点に着目し、「黄金」と答える。それに対してソクラテスは、アテナ像を美しくするのは、黄金の眼ではなく象牙の眼であるという理由で、黄金は美の原因ではありえず、求められている美のイデアではない、と論じる（『ヒッピアス（大）』289D–290C）。すなわち、

(i)　何かを反Fにする場合が一例でもあるものは、Fの原因ではありえず、
(ii)　イデアFは、「諸々のFであるものがそれによってFであるもの」として、Fの原因なのである（先に見た『エウテュプロン』6D-E も参照）。

前期対話篇に見られるこのような原因観は、中期著作でも確実に受け継がれている。『パイドン』96A–102B でソクラテスは、自らの若き日の自然探求を振り返り（歴史的ソクラテスの体験かどうかは疑わしい）、自然学者が原因とみなす物質的なものを原因とは認めず、「骨と腱はソクラテスが牢獄に座っていることの原因ではありえない――骨と腱はメガラへの脱走も可能にするから」（98C–99B）、「華やかな色彩や形態は美しさの原因ではありえない」（100D）、「頭は大きさの原因ではありえない――頭一つによってものが小さいこともあるから」（100E）と論じる。ここでは明らかに原則(i)が適用されている。

では、物質的なものが原因ではありえないとすれば、いったい何が原因であるのか。ソクラテスは次のように語る。「ぼくに対して有罪の判決を下すのが、より善いとアテナイ人に思われたこと、それゆ

えぼくにも、ここに座っているのがより善いと思われたこと、そして、彼らが命じるどのような刑にも、とどまって服するのがより正しいと思われていること、それこそがぼくが牢獄に座っている真の意味の原因なのである」(98E)。ソクラテスにとって(あるいは、プラトンにとって)、真の原因は、ソクラテスの「知性」が牢獄にとどまることを「善し」と判断したことにある。アナクサゴラスの「知性」(ヌース nous) 原因説が『パイドン』の若きソクラテスを惹きつけ、「知性」と「善」による説明の提示を期待させたのも、きわめて自然なことであった。

イデア原因論　しかし、その期待は失望に終わる。アナクサゴラスが実際に行なっていたのは、けっきょく、他の自然学者と同じく物質的原理による説明だったからである。ソクラテスはそこで、苦労の末に考えついた独自の原因説としてイデア原因論を提示する (99C-100D)。この説は、最も安全な原因の説明方式としては次のように定式化される (100D7-8, E2-3, 101A2-5, B6-7)。

Fであるものはすべて、イデアΦによってFである。

この定式は、前項で『ヒッピアス(大)』において確認した(ii)の原則の「イデアF」を「イデアΦ」で置き換えたものにほかならない。すなわち、原則(ii)を堅持するとき、超越的イデアΦの導入とともに必然的に帰結するのが、『パイドン』のイデア原因論なのである。

プラトンはイデア原因論を、右の最も安全な定式のほかに、次の二つの説明方式によっても提示している。第一は、先にアリストテレスの説明④に見た分有用語による方式であり、「もしΦ以外に何かがFであるとすれば、それはΦを分有することによってFである」というものである(『パイドン』100C4-

6, 101C3-7, 102B2、『饗宴』211B、『国家』第五巻476D）。第二は、後期対話篇『ティマイオス』の宇宙創造のミュートス（物語）のうちに最も明確な形で認められる、範型-似像関係による方式であり、イデアΦを原範型、この世界における諸々のFをΦの似像として捉えるものである（『ティマイオス』27D-29C, 48E-52D）。

範型

ところで、この「原範型・範型」（パラデイグマ paradeigma）の概念も、ソクラテスの定義探求に遡る。『エウテュプロン』6D-Eでは、先に引用した発言に続いて、原因としてのイデアについて次のように語られている（6E。『メノン』72C-Dも参照）。

「それでは、そのイデアそのものがいったい何であるかを、ぼくに教えてくれたまえ。ぼくがそれに注目し、それを「範型」（paradeigma）として用いることによって、君なり他のだれかなりが行なう行為のうち、それと同様のものは敬虔であり、それと同様でないものは敬虔でないと言えるように」

すなわち『エウテュプロン』によれば、イデアFは、何かがFである原因であるがゆえに、それはまた、それを参照することによって何かがFであると判断するための範型・規準としても用いられる。『ティマイオス』ではさらに、この「原因」概念と「範型」概念とが宇宙創造のミュートスという枠組みの中に組みこまれることにより、イデア原因は、神がそれを眺め、それを用いてこの世界を創造する「原範型」としての役割をもつにいたるのである（とくに『ティマイオス』28A, 29A-Bを参照）。

『ティマイオス』の神は、無から世界を創造するユダヤ・キリスト教の全能の神とは異なり、創造に際してイデアを眺め、認識する神――「知性」の側面が強調される神――である。この神はまた「善き」神でもあり、それゆえに、あたうかぎり最も「善き」宇宙を造るべく、永遠なるイデアに注目し、それを原範型として用いるのである（『ティマイオス』29A, 30C–D, 92C）。かくして、『ティマイオス』における原範型の思想は、『パイドン』で求められていた「知性」と「善」による原因の説明をも取りこんで展開された原因論とみなしうるであろう。

善のイデア

『ティマイオス』の世界創造において「善」は神の本質的性質であるが、その神が創造の原範型として用いるイデア界の頂点には、『国家』によれば「善のイデア」が位置している。すなわち、『国家』第六巻の太陽の比喩（507A–509B）では、善のイデアに、他の諸々のイデアに優る特別の地位――この世界の諸存在に対して太陽が占めているような地位――が与えられている。太陽がその光によって、見られる事物には見られる能力を与え、見るものには視力を与えるように、善のイデアも、認識対象である諸々のイデアには真理性を提供し、認識するものには認識能力を提供する。この意味において、善のイデアは「知識」と「真理」の原因である（508E）。しかも、太陽が見られる事物を生成・成長させるように、善のイデアも、諸々のイデアに「ある」ということ、実在性・存在性を付与する。プラトンにとって善のイデアは、位においても力においても、実在を超越する至高の原因なのである（509B）。

5　『パルメニデス』におけるイデア論批判

後期著作の『ティマイオス』が原因としての超越的イデアに言及しているという事実は、プラトンが中期イデア論の基本思想を後期にも保持しつづけたということを示唆する。ところが、中期から後期著作への移行期に位置する『パルメニデス』第一部において、プラトンは老パルメニデスに、若きソクラテスの提示する中期イデア論への批判を展開させている。ここから彼が、⑴後期以降、中期イデア論を放棄したか、⑵放棄しなくても、その内容を大きく変えるような実質的修正を加えたか、⑶批判の解決はできないまま、中期イデア論をそのまま保持しつづけたか、あるいは、⑷問題への対処とともに中期イデア論を保持しつづけたか――その場合、どこでどのように対処しているのか――という問題が生じる。

『パルメニデス』のイデア論批判のうちで最もしばしば議論の的となったのは、アリストテレスが「第三の人間」（ホ・トリトス・アントローポス ho tritos anthrōpos）という名のもとに論じ（Aristoteles, *Peri Ideōn* = Alexander, *In Metaph.*, 84. 21-85. 3）、今日「第三の人間論」（Third Man Argument）として広く知られる批判である。それは次のような議論である――諸々の大きなものを見渡すとき、そこに大のイデアが立てられるのであれば、大のイデアと諸々の大を見渡す場合も、それらとは別に大のイデア（第三の大）が立てられ、さらにこのイデアも含めた諸々の大に対しても別の大のイデアが現われ、この過程は無限に続く。しかし、一つであるはずのイデアが無限に増えるのは不合理である（『パルメニデス』

132A–B。132D–133A も参照)。

『パルメニデス』以降、プラトンは中期イデア論を放棄したとする学者たちにとっては、『ティマイオス』においてなおそれが保持されているという事実は大きな障害となる。そこで一部の学者は、『ティマイオス』の執筆年代を後期から中期に移そうと試みたが、しかし文体統計学の諸研究は明らかに『ティマイオス』後期説を支持する。さらに、『パルメニデス』において、パルメニデスは若きソクラテスに、「困惑するのは君がまだ若く、哲学によってまだ十分捉えられていないからだ」(130E)、「もし人がイデアを認めないなら、どこに思考を向けてよいか分からなくなり、問答の力〔問答法〕を全面的に破壊してしまうだろう」(135B–C)、「困惑するのは、あらかじめ訓練することなく、イデアのそれぞれを規定しようとしているからだ」(135C–D)と語っており、これらの発言は前述の(4)の線での解釈を支持するのである。この問題について述べる余裕はもはやないが、詳しくは、藤沢令夫「プラトンのイデア論における「もつ」「分有する」および「原範型-似像」の用語について」、および同『プラトンの哲学』V の第1節を参照されたい。

〔参考文献〕

藤沢令夫「プラトンのイデア論における「もつ」「分有する」および「原範型-似像」の用語について――その世界解釈における思惟の骨格」(同『イデアと世界――哲学の基本問題』、岩波書店、一九八〇年、九六―一四五頁、『藤澤令夫著作集』Ⅱ、岩波書店、二〇〇〇年、一〇七―一六〇頁)。もとは、Fujisawa, N., "Ἔχειν, Μετέχειν, and Idioms of 'Paradeigmatism' in Plato's Theory of Forms," *Phronesis* 19, 1974, 30-58 として発表されたもの。

――――『プラトンの哲学』、岩波新書、一九九八年（『藤澤令夫著作集』V、岩波書店、二〇〇一年、一五五―二三九頁)。

Fine, Gail, *On Ideas. Aristotle's Criticism of Plato's Theory of Forms*, Oxford, 1993.

Sedley, David N., "Platonic Causes," *Phronesis*, 43, 1998, 114-132.

第5章　魂

久保　徹

「しかし、グラウコン、われわれはもっと別のところに目を向けなければならないのだ」

「どのようなところに？」と彼はたずねた。

「哲学という、魂にそなわる知への希求に」（『国家』第一〇巻611D-E）

魂（プシューケー）論はプラトンの哲学にとって、存在論、認識論、倫理学など多岐にわたる問題領域にまたがる主要な原理として、イデア論とともに重要な位置を占めている。ここでは、プラトンの魂論がいかなる問題関心に促されて展開されていったのか、その成立の経緯をたどりながら、魂論としての基本性格を見定めるとともに、多面的な広がりと重層的な奥行きをもったその特質を明らかにしたい。

その出発点がソクラテスであることにおそらく疑問の余地はなかろう。人間が幸福に生きるためにそなえているべき資質としての徳をソクラテスは「魂のすぐれたあり方」と呼んだ。ソクラテスにとってそれは畢竟、知に帰着する。何が自分にとってよいことであり、よく生きることであるかを知ること、すなわち、善の知こそが徳にほかならない。われわれの不幸や過ちはすべてわれわれ自身の無知に起因する。何が善であり、幸福であるかを知るならば、われわれは過つことなく行為し、幸福に生きることができるはずである。

1 『プロタゴラス』――アクラシアー否定の議論

だが、『プロタゴラス』でプラトンは次のような問いを投げかける。はたしてわれわれは、本当に知さえあれば、正しく行為し、幸福に生きることができるだろうか。われわれの経験に照らせば、われわれの行為を実際に支配するのは、しばしば知であるよりはむしろその時々の感情や欲求である場合が少なくないのではないか。怒りや恐れなどの激情、あるいは快楽や苦痛が、時に知に反してわれわれをなんらかの行為に駆り立てうることは否定できないのではないか（352B-C）。またげんにわれわれはそのような事態を説明して、「最善のことを知りながら、快楽に負けてそれを行なわない」という語り方をする（352D-E）。いわゆる「アクラシアー」（無抑制）と呼ばれる事態の指摘である。

ここで提起されているのは、認識と情念との対立背反をわれわれの生の不可避な、否みがたい経験的事実と見なす立場からの、知の実効性への問いである。知がわれわれの正しい行為や幸福のために必要不可欠な条件であることは認めよう。しかし、それは十分な条件であるとも言えるだろうか。はたして知によって行為を律することは可能であろうか。

このような異議に対し、ソクラテスが試みる反論の骨子は、以下のようなものである。

「アクラシアー」と呼ばれるこの事態はいったい何か。われわれの多くは快楽を善、苦痛を悪と見なしている。それゆえ「最善のこと」とは、総計として最大の快楽をもたらす行為を意味する。したがって「快楽に負けて行なわない」とは、目先の快楽の見かけの大きさに欺かれて判断を誤り、より大きな快楽を取り逃がし、より大きな苦痛を引き寄せることにほかならない。快楽の計量術なるものが仮にあるとすれば、まさにそれを心得ていないために判断を誤ったという無知を、むしろこの事態は示している。つまり、このような事態の真の原因は、われわれの認識の不備に、すなわち価値判断を誤り、最善を見誤った無知にこそある。「最善のことを知らないから、快楽に負けて行なわない」というのが、その本来の正しい記述でなければならない（352E–357E）。

なぜなら、人はみな善と知る、あるいは思うものを求め、悪と知る、あるいは思うものに引かれることは人間の本性にはないからである（358C–D）。しかるにこの場合もまた、善と誤認したものを選んだにすぎない。善と思うだけで、必ずや人はそれを為しうる。だが、思いなしは時に過つ。けっして過たず正しく判断することを保証するものが、知である。

価値判断さえ正しければ、人は必ずそれに従って正しく行為することができる。判断に反して行為することはありえない。われわれの認識と行為の間にはこのような必然的関係が成り立つ。それゆえ、けっして過つことのない正しい価値判断、つまり善の知こそが、正しい行為と幸福をもたらす決定的要因であることを、以上の議論は明らかにしている。

しかし、われわれの思いなしや判断をつねに正しく保つことは、いかにして可能なのだろうか。げんにアクラシアーと呼ばれる事態においても、目先の快楽の見かけの大きさに惑わされて実際の価値をとらえ損ねたわれわれの認識の誤りを惹き起こしたのは、快楽をめぐる情念ではなかったか。すると、ここで新たな問題が生じる。たしかに、認識こそがつねにわれわれのあらゆる行為を支配しているとしよう。それ以外のさまざまな心的要因に対して、知は正しい行為と幸福をもたらすのに十分な効力をもつ、と。だが、まさにその認識を攪乱し誤らせうるものが、ほかならぬ情念ではないのか。われわれの認識それ自体が情念によって惑乱され、判断の誤りを誘発されうるとすれば、われわれはいかにして認識を情念による干渉から保全しうるであろうか、またそもそも知はいかにして確立しうるのか。

行為の局面における知の実効性は、『プロタゴラス』におけるアクラシアー否定の議論によって確かめられた。だが、いわば認識の局面における知の実効性に対して、このような疑念がさらに残されることになる。

2　『パイドン』――知を愛する心

情念による認識のはたらきの妨げにいかに対処すべきかを論じたのが、『パイドン』においていくつかの魂の不死論証を挟みながら繰り返される「死の練習」のモチーフであろう（63E–69E, 80E–84B, 114D–115A）。

認識のはたらきを阻害するもろもろの情念に対し、知を愛し求める真の哲学者は、身体にまつわるさまざまな心的要因との関わりを可能な限り避けてひたすら愛知に専心することによって、魂がそれらの情念から解き放たれ浄化されてできるだけ純粋に魂それ自身になりきって考察することで、知に最も近づこうと努めるという。魂が身体との結合を解かれて分離することが「死」であるとすれば、それゆえ哲学とは「死の練習」にほかならない。哲学者が死に臨んで、真に知を愛し求めてきた哲学者であるならば、死を恐れぬ所以である。

哲学者は、もろもろの身体的欲求や世俗的価値を極力離れて知をめざす探求の営みに専念する心のあり方において、情念による認識の妨げを最小限に抑えようとする。情念によるわれわれの認識のはたらきの阻害に対し、そのような知を愛する心のあり方によってこれを克服しうるという方途が、そこには明確に示唆されていよう。

われわれの多くはしかし、何が本当に善であるかを知ることに努めもせず、もっぱら快楽や名誉や富などの身体的欲求と世俗的価値にとらわれ、それらのみを善と見なしているために、たとえ快楽を唯一の価値基準とする場合でさえ、たやすく情念によって認識を攪乱され、判断を誤りうるありさまなのだ。そのような心性における「徳」とは、所詮、仮象の徳であって、怯懦による勇気、放縦による節制と言うべきものにすぎない。何が善であるかを知ることを希求し、それによる情念の浄化をともなう、知を愛する心のあり方においてはじめて、知をめざし、知を媒介とする、真の徳ないしはその実現への過程が開ける（68C–69D）。

ソクラテスにとって知とは、容易に受け渡し可能なものではない。情念による阻害に打ち克ちうる、真に知を愛し求める心においてのみ、それは達成されうるものと見なされる。いわば知を愛する心は、知の成立にとって必要不可欠の条件である。してみると、ソクラテスが徳や魂のすぐれたあり方を「知」であると言うとき、このような心のあり方がそこには含まれていたのではなかろうか。たとえば

『ゴルギアス』でソクラテスが「魂の秩序」と呼ぶものに（504B以下）、すでにそのことは含意されているように思われる。少なくともプラトンは、ソクラテスの立場をそのように理解しようとした。

われわれの認識を情念による妨げから保全し、知に到りうるための方途は、哲学者の知を愛する心のあり方に範を求めるべきことが示された。しかし、そのような心のあり方はいかに育まれるべきか、その具体的方法については、さらに『国家』において魂三区分説にもとづく考察が試みられることになる。

3　『国　家』――魂三区分説

プラトンは『国家』において、魂三区分説という心理モデルを、われわれの魂の動態を分析的に記述するための理論装置として提示する。いかにしてさまざまな心的要因に対処しつつ、知を愛する心のあり方を確立すべきか、その実際的、具体的な方法をそれを用いて論じることが意図されている。

それに先立ちまず第二―三巻では、幼年期の子供たちに与えるべき初等教育として音楽・文芸と体育が取り上げられる。いわば人間形成の基層となる初歩的な情操教育の課程であり、その狙いは、生き方や行為に関わる基本的な価値規範を習慣づけによって彼らに他律的に身につけさせるとともに、音楽・文芸によって知を愛する性質を育み、体育によって気概を養うことに主眼がおかれている（第三巻410B–412A）。気概もまた知を補助する役割を担うためだが、彼らのうちいかなる状況にあっても正しい考えを保持する能力に秀でた者だけが、さらに後述のような高等教育を課されるべく国家の守護者として選抜される（同413C–414A）。

魂三区分説は、第四巻で国家とのアナロジーによって魂における正義を解明するための仮説として提起されたのち（434E-441C）、再び第九巻でさらに別の側面からの補足がなされる（580D 以下）。ここでは、それらの論述を総合して全体的な構想を概括する。

魂には理知的部分、気概的部分、欲望的部分という三つの部分があるとされる。各部分は、魂のなかでそれぞれが司る固有の機能とその欲求類型に応じて性格規定が与えられている。理知的部分は、思考や学びなどの認識のはたらきを司り、知を愛するという志向をもつ。気概的部分は、怒りや激情など感情のはたらきを担い、名誉や勝利を愛する性質をもつ。欲望的部分は、飲食から性愛までさまざまな生物的本能の充足を求める欲望のはたらきを専らとし、それらの欲求の充足にともなう快楽やその手段となる金銭や利得を愛する習性をもつという。

三部分の間には人それぞれ一定の均衡が保たれており、その様態に応じて理知的性格や直情的性格、放縦に流れやすい性格など、各人の人としての性向が定まっている。だが、その均衡はつねに可変的であり、各部分のはたらきが活発になったり鎮静したりすることによって部分間の勢力的均衡に変動がもたらされうる。

そして、各部分がそれぞれに固有の機能を果たしつつ、各々に本来ふさわしいことを為すとき、すなわち、理知的部分が魂の全体に配慮して知恵によって支配し、気概的部分が勇気をもってこれを補助し、欲望的部分が節制を保ってこれに従うとき、それが「魂における正義」であり（第四巻 441D-442D）、それを作り出し保全するような行為こそが正しい行為であり、損なうような行為が不正な行為であると規定される（同 443E-444A）。

つまり、われわれは個々の行為選択において、われわれ自身の魂の諸部分の均衡の変動推移に、また総体としての魂のあり方の変様にその都度関与しているのである。いずれの部分のはたらきを促し、いずれの欲求類型に応じた行為や生き方を選好するかによって、われわれの魂のうちのいかなる部分の活動が増進もしくは減退し、支配関係をめぐる均衡にいかなる変動がもたらされるかが結果する。魂のあり方は、その都度のわれわれ自身の行為選択にかかっている。知を愛する心のあり方――この文脈では「魂における正義」がほぼそれに相当する――をいかにして育むべきかは、もはや自ずと明らかであろう。理知的部分のはたらきを促し、それが志向する生き方や行為を、われわれはつねに選びとるよう心がけねばならない。それはつまり、知をめざす探求の過程が、そのまま同時に知を愛する心を育む過程でもあるということであり、またそれが正義その他の徳の実現の過程を別にしてはありえないということでもある。

第六-七巻では、守護者たちに課されるべき高等教育のプログラムが論じられる。その教育課程は、準備的学問としての数学的諸学科と、最終段階としてのディアレクティケー（哲学的問答法）からなるが、それらはいずれも、知識に本来ふさわしい対象（実在としてのイデア）に目を向けることによって、魂のうちに潜在する知性による認識のはたらきを目覚めさせ、促すことを目的としている。

まず、教育の一般理念として、魂に内在する知性のはたらきを、魂全体とともに、生成への耽溺から実在へと向け変え、善のイデアの認識に到るまで導くべきことが語られる（第七巻 518C–519B）。準備的学問とされる数学的諸学科は、数論と計算術・平面幾何学・立体幾何学・天文学・音階理論から構成されるが、そこで繰り返し強調されるのは、魂を生成から実在へと向け変え、知性を実在の認識に向けて目覚めさせるという効用を目的とすることである（同 525B–526C, 526D–527B, 527D–E, 529A–C, 530E）。そして、教育課程の最終的な仕上げとされるディアレクティケーは、まさに知性的認識（思惟）のはたらきを促し、善のイデアの認識にまで導いてゆくことをめざすものである（同 532A–B, 533C–D）。知性を魂全体とともに目覚めさせ、知を愛する心を培う——高等教育の眼目もまたそこにある。

以上のように『国家』では、初等教育における情操教育を中心とする子供たちの養育に始まり、魂三区分説にもとづく生き方や行為選択の意義づけ、高等教育におけるディアレクティケーを終極とする教育課程に至るまで、いずれにおいても知を愛する心を涵養するための具体的方法が、国家論という枠組みのなかで自在にかつ周到に考察されている。

4　後期における展開

後期においてプラトンの魂論は新たな展開を示す。次第にそれは宇宙論的広がりのなかで語られるようになり、さながらソクラテス以前のイオニア自然哲学の魂論の文脈に回帰するかのごとき様相を呈する。

その明確な転機となるのは、中期著作の最後に位置する『パイドロス』であろう。『パイドロス』でも魂三区分説は、エロース論の佳境において恋する人の内面の心理描写として効果的に援用されるが（246A–256E）、それに先立つ魂の不死論証では、魂は「自らを動かすもの」として宇宙万有の始原であると論じられる（245C–246A）。このような、魂を必ずしも個人の魂に局限せず、もはや個人のそれへの関心を離れて自然や宇宙との相関においてとらえようとする宇宙論的指向は、早くは初期の『ゴルギアス』にもすでにその萌芽は見られるとはいえ（507C–508A）、後期におけるその本格的な展開を準備する契機は、この論証のうちに認められよう。

『法律』第一〇巻では、神の存在論証の一環として、「自らを動かす動」である魂こそが宇宙万有の始原として物体に先立って存在することが論じられる（893B–896C）。魂はもはや純然たる動としてとらえられるべき、生成としての存在であり、物体は魂の動によってもたらされる二次的な存在にすぎない。しかし、その宇宙論的な魂も、中期著作に見られた基本的な性格を依然として失ってはいない。『ティマイオス』においても魂三区分説が保持されていることに顕著に見られるように（69C–72D）、『法律』第一〇巻の直後の箇所では、神として位置づけられる宇宙万有の魂についてさえ、認識以外のもろもろの情念が帰せられている。

「かくて魂は、天と地と海にあるすべてのものを自らの動によって導く。意欲、考察、配慮、熟考、正しい判断や誤った判断、快楽と苦痛、大胆と恐怖、憎しみと愛がその動の名であり、およびこれらと同族もしくは第一次的な動のすべてがそれであって、これらの動はさらに、物体の二次的な動を受けとり、万物を増大と減少、分離と結合、またそれらにともなう熱さと冷たさ、重さと軽さ、硬さと軟らかさ、白さと黒さ、辛さと甘さなどへと導く。そして魂が、それらすべてを用いるにあたって、さらに知性を援助者として得るならば、万物を正しく幸福なものに育むが、無知とともにあるならば、逆に万物をそれとは反対の状態にするであろう」（896E–897B）

そのような情念を内包しながら、神としての宇宙万有の魂はまた、知性とあらゆる徳をそなえた魂であって、それによってこの宇宙万有の動を、善をめざして正しく導いている（897B-899C)。『パイドン』において指向された善原因論（97B-98B）の遥かな反響を、われわれはそこに聞くことができよう。後期におけるイデア論と魂論のそれぞれの展開を経て、意味や価値の原理としてのイデアと、生命や動や認識の原理としての魂が織りなす世界観が、ここにおいて確立されている。だが、まさに『パイドン』でもそうであったように（98B-99C)、そのような自然や宇宙のあり方は、われわれの生とけっして無関係のものではない。

「こうして、すべての魂がそれを追い求め、それのためにこそあらゆる行為をなすところのもの――それがたしかに何ものかであると予感はしながらも、しかし、そもそもそれが何であるかについては、魂は困惑して十分に把握することができず、さらに他の事柄の場合のように動かぬ信念をもつことすらできないでいるもの――そしてまさにそのために、そういう他の事柄についても、そこに何か役に立つものがあったとしても、とらえ損なうことになってしまうのだが――じつにこのような性格の、このように重大なもの［善］について、われわれが万事を委ねるところの、国家における最もすぐれた人々までもがそのように不明のままであってよいと、はたしてわれわれは言ってよいものだろうか？」

（『国家』第六巻 505D-506A）

われわれの生き方は、魂としての同質性において、宇宙万有の魂のあり方、つまり神を範とすべきものとしてある。すなわち、われわれもまた自然や宇宙のあり方を真似て、知性を呼び覚まし、それに従って生きねばならない（『ティマイオス』89D-90D）。しかるにまた知性は、もろもろの情念とともに魂のうちにしかありえない（同30B、『ソピステス』249A）。それをも含めて神をまねびながら、自然や宇宙と調和しつつ、善を求め、知を希求して行為し生きることが、人間として本来めざすべき生き方であることになろう。この消尽点へ向けて、プラトンの魂論は緩やかに収斂してゆくように思われる。

［参考文献］

内山勝利「古代ギリシア哲学者の自然観」、『哲学の初源へ――ギリシア思想論集』、世界思想社、二〇〇二年、一七二―一九三頁。

久保　徹「プラトン『国家』における魂三区分説」、『古代哲学研究』第二四号、古代哲学会、一九九二年、二一―三七頁。

――「プラトンの初期善欲求説――『メノン』『プロタゴラス』を中心に」、『古代哲学研究室紀要』第四号、京都大学西洋古代哲学史研究室、一九九四年、一―一四頁。

――「ソクラテスの徳の探求」、『古代哲学研究室紀要』第七号、京都大学西洋古代哲学史研究室、一九九七年、五三―一一三頁。

瀬口昌久『魂と世界――プラトンの反二元論的世界像』、京都大学学術出版会、二〇〇二年。

中畑正志『魂の変容――心的基礎概念の歴史的構成』、岩波書店、二〇一一年。

朴　一功『魂の正義――プラトン倫理学の視座』、京都大学学術出版会、二〇一〇年。

廣川洋一『古代感情論――プラトンからストア派まで』、岩波書店、二〇〇〇年。

藤澤令夫「知るもの、生きるもの、動くもの――プラトン『法律』第一〇巻の自然哲学と〈プシューケー〉論について」、『藤澤令夫著作集Ⅱ　イデアと世界』、岩波書店、二〇〇〇年、一六一―二二一頁。

――「序説　八～一〇　魂（プシューケー）論（その一～三）」、『藤澤令夫著作集Ⅳ　プラトン『パイドロス』註解』、岩波書店、二〇〇一年、七〇―九六頁。

（付記）プラトン『国家』からの引用は、藤沢令夫訳に準拠した。

第6章　国　家

瀬口昌久

1　国　家——プラトン哲学の核心的主題

プラトンの卓越した対話篇のなかから代表作品をただ一つだけあげるとなれば、プラトン自身が第一に『国家』を選ぶことであろう。『国家』では、国制のあり方や正義論にとどまらず、教育論、魂論、学問論、芸術（音楽・文芸）論など、人間の営みの広汎かつ最重要なことがらがことごとく取り上げられ、〈善〉のイデアによって示されるプラトンの形而上学の到達点から、すべての議論を緊密に組織化し基礎づける仕方で語られているからである。それゆえ『国家』は、哲学を役に立たない有害な学問とする根強い風潮に対抗して、「哲学とは何か」という問いに与えた「プラトンの最も正式な回答書」であるともみなされている。では、なぜプラトンは自らの哲学の全面的展開を、ほかではなく「国家」という主題のもとに結集して語ることになったのか。本章では、『国家』をテクストとして、プラトンの国家論、ならびにそれと一体となった正義論について、重要な論点のいくつかを指摘したい。

イデアと国家論

プラトンがソクラテスの哲学活動が持っていた可能性を発展させ、ソクラテスの思想領域を超えて独自の哲学を明確に打ち出した思想の基軸の一極が、魂不死の教説を含むイデア論であるとするならば、もう一方の極は、哲人統治を理想とする国家論であるといえるだろう。ソクラテスの哲学活動の核心は、人間の幸福かつすぐれた生き方を、富や社会的地位ではなく魂の善さとしての徳／卓越性にあるとして、魂をできるかぎりすぐれたものにするべく知の探求に励むことを市民に勧告し、その点において自他を吟味することであった。しかし、ソクラテスはそのことを国家に提議勧告することはせず、ほんとうに正義のために戦おうとする者は、国家の政治に直接携わるのではなく、私人にとどまるべきだと考えた（『ソクラテスの弁明』31C–32A）。国家とソクラテスとの関係は、大きな馬とその馬を目覚めさせるために付着させられた虻（あぶ）との関係になぞらえられている（同30E）。これに対してプラトンは、「同時代の人々のなかで最もすぐれた人、知恵と正義において比類なき人」（『パイドン』118A）であったソクラテスその人が、国家によって死刑に処せられたという現実から出発しなければならなかった。哲学の私的な活動を理由にソクラテスが国家の名によって処刑された出来事は、哲学を否定する国家の力に対抗して哲学が国家において果たしうる可能性を明示し、哲学を国家のなかの社会的営為として確立する努力をプラトンに促した。そして、ソクラテスの刑死が示すように、個人がよき生や幸福を全うすることは、国家全体のよいあり方の確立によってはじめて可能になるのであるから、国家改革のために国家のあり方を原理的に問い直すことが、哲学の社会的・制度的確立とともに、プラトンにとって生涯の課題となったのである。その課題は、哲学者が王となって統治するか、権力者が哲学するのでないかぎり、すなわち「政治的権力と哲学的精神とが一体化」され、多くの人々の素質が、現在のようにこの二つのどちらかの方向に別々に進むのを強制的に禁止されるのでないかぎり、国々にとっても人類にとっても不幸がやむことはない、とする「哲人王」の思想に結実する（『国家』第五巻 473C–D）。

イデアとは、現実の国家社会から彼岸の世界に逃避するためではなく、ソクラテスを刑死させる非道な国家社会にあっても、ロゴス（理）に基づいて確たるよき生き方をするためにこそ探求されるものである。それは実践知や製作知からは原理的に区別されたアリストテレス的な観想知とは異なり、どこまでも人間の社会性／共同性の刻印を帯びている。世界内には十全な仕方では原理的に存在しえないイデアは、人々がこの世界をより善く生きるためにこそ希求されるべきものである。もろもろのイデアは〈善〉のイデアによって価値と存在を与えられており、〈善〉とはすべての人間にとっての善であり、すべての人間を益するものであり、すべての人間によって共に求められているはずのものだからである。

逆にいえば、プラトンの国家論や政治論は、イデアを中核とする認識論や形而上学に貫かれたものであって、国家論だけを単独に切り離して、その政策や統治形態を近現代の政治的観点や思潮から批判することは、彼の国家論への誤解と皮相な断罪を生み出すだけであろう。そもそも、プラトンの描く国家は、国家建設の現実的青写真ではなく、「天上に捧げられた理想的な範型」として存在する理想国家である（第九巻 592B）。それが容易に実現可能であると考えるところから、プラトンの国家を、社会主義であれ一党独裁であれ、「全体主義的国家」と同一視する誤解が生じる。理想国家は、「それを見ようと望む者、そしてそれを見ながら自分自身の内に国家を建設しようと望む者のために」（同 592B）存在する。しかし、自分自身の内に国家を建設するということは、いったいどのようなことなのか。そのことを、プラトンの国家論の著しい特徴をなす、魂と国家のアナロジーを基軸にして見てみよう。

2　魂と国家のアナロジー

正義には個人の正義もあるが国家全体の正義もあり、より大きなもののなかにある正義のほうが学びやすいとされ（第二巻 368C–369B）、個人も国家も正義に関するかぎり似ているとして、魂と国家のアナロジーは提起される（第四巻 435A–C）。国家と個人に同種族のものが同数だけあることが論証され、国家が守護者、補助者、職人たちの三階層に分けられるのに対応して、魂は理知的部分、気概的部分、欲望的部分に三区分されることが確かめられ、国家と個人は知恵や節制や勇気や正義の主要な四つの徳に関して同じあり方を持つことが結論づけられる（同 441C–D）。

しかし、このアナロジーからは次のようなパラドクスが生じると論じられてきた。魂の三区分説をもとに国家の三階層を考えると、国家の大部分をしめる職人たちの階層は魂の欲望的部分に対応するのであるから、彼らは欲望に支配された欲望的人間となり、正しい人間ではなくなる。すると「正しい国家は大多数が正しくない人々からなる」というパラドクスが生じる。逆に、国家の三階層をもとに魂の三区分説を考え、欲望的人間が守護者の命令に理性的に従うことを認めるならば、対応する魂の欲望的部分はそれ固有の理知的部分を持つことによって、魂の理知的部分に傾聴することを認めることになる。つまり、「正しい魂の欲望的部分は理知的部分を持つ」というパラドクスが生じる。多くの解釈者が、このようなパラドクスはアナロジーが生み出す困難な問題としてきた。これらのパラドクスには、プラトンが国家の大多数を知恵のない非自律的な人間とし、守護者たちに比べて不平等に取り扱い、全体主義的な支配を企図しているとの批判がこめられている。

国家と市民の関係

しかし、正しい国家とか、国家が徳を持つとかいうことには、どのような内実があるのであろうか。国家とは国民にほかならず国民が徳を持つことなのか。あるいは国家は国家それ自体の権利や機能として徳を持つのか。後者を支持するものとして、「住民の性格が、いわば錘（おもり）が天秤を一方に傾けるように、他のものの傾向を自分に合わせて決める」（第八巻544D–E）という記述などを根拠に、国家の最少の部分である支配階層が国家全体に影響を与えてその性格を形成するのがプラトンの見解であるとする解釈がある。さらに、G・グロートやK・ポパーたちは、プラトンが国家を諸個人のすべてや一部と異なる超個人とみなしており、価値において国家が市民よりまさる扱いをしているとしてプラトンを批判した。プラトンは個人や国家のある階層ではなく、全体の幸福をはかっており（第四巻420B–421C）、その「閉ざされた世界」は一つの有機体になぞらえられている。人間の社会的本性は個人の不完全さ、魂の不完全さに根ざし、理想国家は完全であるが、個々の市民はプラトンによって国家の不完全な写しに貶められているという批判である。ここで鍵となるのは、四つの主要な徳をそなえた正しい人間が誰であるかを見定めることである。

プラトン的正義

正しく建設された国家に四つの徳が認定された（同428A–434D）あとで、正しい人間が同じ四つの徳を持つ者として描かれる（同441C–442D）。正しい人間とは、魂の三部分のそれぞれが自分のことだけをして節制と調和を堅持した「完全な意味での一人の人間」である（同 443D-E）。そのような魂の正しい状態を「プラトン的正義」と呼ぼう。問題はプラトン的正義が正しい国家の全市民に当てはまるか否かである。

第四巻 445E までの議論においては、守護者の知恵と職人たちの持つ知恵とはまだ十分に区別されていない。守護者の知恵については、イデアがまだ何も言及されておらず、職人たちの持つ技術的な知識と同等に扱われている（第三巻 395C）。個人の知恵は、魂の調和を生み出す正しい行為を監督する知識である（第四巻 443D-E）。原理的に哲学者のみに限られた知識の発動は顕在化していない。その意味ではプラトン的正義の記述が守護者にのみ限られる必然性はない。また、プラトン的正義が全市民に当てはまることは、「国民ひとりひとりが自分に与えられた一つの仕事を果たして、けっして多くの人間に分裂することなく、真に一人の人間となるように」（同 423D）といわれていたことからも推察できる。全市民が真に一人の人間となることが課題であり、その実現がプラトン的正義を持つ者として描かれるのである。また魂の三部分構造の分析は、守護者の魂にのみ限られていたのではなく、人間の魂一般の分析である。国家の正義は守護者の魂ではなく「人間ひとりひとりの内に当てはめられる」（同 434D）といわれている。

さらに決定的な証拠がある。金銭の獲得や身体の世話に関すること、また政治や私的な取引などを行うにあたって、プラトン的正義の状態を保全し作り出すのに役立つ行為が正しく美しく、その行為を監督指揮する知識が知恵とされているからである（同 443E）。金銭の獲得や私的な取引を職人たちに、身体の世話を補助者に当てはめるのは不自然なことではない。プラトン的正義の記述は、すべての者に向けられたものである。もし彼らから自己自身の魂の配慮をなす知恵さえも奪うならば、いかにして彼らに「自分のことだけをする」という正義の勧告をなしうるだろうか。「大衆というものをそう無下に悪く言うものではないよ」（第六巻 499E）というソクラテスの言葉が響いてくるだろう。そして、イデア論に基づいて哲学者が規定されたあとも、この第四巻 443E の記述が第九巻で再確認されている。心ある人は、魂の内なる秩序と協和をもたらすために第一に学問を尊重し、ついで身体の内なる調和を、また財貨や名誉の獲得を目指す（第九巻 591B–592A）。その記述からも、第四巻で示されたプラトン的正義は、国家の各構成員に適合すると考えられる。

魂の欲望的部分と職人たちの階層の類比は、欲望の分化と仕事の分化に対応していると考えるべきである。人間の衣食住の欲望が、織物工や農夫や大工の仕事を生み出すのである。そして、職人たちがそれぞれの自己の仕事にふさわしいのは、守護者にまさる欲望の強さによってではないといわねばならない。

3　ピュシスと正義論

国家の階層分化を、魂の三要素間のどの部分が支配するかの違いによって説明しないとすれば、どこから階層の分化は生じてくるのか。その根拠を次の「専業の原則」のなかに見いだすことができる。

「第一に、われわれひとりひとりの生まれつきは、けっしてお互いに相似たものではなく、自然本来の素質の点で異なっていて、それぞれが別々の仕事に向いているのだ」（第二巻 370B）

「自然本来の素質＝ピュシス（φύσις）」の差異が、各人の仕事の適性を決定し、階層分化を生み出すのである。自然的素質は喜劇役者と悲劇役者において異なっている以上に、さらに細分化される（第三巻395B）。かくも多様なピュシスの差異が、魂の三要素間のどれが支配するかに依拠していないことは、守護者や哲人統治者の持つべき自然的素質を見ても明らかである。彼らは、知を愛し、気概があり、敏速で強い人間であるべきであり（第二巻374E–376C）、記憶や物分かりがよく、度量大きく優雅で、真理と正義と勇気と節制とを愛して、それらと同族の者であること（第六巻485A–487A）が求められている。

多様な仕事や職制は国家にとっての必要性から生じるが、自然的素質はそうしたさまざまな仕事や技術の習得の過程において顕在化する。人間の自然的素質や職業適性は、一方の人は楽々と学び、他方は難渋しながら学ぶとか、一方は一を聞いて十を知り、他方はさんざん練習しながら教えられたことを覚えることすらできないとか、一方は身体が精神に仕えて十分に役立ち、他方は逆に妨げとなるなどの場合に明らかになると考えられている（第五巻455B–C）。

ピュシスの差異と平等の問題

このようなピュシスの差異は、不透明で恣意的な前提であろうか。しかし、人間の自然的素質がまったく平等であるという逆の見解も、それ以上に確証のない前提にすぎないのではないか。問題は、ピュシスの差異の想定が、何らかの不平等を惹き起こし、受け入れがたい帰結を招くか否かではなかろうか。

プラトンによれば、単にすぐれたピュシスを持つだけでは完全でないばかりか、悪しき環境にあれば、劣ったピュシスを持つ者よりもはなはだしく悪に染まる（第六巻491D–E、第七巻519A）。すぐれたピュシスを持つ者は、そのおかげで社会の特権的な地位につくのではなく、むしろ自己の望みに反して、守護者や補助者として、一切の私有財産を禁じられ、他の市民たちのために外敵と戦い、市民たちの徳を高めるために奉仕しなければならない（第三巻 416D–417B）。そして、「これと密接に関連したこと」として、国家において貧富の格差が生じることが禁止されていること（第四巻 421C–423A）に注目しなければならない。ピュシスの差異が経済的な不平等を惹き起こし、国家に劣悪さと分裂をもたらさないように警戒されているのである。富と貧乏は、贅沢と怠惰と仕事本来のきまりの改変をもたらし、卑しさと劣悪な職人根性を生み出す。ピュシスの平等を主張する「民主主義」が巨大な貧富の格差を是認する現実に対して、ピュシスの不平等に立つプラトンの国家が経済的平等を掲げていることは、きわめて皮肉なパラドクスである。

さらに、もしピュシスの差異を否定するならば、すべての者が善のイデアを直知すべく教育されねばならないことになろう。人々をより高い教育から除外する原理が、ピュシスの差異ではなく競争に置き換わる。イデアを直知できない者には、落伍者の汚名が着せられる。B・ウィリアムズは、平等の概念を分析し、機会均等を推し進めて能力の差異を否定すれば、高い能力達成に過度に強調が置かれた競争的な非人間的社会を生み出すことにつながると洞察している。プラトンの描く初等教育は、自己の利益や地位を獲得するための競争主義的な教育システムとは正反対に、それぞれの子どもの素質が何に向いているかをよりよく見るために、自由と遊びの性格が強調されている（第七巻 536E–537A）のである。

高等教育が必然的に限られ、しかも少数の高等教育を受けた者だけがプラトンによって正しいとされると推論したところに、「正しい国家は大多数が正しくない人々からなる」というパラドクスの誤りが生じていたと考えられる。パラドクスに関してプラトンを批判するウィリアムズは、人間が人間であることにおいて等しいとする「尊重」と、財や社会的地位の公正な分配に関わる「機会均等」の二つの観点から、平等の概念を考察している。後者の強調は能力や技術を重視し、前者に影響を及ぼして不平等を招き、逆に前者の強調は現実の権力や地位や利益の分配に対して効力を失う問題をはらむと分析する。プラトンの国家は、ピュシスに従って各々に職業と社会的役割を与えるという「機会均等」を原則とし、国家の全成員が魂の秩序と正義を等しく得るという「尊重」を実現するという点において、かえってウィリアムズの提起した平等な社会の基本線にかなっているというべきであろう。

現在の正義論を眺望しても、人間の生まれつきの差異を想定することはけっして奇妙なことではない。人間の生まれつきの差異を含む社会的・自然的偶然のおかげで個人が取得した能力・才能・技能を社会的にどのように扱い対処するのかということは、現在の正義論を考えるうえでも不可欠の前提といえよう。たとえば、近年、低迷していた正義論に新たな光を与えたとして脚光をあびたJ・ロールズの『正義論』においてもそうである。彼の正義論の中心的な主張である「格差原理」は、社会的・自然的偶然のおかげで個人に与えられた能力・才能・技能などを、一つの社会的な共同資産とみなし、それらを社会のすべての人々、とくに最も不利な状況にある人々の利益のために利用すべきだとする内実を持つ。人間の生まれつきの素質と社会的役割との関係を考察したプラトンの「専業の原則」の問題は、現代の正義論においても引き継がれている問いといわねばならない。

ピュシスの差異の想定は、プラトンによってきわめて周到な配慮のもとに導入されており、けっして受け入れがたい不透明な想定ではないように思われる。ピュシスの差異を一方的に全面否定することではなく、「魂の先天的ないしは後天的な諸特性が互いに結びつくとき、何をつくり出すかを知らねばならぬ」（第一〇巻618D）ということが、善き生を選ぶための課題であると考えられているのである。

4　哲人女王とフェミニズム

三つの大浪

ピュシスの差異の想定と正義をめぐる問題は、理想国家における守護者の素質と教育の問題にも大きく関わっている。『国家』第五巻では、①男女の守護者の等しい職制と教育、②守護者階層における妻女と子どもの共有、③哲人統治、という三つの大浪（パラドクス）が展開される。②では政治権力の世襲が生み出す権力の腐敗と争いを回避すること、③では政治と経済／富の獲得を完全に分離することなど、今日の政治においてもきわめて重要な課題が取り組まれている。

ここでは①だけを取り上げよう。すぐれた女性に男性の場合と等しく守護者の教育と仕事を割り当てることを主張した「第一の大浪」と呼ばれるパラドクスは、フェミニズムへの関心の高まりのなかで、近年盛んに論じられるようになっている。三つの大浪が緊密に連関し、よりあとに来る大浪のほうの逆説性が強まるように書かれていることもあって、第六、第七巻で全面展開される哲人統治の問題に、従来、論議が集中してきた。しかし、フェミニズムの観点からは、男性中心の研究者によって第一の大浪が長い間軽視されてきたことも批判されるのである。

第一の大浪

第一の大浪の議論（第五巻452E–457B）について、その論点を次のように整理しておこう。

(1) 女が持つ自然本来の素質(ピュシス)は、あらゆる仕事を男と共通に分担できるのか、何一つ不可能であるのか、ある仕事については可能だが、ある仕事には不可能であるのか(同 453A)。
(2) 人は各人の自然本来の素質に応じて、一つの仕事を行うべきである(専業の原則)(同 453B)。
(3a) 男女の自然本来の性質は異なる(同 453B)。
(3b) 女は子どもを産み、男は生ませるという自然的性質の違いがある(同 454D)。
(4a) 技術や仕事に関係する自然的素質だけが考察の対象となる(同 454C-D)。
(4b) 自然的素質は、当の技術の習得において容易に速く学び取るか否か、また身体の丈夫さという例で説明される(同 455B-C)。
(5) 例外はあっても、全体的には、仕事において男が女よりまさっている(同 455C-D)。
(6) それゆえ、女が女ゆえに、男が男ゆえに、とくに引き受けねばならない仕事はない(同 455D)。
(7) 男女には等しく多様な自然本来の素質があり、男女は各人の素質に応じて、どのような仕事にもあずかれる(同 455E)。
(8) ただし、女は比較的弱く、男は強い(同 455E, 456A, 457A)。
(9) 国家を守護する任務に必要な自然的素質は、女も男も同じである(同 456A)。
(10) 自然的素質として、守護者に向いている女性もいる(同 455E-456A)。
(11) 守護者の女性を男性同様に認めるべきである(同 456A)。
(12) 以上が自然本来のあり方に沿い、現在のやり方が自然に反している(同 456C)。

E・バーカー、I・M・クロンビー、A・ブルームらは、(5)や(8)の議論から、女は最もすぐれた者であっても、最もすぐれた男よりはつねに劣っており、それゆえ女性の守護者の存在と役割に疑念を示した。女性の守護者が次善にとどまるかぎり、男性の守護者こそつねに最もすぐれた守護者として、国家統治を任せるべきだと考えるからである。女性が男性同様に裸で体育訓練をする提案（同 457A–B）を含めて、彼らは第一の大浪の提案を反自然的で非現実的であると述べている。彼らは、古くから関連が指摘されてきたアリストパネスの『女の議会』と結びつけて、この提案をそのパロディーや喜劇として、理想国家が不可能であることを示唆する議論とみなすのである。

しかし、この解釈はプラトンの提案の真剣さを見損なっている。プラトンは、女性の守護者の提案が人々にはどれほど反自然的に見えるかを十二分に自覚している。にもかかわらず、それが本来、自然にかなうものであることを、⑿やあとの箇所（同 466C–D）で明確に述べているからである。哲人女王の存在は、守護者の教育プログラムが全面展開された第七巻の終わりで（540C5）、再度確認がなされている。「統治する女たちもだよ」と、ソクラテスは、グラウコンが哲人王にのみ言及し、彼女らの存在を忘れている彼の言葉遣いを、はっきりと訂正する。哲人たちが交代で国の支配の役割につくことが規定され（同 540B）、女性が男性とまったく等しく国家支配の仕事につくことが、そこで最終確認されたのである。

男の「優位性」と女の「弱さ」

議論の(5)で示された仕事における男性の優越性の認定は、どのような仕方でなされているのか。(5)は、当時のアテナイ社会の「常識」に依拠した議論である。当時のアテナイの女性の社会的地位を考えれば、男女を比較して、医者や軍人や教師といった職業の適性や素質の優劣を示すことは不可能である。男女に等しい教育や制度のない社会で経験される現状として、(5)

の議論はグラウコンに尋ねられているのである。現状の現象的記述と本質的な可能性の議論とを混同してはならない。G・ヴラストスも、「女々しくもまた狭小な精神」（第五巻469D）といった女性を貶める発言や、民主制批判としての男女の平等批判（第八巻563B）に関して、アテナイの社会でスポイルされた女性の現実的イメージをプラトンが思い描いているとすれば理解できるだろうと指摘している。

男性優位の社会においては、女性はその能力を発揮する機会や経験を奪われ、男性のほうが多くの点で優位であるように見える。「男の優位」は、男女平等の職制の提案がパラドクスであるための前提ともいうべき人々の「常識」（ドクサ）である。ここでは、プラトンの真意がはからずも露呈したのではなく、人々のドクサが確認されているにすぎない。そして、プラトンは「男の優位」という常識を逆手にとり、性別に固有の職業や職制を正当化するのではなく、性別と職業の適性とを切り離すために用いている。(5)の議論において、女性が自然本性的に家事や料理に向いているという「常識」と現実が一蹴されていることも、きわめて重要である。

それでは、議論のなかで最終的に確認されている「女の弱さ」とは何であろうか。用語と議論の文脈からして、議論(8)において述べられている女性の弱さとは、J・アナスのいうような知的レベルを含むものではない。女性の「弱さ」には ἀσθενέστερον という語が、またそれに対応する男性の「強さ」には ἰσχυρότερον という語が、一貫して用いられている。これらのギリシア語が第一義的に指し示すのは、知的能力における優劣ではなく、身体的力の強弱である。

そして、続いて述べられているのは、女性の体力的な弱さを考慮して、仕事における多少の軽減措置を講じることである（第五巻457A–B）。その措置がとられるのは、女性が能力的に補助的な仕事しかできないからではない。戦争や国家の守護に関わる任務といわれるように（同457A7-8）、肉体的力の差が今日よりずっと大きく影響したであろう軍事的行動が、守護者の任務に含まれるためである。またプラトンは、女性守護者の育児の負担を軽減するために、保育制度を完備することを提案してもいる（同460B-D）。守護者の任務の適性に性的差異は関係ないというプラトンの判断は、男女の身体的な差異を無視したものではない。身体的な差異を考慮したうえで、国家における最も重要な守護者の職務を女性に与えているのである。

男女の守護者を支える思想基盤

周到に考察された男女の守護者の構想は、いかなる思想基盤によって支えられているのか。ヴラストスは、プラトンのこの提案を、徳が特定の出身階層や性に基づくという考えを拒否したソクラテスの徳理論と、プラトン自身の形而上学的理論とに結びつけている。男と女の徳は異なっているとするアリストテレスとは違い（『政治学』1277b20-23）、プラトンは人間の徳はunisexであるというソクラテスの確信を引き継いでいるという。そもそも哲学は魂の身体からの純化を要求する（『パイドン』67A-D）のであり、身体が魂を決定するのではなく、魂が身体に生を与え、身体を支配する。その魂ができるかぎり身体から離れてイデアへ集中する営みが哲学とされるならば、魂自体には男女のピュシスの差異が想定されていないのであるから、哲人王に限らず哲人女王が存在することは、プラトンにとってはきわめて自然で合理的な帰結であろう。

プラトンとフェミニズム

プラトンは優生学的な観点から女性に関心を持っているにすぎないと断罪する一部のフェミニストたちの主張は、かつてプラトンを全体主義者として批判したポパーたちの議論を継承するかのようである。しかし、プラトンの姿勢は、男女に等しい教育と機会が与えられるならば、共に等しく各人の適性に応じた仕事を果たすことができ、しかも、それが共同体にとって最善であるという考え方である。プラトンは、男女の守護者の提案を、抑圧された女性の側の「権利」の擁護という観点からは主張していない。けれども、そのような意味の「権利」という言葉に厳密に対応する古典ギリシア語は存在しない。プラトンは「権利」という語ではなく、「正しさ」という言葉によって生き方や社会のあり方を考える。権利が正しさを規定するのではなく、正しさが権利を支え規定すると考えるからであろう。プラトンは男女の守護者の提案を、国家の正しさ、すなわち、男女の全構成員の最善と幸福のために提起しているのである。彼の具体的政策を、今日そのまま受け入れることはできない。しかしながら、理想国家の構想において、第一に男女平等の教育と職制を敷き、哲人王とまったく同様に哲人女王による国家統治を提起していることは、政治や社会制度を原理的に何に基礎づけることが正しく善いかを、われわれに問い続ける内実を持つ。男女平等の職制というプラトンの提案は、西洋の思想史上初めて、しかも明確に、性に基づく職業や教育の区別を否定した考えの表明として、きわめて重大な意義を持っているのである。

5　結　び――魂と国家のアナロジーの意図

国家と個人の間のアナロジーは、不正な国家と不正な個人の間においても成り立つ。前者が四種類に区別されるのに応じて、後者も四種類に分けられる（第四巻 445C、第五巻 449A、第八巻 544A）。人間は正・不正のいずれかであるとすれば、誰もが五つの国制のどれかに相似た人間であると理解されることになる。このようなアナロジーの導入の意図はどこにあったのか。

第二巻の初め、グラウコンたちの問いは、正・不正のそれぞれが何であり、それが魂の内にあるときに、報酬その他の結果をいっさい排除して、純粋にそれ自体としていかなる力を持つかということであった（第二巻358B）。問いの矛先は、人間の「内面」へと急迫している。にもかかわらず、探求の容易さという観点から、魂の正義から国家の正義へとスコープは反転拡大される。確かに、外的に現れる行為のほうが読みとりやすい。しかし、国家建設はけっして容易な仕事ではない。なぜ正義の問題を「他者との関係」の範囲にとどめなかったのか。それに答えるためには、彼らが復活させ継承した第一巻のトラシュマコス説に立ち戻らねばならない。民主制ならば民衆中心の法律が制定され、僭主独裁制ならば独裁僭主中心の法律が制定されるように、トラシュマコスにとって正義とは現存する支配階級の利益にほかならない（第一巻338D–339A）。正義は国家体制に応じて相対的に規定されるものにすぎないのである。現実の権力機構が自己の利益をつねに正義として標榜してきた歴史を思えば、彼の説はいつの時代にも権力への憎悪と羨望に根を張っている。正義をとらえる彼の視線は、単に他者との関係ではなく、完全な不正をなしうる人たち、国家権力に向かっている（同348D）。トラシュマコス説を十全に論駁するには、魂の正義と不正を論じるだけでは足りない。真に正義を実現している国家を描くことによって、各政治形態のもとに語られる「正義」の実相を照らし出す必要がある。哲人統治下の国家は、他のすべての政治形態が標榜する「正義」を批判しうる視座を持つ国家として描かれているのである。それゆえ、第八巻で不正な諸国家／個人と正しい国家／個人とが対置されるときに、再びトラシュマコスへの言及がなされるのである（第八巻545A–B）。正義はトラシュマコスによって国家体制へと引きつけられ、グラウコンたちによって魂へと追いつめられていた。国家と個人のアナロジーは、正義の探求が「外」と「内」へ二極化するなかで、全時間と全存在の観想に向かう哲学的精神と、この世界内の正義や権力のあり方に向き合う政治との乖離を、再び善く生きる人間的営みへと統合し直すために採られたプラトンの卓抜した戦略であると考えられる。

［参考文献］

内山勝利「理想国家と民主主義――プラトンの政治思想における理想と現実」、『理想』六五一号、理想社、一九九三年。
佐々木毅『プラトンと政治』、東京大学出版会、一九八四年。
藤沢令夫「『国家』解説」、『プラトン全集』第一一巻、岩波書店、一九七六年。
J・ロールズ『公正としての正義』、田中成明編訳、木鐸社、一九七九年。
Annas, J., "Plato's Republic and Feminism," *Philosophy* 51, 1976, pp. 307-321.
Barker, E., *Greek Political Theory: Plato and his Predecessors*, London, 1947 (Originally, 1918).
Bloom, A., *The Republic of Plato, Interpretive Essay*, New York, 1968.
Bluestone, N., *Women and the Ideal Society*, Oxford/Hamburg/New York, 1987.
Crombie, I. M., *An Examination of Plato's Doctrines*, Vol II: *Plato on Knowledge and Reality*, London, 1963.
Grote, G., *Plato, and the other Companions of Sokrates*, 3 vols., 2nd edition, London, 1867.
Popper, K., *The Open Society and Its Enemies*, 2 vols., London, 1945.（K・ポパー『開かれた社会とその敵』１・２、内田詔夫・小河原誠訳、未來社、一九八〇年）
Rawls, J., *A Theory of Justice*, Cambridge, MA, 1971.

Vlastos, G., "Was Plato a Feminist?" in *Feminist Interpretations of Plato*, edited by N. Tuana, Pennsylvania, 1994, pp. 11–23.
Williams, B., "The Analogy of City and Soul in Plato's Republic," *Exegesis and Argument*, 1973, pp. 196–207.
Williams, B., "The Idea of Equality," in *Moral Concepts*, edited by J. Feinberg, London, 1969, pp. 154-171.

（付記）プラトン『国家』からの引用については、藤沢令夫訳『国家』上・下（岩波文庫、一九七九年）に拠ったが、論述の都合上、手を加えたところがあることをお断りしておきたい。

第7章　自　　然

山田道夫

1　プラトンの物質主義批判

「自然」への関心

プラトンは「自然」をどのように考察し、どのように観ていたのか、といういくらか漠然とした問いを立ててみよう。その場合、われわれはごく普通に、その「自然」を人間の営みに対する外的自然、「自然世界」として理解しがちである。そしてプラトンによるそのような「自然」の成り立ちや原理的構造についての思索はどのようなものだったのか、すなわち、彼の自然学や自然哲学といったものはどういうものだったのかという仕方で、その問いを受け取るだろう。しかしプラトンの著作集における「自然」すなわち「ピュシス」という語の用例を見渡してみると、その内包的意味は一般に、ものごとの「本性、自体的・本来的あり方」ということであって、「自然世界」のほかにも、個々人についての「生来の性向、素質」、人工・人為に対する「あるがままの自然、自然本来」、そして「本性的存在、実在」など、さまざまな対象に適用されている。

敗戦後の祖国アテナイの政治的混乱のなかで刑死したソクラテスの生死の意味を見定めるべく、脳裏に焼きついたその言行を反芻しながら「ソクラテスの対話」を執筆しはじめたプラトンにとって、「自然」への関心は、はじめはもっぱら人間的生、人間的営為のそれ（本性）、とりわけ善美なる生き方を構成する徳その他の事柄の本性に対するものであっただろう。初期の対話篇においては、いわゆる「自然の研究」（ヒストリアー・ペリ・ピュセオース）や自然学説に関する言及は少なく、格別の興味や関心の形跡は認めがたい。

プラトンが伝統的な「自然研究」における「自然」、自然学的・宇宙論的「自然」についての関心を正面きって打ち出すのは、中期著作の『饗宴』や『パイドン』に至ってである。『饗宴』における医者エリュクシマコスの弁論は、宇宙全体に遍満するエロースの働きに目を向けるものだが、そこには著者プラトンの自然学説への関心と造詣の深さがかなり判然と示されている。そして『パイドン』においては、魂不死の論証の最初の試みが、万物の生成消滅は反対的なもの相互のあいだで双方向的に行われるという自然学的なテーゼを利用したものだったのに加えて、とりわけ最終証明の導入部では、広く生成と消滅の原因全般をめぐる問題が提起され、プラトンの世界解釈の核心ともみなされうるような重大な述懐がソクラテスによってなされている。

『パイドン』の知性（善）原因論

『パイドン』の、解釈が難しく議論の絶えないこの箇所（95E–102A）のさまざまな問題点を回避して要点を述べるなら、そこには大きく二つのことが言われている。それはまず、事物の生成消滅について当時の自然研究において行われ、また常識にも通ずる原因説明は、ソクラテスの分析によれば、矛盾や不整合を含み思考を混乱させるものであるから、ソクラテス自身はロゴス（言葉、概念、理論）のなかでの整合的な探求と説明の方式を採用し、その具体的な形として、イデアによる原因説明（イデア原因論）を提示するというものである。しかしこれはソクラテスにとっては次善の策（「第二の航海」）であって、彼が本来的に望見するのは、知性（ヌース）と善にもとづく原因の説明であった。アナクサゴラスが言うように、もし「知性」がこの宇宙万有を秩序づけたのであれば、それは万物がまさにそうあるのが最善という仕方で秩序づけたはずで、すると、それぞれのものが生じたり滅んだり、また存在したりすることの原因を知りたいなら、それがそのように生じ滅び存在することが、そのものにとっても全体にとってもなぜ善いことなのかを知らなければならないことになる。「善」こそが説明されるべき真の原因（アイティオン）であって、アナクサゴラスや他の自然学者たちが原因としているさまざまな物質や物体の構造や作用の連鎖などは、「それらなしには原因が原因たりえないもの」、「副原因」（シュナイティオン）にすぎないというのである。

「イデア原因論」は「第二の航海」として「知性（善）原因論」を指向するものである以上、何か本質的な仕方で後者へと関係づけられるべきものではあるが、その関係は明らかではなく、さしあたっては、魂不死論証の文脈そのものの本筋である「イデア原因論」に対して、「知性（善）原因論」のほうは挿話にすぎないと解すべきである。しかし趣向を凝らした熱っぽい叙述そのものと、そして「わざわざ」と言ってよいその導入状況に、かえってこの考えに対するプラトンの真摯な意欲を読み取ることができる。彼はソクラテスにこの考えの帰結として、「最善なるもの、最良なるもの以外に、人間にとって探求するにふさわしいものは、人間自身についてであれ、またそのほかの何についてであれ、何ひとつ存在しないことになる」とまで言明させたのである。そしてそれは、『パイドン』ではソクラテスが望見しつつも展開しえない着想として提示されるにとどまっていたが、『ソピステス』以降の後期著作においては、プラトンの世界解釈の確固たる見地として、それぞれの議論の文脈のなかで鮮明に姿をあらわすのである。

後期著作における物質主義的原因論の提示と批判

「知性（善）原因論」に対する物質主義的原因論（物質的因果連関の追跡による「なぜ」の説明）の提示は、後期著作ではアナクサゴラス説のような特定の言説への言及を避けることによって、より端的になされている。すなわち『ソピステス』では、自然がすべての動物や自然物を産出するのは、「ひとりでに働いて思考なしにものを生じさせるような何らかの原因」によってなのか、それともその原因は神に由来する神的な原因であり、理と知識を伴ったものであるのか、という問いが提示され（265C）、『ピレボス』でも、この宇宙万有は「説明のつかない、でたらめの力や、たまたまそうなったというようなもの」が支配しているのか、それとも知性や思慮の何か驚くべきものが全体に秩序を与えて治めているのか、という形で問いが立てられている（28D）。

また『法律』第一〇巻では、「知性（善）原因論」に対置される自然学説は、若者たちを無神論へと導く「現代の知者たちの説」として、つぎのように語られている（889B–C）。火や水や土や空気はみな「自然と偶然」によって存在し、さらにそれらのもののつぎにくる物体、つまり大地も太陽も、月も星も、魂を全然もたないそれらの物質によって生じている。すなわち「それらの物質のそれぞれが、それぞれのもつ性質（力）の偶然の働きによって動かされながら、熱いものが冷たいものと、乾いたものが湿ったものと、軟らかいものが硬いものと、またおよそ反対的な作用の混合によって偶然的・必然的に合成されたものすべてが、何らか固有の仕方で適合して一緒になることによって、そのようにして、またそのような仕方で、天の全体も天にあるものすべても生じたのであり、そしてさらにこれらからすべての季節が生じることによって、動物や植物のすべても生まれたのであるが、それは、彼らが言うには、知性によるのでもなければ、だれか神によるのでもなく、また技術によるのでもない、そうではなくて、いま述べたように、自然と偶然によるのだ」というのである。

プラトンが自らの世界解釈に対する対立項として再構成したこのような自然学的宇宙論は、この現在の世界が、それら自体は他から生み出されたのでもなく派生したのでもない「自然によって在る物質」から、それらの「必然的・偶然的」な相互作用によって形成されたとするものである。プラトンはそのような物質的因果連関における原因を、『ソピステス』では「ひとりでに働いて思考なしにものを生じさせる原因」と呼び、『ピレボス』では「説明のつかない、でたらめの力や、たまたまそうなったというようなもの」などと呼んで、それはこの調和と秩序を本質的な存立契機とする世界を説明できる原理ではありえないと主張するのである。

物質の動きと自動の動

しかし物質の物理的な力と働きを「説明のつかない、でたらめの力」や「偶然」でしかないと捉えるなら、そのようなものが十分な説明原理たりえないことは、言ってみれば当然の話であろう。近代自然学の慣性の法則も、運動量やエネルギーの保存則も知らない古代ギリシアにおいては、物質的因果連関の探求は、感覚的事象の雑多のなかに拡散して理論的整合性を欠くという傾向を免れず、大局的にはプラトンの記述は妥当なものであったかもしれない。しかし自然界の物質の因果連関をただそのように概括して打ち捨てることは、自然研究に対するプラトンの真面目さそのものを疑わせることになるだろう。物質主義的原因論に対するそのような簡単な理解と批判をもって、彼はその知性（善）原因論を宣揚するのだろうか。

『法律』を見てみよう。そこでは文脈上、その自然学的無神論を論駁するための積極的な議論が正式に要求され、提示されているからである（第一〇巻 891C–896C）。それは火、水、空気、土といった物質が自然によって在る一次的存在だとする想定に批判の焦点を合わせたものであって、「動」についての一般的考察から出発する。運動のみならず、生成変化も含めた「動」全体について、さまざまな分類が可能だが、プラトンは特に、自らが他のものに動かされることによって他のものを動かすという動と、自らが自らを動かす動との区別に着目し、自らが自らを動かす動のほうが根源的であり、一次的だとする。そしてこの自動の動は魂（プシューケー）に特有の動きであり、したがって物質よりも先に魂があり、本来の意味で「自然によって在る」と言われてしかるべきは魂であって、物質ではないと言うのである。

物質解体と魂

そこで、物質・物体の動と区別して自動の動を考え、そのほうが根源的・一次的だとする主張に着目するなら、そこには『テアイテトス』における知覚の分析や、『ソピステス』の巨人戦争における物質主義者批判と軌を一にするものが認められる。すなわち『テアイテトス』では、秘密の教えとして、万有の本性は動であり、作用・被作用の機能（デュナミス）にもとづく絶えざる生成変転であるとする説が導入されるが、それは、両手でしっかりとつかめないもの、目に見えないものはいっさい在るとは認めない人々が、秘儀を知らない無教養な人々として斥けられた上でのことである（155E–156C）。また『ソピステス』では、見てつかめる物体だけを実在と認める物質主義者と、目に見えぬ可知的形相だけが実在だとするイデアの友との争いにおいて、物質主義者の言うさまざまな物体（ソーマ）については、これを議論のなかでばらばらに粉砕して、流動する生成にすぎぬとするイデアの友の主張が容れられ、物質主義者には新たな実在の標識として作用・被作用の機能を認めさせるのである（246A–249D）。すなわちプラトンは、物体があってこれが他から動かされて動き、そして他を動かすという動を自然界の一次的・基礎的な事態とみなすことを批判する。自然界の基底に何らかのソーマを運動変化の主体として残すのはまだ分析が不徹底であり、純然たる作用・被作用の力と動き、動そのもの、あるいは自ら動く動といったものにまで至らなければならないというのである。

このようにプラトンの物質主義批判は、粒子であれ連続体であれ、三次元の元素的物質とその動きは決して一次的・根源的なものではないという、物質そのものについての徹底した分析にもとづくものであって、ただやみくもに知性（善）原因論を叫ぶだけのものではむろんない。しかし『法律』ではそこから、自ら動く動は魂（プシューケー）にほかならないとして、魂は「宇宙の原初にあったもののひとつであって、すべての物体より先に生じ、物体のあらゆる変化や変様を他の何ものにもまして支配している」（第一〇巻 892A）とか、「天や地や海にあるものすべてを自らのもつ動によって導いている」（同 896E）とか言われ、そしてこの魂が天地万物を導くにあたっては、魂自身の第一次的な動が物体の第二次的な動を支配下におきつつ、その際、知性（ヌース）の助けをも得るならば万物を正しく幸福に導くことになるという展望が語られる（同 897A–B）。ここでは、いったん物体の動きが第二次的な動として魂に従属させられてしまうと、物体の動きそのものへの関心は水面下におかれたまま、知性と魂の支配が力強くおおらかに謳われるのである。だがそうすると、自然研究における物質の因果連関の解明はどうなったのかが、また気にかかる。プラトンはやはり、そういった物理的な事象そのものの追求にはさしたる関心をもたないのだろうか。むろん、そうではない。プラトンは、『パイドン』で望見された知性（善）原因論の全面的展開を主題とする『ティマイオス』において、その問題に取り組んでいるのである。

2　プラトンの物質論

『ティマイオス』の構成

『ティマイオス』は、ソクラテスを含む四人が対話する導入部（17A–27B）を除いて、残り全篇をティマイオスという人物が一人で語る作品である。導入部は『国家』の内容の一部と重なる国制の話や、忘却された往古のアテナイの栄光と、一夜にして海中に没したアトランティスの話などが盛り込まれて大変面白いのだが、その直接の役目は本論の論題を設定することにある。それは天文学に通じ、万有のピュシスを知ることを仕事としてきたティマイオスが、宇宙の生成から始めて人間の自然本性（ピュシス）を語るというものである。

しかしティマイオスの話は、そのまた序論部（27C–29D）となるものを除いて、大きく三つの部分に分けられる。それは、ティマイオス自身の説明に沿って、①知性の作品、②必然の所産、③知性と必然の共同作品、という形で区分されることが多い。だが、それの生成や構築が語られる対象に即して言えば、①宇宙全体の魂と身体の構築、②火、水、空気、土の単純物質とその亜種や混合種、およびそれらの感覚的性質（力）の生成、③人間の魂と身体の構成、の三部である。これら三部はただ同等並列に並べられているのではない。工匠神（デーミウールゴス）が宇宙の魂と身体の構築を終えたあと、人間の魂の不死なる部分（理知的部分、知性）を作り、これを若い世代の神々が譲り受けて身体に結びつけ、まず人間の頭部を形成するという形で、第三部への移行が始まる（42E）。だがその際、眼の形成について説明する場面に及んで、真の原因と副原因の区別が語られ、第三部への移行の前に副原因の系列（物質の因果連関）を解明する必要が指摘されて第三部の議論は中断され、第二部が導入されるのである（47E）。このような構成からすると、『ティマイオス』執筆時のプラトンは、第二部の物質論に対して、何か格別の理論的ないし論争的関心を抱いていたのではないかと推察できる。

無秩序な必然

第一部ではまず、工匠神が宇宙を構築しようとして受け取ったのは可視的なもののすべてであって、その時それは、じっとしていることなく調子はずれに無秩序に動いていたが、それを無秩序から秩序へ導いたと言われる（30A）。しかし第二部が終わって第三部へ移る時には、工匠神が受け取ったのは第二部でその生成が説明された火、水、空気、土やその亜種・混合種と感覚的性質（作用力）であり、それらはその時「必然」からして第二部で述べられたような状態にあったが、神は、それらのもののところに見られるような種類の原因を補助手段として役立て、自分のほうは生成するものすべてのなかに「善さ」を作り出すことを自分の仕事としたと言われている（68E）。そうすると、第一部で「可視的なものの調子はずれの無秩序な動」と言われたのは、『テアイテトス』や『ソピステス』における物質的主体の解体された徹底的流動のようなものではなく、火、水、空気、土など、すでにはっきりとソーマであるものの運動や作用のことだったのだと思われる。それは「彷徨する種類の原因」とも呼ばれ、「ただ冷やしたり、熱したり、凝固させたり、すべてそれに類した結果を生むだけのもの」、「思考を欠いてただ出まかせのものを、無秩序に、その時その時に作り出す原因」とも言われる。プラトンはこのような目的なき物質的因果連関の総体あるいはその支配的原因（責任者）を「必然」（アナンケー）と呼んで、第二部冒頭では、「知性」が「必然」を説得して、生成するものの大部分を最善へと導くようにさせたというのである（48A）。

その「必然」は「他のものによって動かされて、また必然的に別のものを動かす」という意味を核心とする物理的必然であるが、プラトンはこのような必然的因果連関のうちにある物質を副原因として、善を目指す知性の推理計算のもとに組み込むのである。そしてそれが可能なのは、そのような因果連関の必然性によって何らかの結果の確定性が想定されているからである。物質が副原因となりうるためには、その動きと作用結果に一定の必然性と確定性がなければならない。斧を作るには、硬く鋭いという性質・作用力をある程度確定的にもつ材料が必要なのである。

知性による必然の説得

だがその際、そのような「必然」が「知性」の説得に服することによってとか、服するかぎりにおいてとか言われるのは、どういうことなのだろうか。物質的因果連関の必然性・確定性は、副原因として働くための要件であるが、副原因とは「それなくしては原因が原因たりえないもの」である以上、つねに知性（善）原因を制約するものでもある。「説得」とは、このことを知性（善）原因の指導性という理念の側から表現しようとするものだと解すればよいだろう。最善を目指す知性の観点からは、こうだったらもっとよかったのにと思えるあり方があっても、物質的因果連関の必然性ゆえに不可能な場合があり、それを物質の不服従や抵抗と捉えるなら、逆に可能な範囲の協働を、知性による「説得」と表現するのは自然な語法だろうということである。たとえば脳はもっと丈夫で多量の骨や肉で包まれていたらよかったのだが、「必然」から生じて一緒に育てられる「自然」は、緻密な骨と多量の肉とともに鋭敏な感覚をも受け入れるということは決してないとされている（75A–B）。

あるいはまた、宇宙万有の構築者たる神は「デーミウールゴス」（工匠）と呼ばれ、その仕事は職人のそれに沿って考えられているから、材料の加工ということに着目してみてもよいかもしれない。ものを斬るという目的のためには斧の素材は硬くて丈夫であればよいのだが、しかし硬くて丈夫でありさえすればよいというわけではなく、鋭い刃に加工しやすいとか、適度な重さであるとかいった条件にもかなっていなければならない。つまり副原因であるためには、ただ必然的・確定的であるだけでなく、その必然性・確定性が目的にとって適度なものでなければならないということである。だがいずれにせよ、知性の「説得」も必然の「服従」も、知性と必然両者の相即一体を表現するものであって、「知性」の「必然」に対する乖離と強制という形で理解すべきものではない。

物質的因果連関の成立と秩序化の段階

しかし、このように確定的・予測可能的であるがゆえに副原因となる物質とその動き自体は、そもそもどのようにして生じてきたのだろうか。これが第二部の論究の課題だが、これがまた、原初的な無秩序からの神による秩序づけとして総括されるのである。すなわち、宇宙の生成以前には事物が比率や釣り合いに与ることはまったくなく、火とか水とか現在名づけられている名称によって呼ばれるに値するものは皆無という状態だったが、神はそれらすべてをまず秩序づけ、次いで、それらのものからこの万有を構成したというのである（53A–B, 69B–C）。すると、第一部で宇宙の構築者が受け取った「じっとしていることなく調子はずれに無秩序に動いている可視的なものすべて」というのは、この原初的な無秩序のことであったのかもしれない。そしてそれを「秩序へと導いた」というのは、「それらすべてをまず秩序づけ、次いで、それらのものからこの万有を構成した」（69B8-C2）という二段階の秩序づけの最初の段階を指したとも、あるいはその二段階をひとまとめに表現したとも考えられる。

テクストの文言の解釈としては、こういった理解も先に示した理解もいずれも可能だし、どちらでも構わない。肝心なのは、無秩序な素材が永遠的実在を範型として、それに倣って秩序づけられることによってこの宇宙が形づくられたという場合、それはごく概括的・基本的な把握にすぎず、じっさいには二つもしくはそれ以上のレベルでの秩序づけが考えられねばならないということである。たとえば第一部で、火・空気・水・土を比例関係によって結びつけて宇宙の身体を構築したのも、あるレベルでの秩序づけであり、知性による必然の「説得」であったと考えねばならないだろう。第二部はそのようなさまざまなレベルでの秩序づけのうち、もっとも基礎的なレベルでのそれに焦点を合わせるのである。『ティマイオス』における宇宙の構築は、自在に扱える柔らかい粘土を一挙に造形する粘土細工ではなく、さまざまな階層の工程からなる建築の仕事に似ている。

宇宙生成以前の物質の状態

議論は、宇宙生成以前における火、水、空気、土の本性（ピュシス）と様態はどのようなものであったのか、という問いから始まる。時間自体も宇宙とともに生成したと言われたその宇宙の「生成以前」とは奇妙だが、とりあえずは、もっとも基礎的なレベルにおける秩序づけによって生成した宇宙から、その秩序づけを引き算した基底的な状態を考えておけばよいだろう。そのような原初的な物質のあり方を描き出すために、まず「受容者」ないし「場」（コーラー）の概念が入念な議論によって析出された上で、恒常不変で自己同一な範型イデアから「名状しがたく驚嘆すべき仕方で」写し取られたその似像が、「場」に出入してこれを動かし、ありとあらゆる形状で満たすのだとされる。

すなわち、宇宙生成以前には「常有」と「場」と「生成」とがそれぞれの意味で存在していて、「生成の養い親［場］は火化され液化されて土や空気の形状を受容し、ほかにもそれらに伴うかぎりの様態をこうむって、見た目にありとあらゆる姿を呈していた。そして似てもいなければ釣り合ってもいない諸力によって満たされていたために、どの点でも釣り合いがとれず、あらゆる点で均衡を失って、自らはかのものどもによって揺さぶられていたが、動きながらこんどはまたかのものどもを揺さぶった」のであり、そこで火、水、空気、土の四物質は「動きながら、それぞれが別々の方向に分かれて運ばれていった」。つまり、似たもの同士が集まり、似ていないものは離れたわけで、それゆえまた「万有が秩序づけられてそれらから生成する以前にも、それらはそれぞれ別の場所を占めていた」というのである。そしてこれらには比例関係も度合いもなく、火、水、空気、土とはいっても何かそれら自身の痕跡といったものをもっている程度であって、それを神がはじめて「形と数」によって形成したとされる（52D–53B）。

要素三角形と幾何学的粒子説

この無秩序な動の「形と数」の導入による秩序化は、形の上で二通りの直角三角形を考えることによって説明される。すなわち、一方の三角形からは正四面体、正八面体、正二十面体を構成し、他方の三角形からは正六面体を構成して、それぞれを火、空気、水、土の粒子として割り当てるのである。土にはその安定性（動きにくさ）と可塑性ゆえに正六面体、火・

空気・水には、その動きやすさやものを分解切断する動きが粒子の小ささや角の鋭さや軽さによって説明されて、それぞれ正四面体、正八面体、正二十面体が割り当てられる。この要素三角形と正多面体による粒子仮説においては、粒子が要素三角形に分解され、再結合するという仕方で、土以外の物質の相互変化が説明されるとともに、また不等性と不均衡とによる無秩序な動が絶えず維持されながら、なぜそれぞれのものが種類別に分離してしまい、お互いを通じての動きや移行をやめてしまわないのかも説明される。これは、宇宙全体が回転する球体であり、凝集する粒子間の隙間以外には空虚は存在しないという想定のもとでの徹底的に機械論的な説明である。

さらに、要素三角形による多面体の面の構成はただ一通りではなく、幾通りもの大きさのものが作られ、また異なった不等な三角形から組み立てられた粒子もあるので、そのような大きさと形の不等性のために、また不等であったり均等であったりする粒子の圧迫や解体や結合など、機械的な原因ゆえの融解や凝固といった状態変化を通じて、四種類の純粋な物質のほかに、きわめて多様な亜種・混合種が生成することが説明される。そしてさまざまな物質の感覚的性質も、第三部で説明される身体の感覚器官となる肉その他の生成を前提した上で、基本的には粒子の形と動き（作用）に由来するものという原則に立って、「ありそうな話」（エイコース・ロゴス）として順次説明されてゆくのである。

必然・場・魂

このようにして、物質の原初的な状態からの「形と数」の導入による秩序づけの過程と所産は、要素三角形を暫定的な始原とする粒子仮説によって、幾何学的・機械論的に語られている。プラトンは、もっとも基礎的なレベルでの物質の因果論的・機械論的必然を解明しようとして、要素三角形と正多面体による粒子仮説を導入しているのであるが、それは逆に言えば、ある種の幾何学的必然によってはじめてそのような物質的必然が成立しているということを主張するものでもある。そうすると、人間の魂の諸部分の座としての身体の構築において、材料として副原因として働く物質の因果論的・機械論的必然性・確定性は、それ自体が知性による幾何学的必然の導入によって成立したもの、知性による秩序化の所産だということになる。したがって「知性」が「必然」を説き伏せ、「必然」が思慮ある説得に服することによってこの宇宙万有は構築されたとは言っても、その「必然」は決して知性と相容れない何か究極的に非合理なるものを意味するわけではない。宇宙万有の生成は、いくつかの階層それぞれにおける「知性」と「必然」の協働によるものであり、ある階層における「必然」は下位の階層での知性による秩序化によって成立したものとも解釈できる。しかし、比例関係も度合いもない、火、水、空気、土の痕跡としか言えないような宇宙生成以前の物質の無秩序な動については、説得されるべき「必然」というようなものは何も語られていないのである。

また、この無秩序な動の原因を「場」に帰することも間違いである。「場」は二次元の平面などではなく、三次元の拡がりであって、そこに火や水などが写し出され、「場」のそれぞれの部分が火化されたり液化されたりするのだが、その時、たとえ秩序化された火や水に比べてその名に値しないような痕跡程度のものでしかなくても、そこにはすでに三次元の物体である火や水が生じている。可視的でありながら物体ではないようなものをプラトンが考えていたというような形跡はどこにもない。そしてこのような諸物質が似てもおらず、釣り合いも取れていないために、「場」も均衡が取れずに揺さぶられ、諸物質を揺さぶり返すのである。これは『テアイテトス』や『ソピステス』における徹底的流動、物質的主体の解体された知覚以前の流動とは別のものである。すでに「第二次的な物体の動」なのであり、この動は均等性や均衡性の欠如ゆえの機械的な動であって、「場」はそれの受動的媒体にすぎず、能動的原因などではない。むろん「場」が特に宇宙の完全な秩序づけに対する抵抗原理とされているわけでもない。

原初の無秩序な物質の動の究極原因を問うならば、プラトンの世界解釈の最終的な答えとしては、『法律』における自動の動としての魂を考えなければならないだろう。しかし『ティマイオス』では、すべてのもののアルケー（始原）についても、また火や水などのイデアの似像が「場」に写し出される原因や仕方についても、ここでは語らないでおく、という留保の姿勢が意識的に取られている。『ティマイオス』における物質的因果連関の探求・解明は、要素三角形という暫定的・仮説的始原を出発点として、そしてそれよりも究極的な始原への言及は控えることによって、きわめて豊穣で独特な物質論、すなわち知性原理による秩序化の足跡を検証する物質論とでも言うべきものを展開しているのである。

Ⅳ

二〇世紀のプラトン像

第Ⅰ章　「ソクラテス以前」と「プラトン以前」
——ニーチェとプラトン——

須藤訓任

1　Vorsokratiker という言葉

哲学史の叙述は通常、「ソクラテス以前の哲学者」の思想の紹介から開始される。「ソクラテス以前の哲学者」とはドイツ語の Vorsokratiker の翻訳である。現在、哲学の業界ではほぼ常識化しているこの言葉はしかし、それほど由緒ある古語ではない。この語が人口に膾炙するようになったのは、H・ディールス編 *Die Fragmente der Vorsokratiker*（邦訳『ソクラテス以前哲学者断片集』）の初版が上梓された一九〇三年以降のことであろう。むろん、その時が初出ではない。J・リッター編『哲学歴史辞典』(1)（一九七一—二〇〇七年）の vorsokratisch, Vorsokratiker の項目説明によると、前者の形容詞（vorsokratisch）の最も古い典拠は一七八八年であり、一九世紀になると、F・シュライエルマッハーやE・ツェラーなどに広がっていったという。付け加えるなら、ショーペンハウアーにも同様の表現（「ソクラテス以前の哲学」）が見いだされる（『哲学史断片』、『余録と補遺』、一八五一年）。

それに対し、名詞であるVorsokratikerのほうは、登場が一〇〇年ほど遅れるようである。同辞典の同項目によると、この語の作成者はF・ニーチェであって、その対義語である「ソクラテス以後の哲学者」（Nachsokratiker）ともども造語されたのだという。ただし、精確には対義語の双方が一緒に披露される一八七五年からさかのぼること二年ほど前、Vorsokratikerは単体ですでに用いられている（形容詞の用例は彼の学生時代にまで遡る）。むろん、「ソクラテス以前」なるこうした概念が使用されるのは、ソクラテス以前と以後とでギリシア哲学史は二分されるという発想がその背後に控えているからであるが、当の発想はなにも一八、九世紀になってはじめて思いつかれたわけではない。その淵源はなによりやはり、アリストテレス『形而上学』第一（A）巻に示された哲学史観、すなわち「「自然学者」たちのあとを受けて、ソクラテスが「哲学を天上から引きおろして人間の巷間にその居を移し」、次いでプラトンおよびアリストテレスがそれらの成果を総合しつつ哲学を一個の学問として大成した(2)」とする哲学史観によるところが大であろう。

Vorsokratikerという語の創出者がニーチェであるとは、今も昔もほとんど意識されていないだろう。しかし、この語は――ニーチェの直接的影響ではないにしろ――現在では立派に市民権が与えられているといってよい。ちょっとした独和辞典でもお目にかかれるし、ドイツ語版ウィキペディアにも項目が載っている。これは、作成者ニーチェからするなら、大いなるイロニーといえなくもない。なぜなら、ニーチェは、まさにこの概念の意味内容を批判し否定するためにこそ、当の概念をひねり出したのだからである——。

2　ソクラテスとプラトンの狭間の転換点

ソクラテスはギリシア哲学の転換点である。とはいえ、それは厳密に年代的な意味でそうなのではない。ソクラテスより一〇歳ほど年下とされる（ニーチェもそう判断していた）デモクリトスなどもVorsokratiker に数え入れられている。そこには、著作が断片という形でしか残されていないという事情も大きく絡んでいると思われる。いわゆる Vorsokratiker はことごとく、現在のわれわれはその完備した著作を読むことができないという点で共通しており、したがって、そういうものとして一括されやすいからである。プラトンやアリストテレスの作品は、それに比するなら、完璧に数段近い形で残されている。

Vorsokratiker の著作の散逸は、歴史の偶然のなせる業とみなすべきであろうか、それとも歴史の選択眼が働いた結果と考えるべきであろうか。

「プラトンやアリストテレスは評価してくれる者、写本をしてくれる者に欠けていなかった」とニーチェは言う。それは「純粋に偶然の事実」であり、しかるに、その事実のゆえに、彼ら以前の哲学者は、あやまった尺度を当てられ、不利な判断を下されることになるのだ、と（「ギリシア人の悲劇時代における哲学」本論二）。「書物の運命」（fatum libellorum）の不可思議さ・理不尽さに、ニーチェは思いを馳せる。

だが、ギリシア哲学史の転換点であるソクラテスその人は、書を一冊も書かなかった。「何も書かない人」ソクラテス（ニーチェ遺稿、一八六九年）……。だからこそ、古来、ソクラテスとプラトンの関係が問題とされてきた。ソクラテスについては、プラトンの書物を通してしか知られない。それも、哲学者として重要なところほど、プラトンに頼るしかない。しかし、プラトンははたして全幅の信頼がおけるのだろうか。いやそもそも、ソクラテスなしにプラトンはありえず、しかしまた、プラトンなしにソクラテスについてわれわれはほとんど情報をもたないという、この師弟関係は具体的にどのような関係であったと理解されるべきなのか。

ニーチェは、この問題に、処女作『悲劇の誕生』（一八七二年）以来取り組み、頭を悩ましている。そして、その時々で見解は微妙に揺れている。それにしても、両者の関係が彼にとってなぜそんなに重要なのか。それは——結論を先取りするなら——ソクラテスとプラトンの間にこそ、ギリシア精神史の、ひいては西洋思想史全体の転換点が認められるべきであって、ソクラテス以前と以降との間にではない、とニーチェは考えるからである。

象徴的なことに、ニーチェは「プラトン以前の哲学者」（Vorplatoniker ないし vorplatonische Philosophen）という言い方をする。しかも、その語が決して一般的に用いられているわけではないことをみずから承知の上で、明らかにそれなりの意図をこめた使用法をしている。実際、上述のように、当時においてすら「ソクラテス以前」のほうはまだしも一般的な語であったが、「プラトン以前」となると、そうはゆかない。それにもかかわらず、ニーチェは、ずばり「プラトン以前の哲学者たち」（Die vorplatonischen Philosophen）と題してソクラテスまでを論じ、プラトン以降は除外した講義をバーゼル大学時代に行ってもいる。とするなら、ソクラテスとプラトンの間に何がある、とニーチェは考えるのか。二身一体のように考えられることの多いこの二人を分断するものとは、ニーチェによれば何なのか。

3　ソクラテスの「工作品」としてのプラトン

『悲劇の誕生』において、ソクラテスは「いわゆる世界史の一大転換点であり、渦巻きである」(一五)と規定されている。周知のように、ソクラテスは、ギリシア古典悲劇殺害の、それゆえ人類の精華であったギリシア文化没落の、張本人だというのである。それだけに、ソクラテスはネガティヴな意味で、巨大な存在であった。そのソクラテスの傘下にすっぽりくるまれていたプラトンはしたがって、ソクラテスの思いのままの操り人形、ソクラテスの「工作品」(Kunstwerk, 遺稿、一八七〇年代初め)でしかなかった。本来なら、アイスキュロスやソポクレスといった悲劇作家の衣鉢を継ぐべき才能の持ち主であったプラトンは、ソクラテスによって堕落させられ、才能をしかるべき形で開花させることができなかった。それほどまでに、ソクラテスの及ぼした影響力は、魔術のように、プラトンなどの優秀な若者たちを手玉に取り、呪縛してしまっていた。

そのことは、裏を返すなら、プラトンにはソクラテスの魔力を撥ね返すだけの、人間としての力が欠けていたということにほかならない。ソクラテスとプラトンとの分岐点を表わすキーターム、それは「人格」ないし「人格性」である。人間としてのスケールの大きさであり、個性の強烈さのことである。「人格」こそ、歴史において「永遠に論駁不可能なもの」(「ギリシア人の悲劇時代における哲学」序文)である。ニーチェの判定するところでは、この「人格」の有無によって、ギリシア哲学の歴史は「プラトン以前」と（プラトンを含めた）それ「以後」とに分かたれる。（もしかしたら、この区分法によって、デモクリトスなどがソクラテスより若いのにVorsokratikerに組み入れられるという不合理を回避できるという目算もあったかもしれない。）ソクラテスも含め、「プラトン以前の哲学者たち」は、ヘラクレイトスやエンペドクレスを筆頭とする典型的「人格」として、人を眩暈にまきこむような魅力を放っている。彼らは、たとえ直接の相互交渉がないとしても、個性的「人格」の連峰を形成し、人類の文化の頂点に君臨する。それに対し、プラトンおよびそれ以降は、哲学者はひたすら知識・理論を追求し、そこに哲学者としての、いや、人間としての至福を感取するようになった。『悲劇の誕生』にいう、徳＝知＝幸（＝美）という、いわゆる「ソクラテス主義」（ないし「美的ソクラテス主義」）の登場である。

「ソクラテス主義」という名で呼ばれるのは、それがソクラテスの創出した立場だからにほかならない。ということは、「人格性」としての哲学を知識ないし学問としての哲学に反転させたのは、ソクラテスのなした業だということになる。問題は、哲学の転回の原動力としてのソクラテスその人が、一個の「人格」として規定されているところに存する。「人格性」としての哲学は、「人格」としてのソクラテスによって、自滅に追い込まれた。「人格」を破壊する「人格」——たとえばこのように表現されうる、ソクラテスというパラドクスに、ニーチェは汲めども尽くせぬ謎を嗅ぎ取り、思想的生涯をかけて、それの解決に挑んだのであった。

4 「学問知」の運命

プラトンによって、以降の哲学は学問体系として大成されることになった。それとともに、それぞれの哲学者のうちには、さまざまな思想的要素が混在するようになり、また、個性的「人格」の連峰の影は薄くなり、哲学的党派なるもの（いわゆる「学派」）が勃興し跳梁跋扈するようになった（「ギリシア人の悲劇時代における哲学」二）。しかし、体系は論駁可能であり、また事実として論駁されてきた。としたら学問体系化されることによって、哲学は何を獲得し、何を喪失したのか――ソクラテスとプラトンとの間に分岐の楔（くさび）を入れることを通してニーチェが問おうとした問題とは、このことにほかならない。「わたしの哲学は、逆向きのプラトニズム。真に存在するものから離れれば離れるほど、それだけいっそう清らかになり、美しくなり、より良くなる。仮象のなかの生が目標」と二六歳の若きニーチェは遺稿に記している。とはいえ、プラトニズムの逆転とは、なにもその思想内容の逆転にとどまらないだろう。それは、学問体系の代名詞としてのプラトニズムそれ自体の逆転をも含意しよう。知への愛である哲学は、知そのもの、学問そのものであるのか、あるいは少なくともそうあるべきなのか。厳密な学問知に徹することが、はたして知を愛することなのか。人間の営みとしての哲学が人間に働きかけるのは、もっぱら厳密な学問知という形を通してなのか。知の厳密性・精確性とは別次元で、――しかし、学問知を決して全否定するのではなく――知への愛が、そして、その愛を通した、人間同士の交流が可能ではないのか。のちにM・ハイデガーやR・ローティなどが本格的に問うことになる、哲学の「本質」に向けられたこうした問いは、ニーチェがソクラテスとプラトンとの間にある亀裂を察知し、Vor-platonikerという、現在のところ辞典でもウィキペディアでも耳慣れない言葉を造語したことになにがしかの正当性が認められるなら、まさにそのときから発せられはじめたと言っても、過言ではあるまい。

［註］

（1）内山勝利編『ソクラテス以前哲学者断片集』全五巻・別冊一、岩波書店、一九九六―九八年。

（2）内山勝利「「認識」の出発」、『新・岩波講座　哲学14　哲学の原型と発展――哲学の歴史1』、岩波書店、一九八五年、七二頁。

［参考文献］（邦語のみ）

須藤訓任「ニーチェのプラトン――アポロンのヴェールのかげに」、大谷大学哲学会編『哲學論集』第三二号、一九八五年。

F・ニーチェ『悲劇の誕生』、塩屋竹男訳、『ニーチェ全集』2、ちくま学芸文庫、一九九三年。

――「ギリシア人の悲劇時代における哲学」、塩屋竹男訳、『ニーチェ全集』2、ちくま学芸文庫、一九九三年。

――『偶像の黄昏』、原　佑訳、『ニーチェ全集』14、ちくま学芸文庫、一九九四年。

第2章　ハイデガーとプラトン

四日谷敬子

ハイデガーは、F・ブレンターノのアリストテレス解釈を通して自身の「存在への問い」を自覚したひとであり、アリストテレス哲学の意味は彼にとって終生決定的でありつづける。[1]それでは、プラトン哲学との関係はどうであろうか。この関係は従来、明確には問われてこなかった。しかしわれわれは、『存在と時間』（一九二七年）の冒頭に、『ソピステス』244Aがモットーとして引用されていることを忘れてはならない。ハイデガーは、ちょうど自身の「存在への問い」を、アリストテレスの第一哲学で多様な仕方で語られるとされるオンの意味の問いなおしとして捉えたように、現存在の超越（存在理解）への問いを、プラトンの「実有の彼方」の追究と一つとみなしていたのである。[2]

1　プラトン解釈の原則

すでに一九二四／二五年の『ソピステス』講義で、ハイデガーは自身のプラトン解釈の原則を掲げている。それはプラトンを、ソクラテス以前の思想家から解釈するという通常の行き方とは逆に、明確にアリストテレスのほうから解釈するという方針であり、彼はそれを、「解釈においては明白なことから不明瞭なことへ進むべきであるという解釈学の古い原則」によって正当化している(3)。ハイデガーにとって「解釈は、さしあたってテクストに書かれていることを超えていく」。こうして存在(オン)と真理(アレーテイア)に関するハイデガー自身の思想がプラトンに帰せられると同時に、いかにその思想がプラトン自身においては十分に思惟されなかったかが確認される。この『ソピステス』解釈がとりわけ明らかにしようとすることは、ロゴスが何カニツイテノロゴス(ティノス)であり、存在者を明ラカニスル(デールーン)ということである。すると、隠れなさ(アレーテイア)という意味での真理そのものよりも、そこで自らを示してくる存在者のほうが優位を保持し、またその存在者(のイデア)を常住ノ存在者(アエイ・オン)として表象することによって、時間の一様態にすぎない現在が優位を保持する。存在者を存在者として表象する、いわゆる「形而上学」の始まりである。

さらに一九二六年の講義『古代哲学の根本諸概念』のプラトンの章が、ハイデガーが問題とするプラトンのテクストが、『国家』第七巻の洞窟の比喩と『テアイテトス』の感覚論であることを概略的に示しているが、これら両テクストを詳細に解釈しているのは、一九三一／三二年の講義『真理の本質について』である。

2　〈洞窟の比喩〉の解釈

それではまず、なぜハイデガーは洞窟の比喩を取り上げるのか。それは――一九三六―三八年の草稿『哲学への寄与』の一節が簡潔に語っているように――この比喩の解釈を通して、「いかにアレーテイア（隠れなさ）がなおも本質的にオン（存在者）へのギリシア的な問いを担い導いているかということと、同時にしかし、いかにアレーテイアがこのように問うことによって、つまりイデアに着手することによって倒壊させられるかということが、見えうるようになるからである」[4]。ハイデガーにとって洞窟の比喩は、「知性と事象との一致」という伝統的な意味での真理ではなく、隠れなさという意味での真理の本質を扱っており、その隠れなさの差異にしたがって、彼はこの比喩の物語っている過程を四段階に区分する[5]。

(1)　第一段階では、人間は洞窟に繋がれており、彼らにさしあたって出会われるもの、つまり影が「真実のもの（ト・アレーテス）」である。

(2)　第二段階では、人間は縛め（いまし）から解き放たれ、いまやあらゆる方向に身を向け、諸物そのものを見ることができ、「もっと実在に近いところ」にいるが、彼は前に見た影のほうを「より真実性がある（アレーテステラ）」と考える。なぜなら、火の明かりが彼の眼を眩（くら）ますからである。

(3)　第三段階では、真の自由が達成され、諸物そのものがそれ自身の見相（イデア）のうちに現に立ち、その光のうちで存在者がそれ自身を示す。「いまや真実であると言われているもの」は、洞窟の中で人工的に照らされていた諸物よりも、「より隠れなく」ある。ハイデガーは、それらにアレーテスの最高級の複数名詞化「タ・アレーテスタタ」[6]を導入する。

(4) 第四段階では、解き放たれた者は、なおも縛られている者たちを、隠れなきものと思い違いされている影から解き放って、最も隠れなきものへ導いていこうとするが、洞窟の中で支配的な真理（影）に負け、殺される危険に脅かされる（ソクラテスがそのよき例である）。この段階ではアレーテスという語は用いられていないが、ハイデガーはここでも隠れなきものが問題となっていると考える。彼の念頭にあるのは、このアレーテイアという語の接頭辞ア、「欠如のα（アルファ）」が意味するものである。ギリシア語の欠如（ステレーシス）にも、ラテン語の欠如（プリヴァティオ）にも「剥奪」の意味がある。隠れなきものは隠れから「剥奪」されるのでなければならない。それが、この比喩の終わりで、洞窟の人間と真実の世界から帰ってきた者との生死を賭した闘いとして描かれている、と解釈される。

しかし、このような思想は、プラトンのテクストには書かれていない。それは、ハイデガーがプラトンを超えてそこに読み込んだ彼自身の思想である。したがって、彼がさらに示そうとするのは、いかにプラトン自身においては真理の本質は別のところ（可視性）に見られているか、いかに隠れなさそのものは忘却され、見ることに相関的な存在者のほうが前面に押し進むか、ということである。

ハイデガーの解釈では、イデアとは「現前するものへの見晴らしを賦与する見相」であり、「純粋な輝き現われ」であって、それは他のものを現われしめるのではなく、それ自身が「輝き現われるもの」である。彼はそのことを表現するために、イデアに対して可視性（Sichtbarkeit）とも少し違う Sichtsamkeit という造語を導入している。そしてそれが「そのつどその存在者が何であるかということ［本質」の現前化」を成就する。すると、イデアが視にもたらすものは、隠れなさそのものではなく、そのうちで現前化される存在者となる。すると隠れなきものは、思惟（ノエイン）によってのみあらかじめ聴取されたものとして捉えられる。プラトンにおいてイデアがノエインに関連づけられるのは、アレーテイアがすでにイデアへと変転しているからにほかならない、とハイデガーは見ているのである。

こうして存在の本質現成であるはずの隠れなさは、イデアの輝きによって現前する存在者を意味するようになり、見ることに関係づけられる。その引証としてハイデガーが挙げるのは、『国家』第六巻507E–508Aの、見られたものと見ることを結ぶ絆というプラトンの思想である。見られたものに可視性を与えるのは、洞窟の比喩で言われるように、光の源泉としての太陽である。それは事柄としては善のイデアのことである（『国家』第六巻 508E1 以下）。善のイデアの本質は、イデアとして、「輝き現われるもの」、「視を賦与するもの」であり、それゆえに「識りうるもの」である。その善のイデアは明確に見ることに関係づけられ、それも苦労して「やっとのことで見られるもの」（第七巻 517B8）と言われる。

このような解釈を通して、ハイデガーはいくつかのテーゼを立てる。①プラトンにおいては、真理の本質は隠れなさとしては展開されず、イデアとして主観の見ることへ関係づけられる。②すると、隠れなさ（アレーテイア）は、イデアを見ることの正しさ（オルトテース）へと変転する。③するとさらに、もともとは存在者そのものの根本動性であった隠れなさは、存在者に対する人間の態度（正しさ）となる。④こうしてプラトンにおいて真理は二義的となり、一方で認識の正しさを、他方で認識されたものの隠れなさを意味する（同517B7–C5）。一言で言えば、ハイデガーはプラトンに、存在者を存在者として表象するという意味での「形而上学」の始まりを見ているのである。

3　『テアイテトス』の解釈

さて、このような洞窟の比喩の解釈をさらに堅固なものにするのが、『テアイテトス』の解釈である。[7]この対話篇の主導的な問いである「知識（エピステーメー）とは何か」は認識論の問いではなく、存在の真理（隠れなさ）への問いと解される。「知識とは感覚（アイステーシス）である」という見解が最初に解釈される。ハイデガーにしたがえば、テアイテトスがこのような答えをもちだしたのは、決して感覚が認識の最も低い能力だからではなく、まさしく彼がギリシア人であって、感覚のもとに「感覚されていること」、つまり「何かが隠れなきことの、最も直接的な仕方」を理解しているからである。感覚がギリシア的には存在者をあらわにするという志向的態度であるからこそ、それは知識であると考えられたのである。ところがプラトン自身は、隠れなさ（アレーテイア）よりも、そこにあらわになっている存在者のほうに着手し、存在者に的中することを真理と考えた（『テアイテトス』186C）。すると、色を見たり音を聴いたりする感覚は、プラトンにとって存在者への関わりあいをもたず、つまりは知識ではないことになる。しかしハイデガーにとっては、感覚はまさしく存在者をあらわにすることにほかならない。むろんそのことは、この講義では明確には言われていない。しかしハイデガーは、プラトンとは反対のアリストテレスの感覚の見方、つまり「特殊なものの感覚はつねに真である」（『霊魂論』427b12）という見方を挙げている。

ハイデガー自身の課題は、隠れなさという真理の本質を想起し、それをプラトンのようにイデアとしては思惟せずに、むしろ隠れからの剝奪として思惟することである。そのときにのみ、隠れがまた匿いとして、思惟の「形而上学」とは「別の元初」の可能性を蔵すると思惟しうるからである。

[註]

（1）拙著『ハイデッガーの思惟と芸術』（世界思想社、一九九六年）の第1章、および『感覚とロゴス——ハイデッガーのギリシア的思惟』（晃洋書房、二〇〇〇年）の第Ⅰ・Ⅱ章参照。

（2）Vgl. M. Heidegger, *Die Grundprobleme der Phänomenologie*, Gesamtausgabe (= GA) 24, Frankfurt a. M. 1975, S. 399-405; Vom Wesen des Grundes, in: *Wegmarken*, Frankfurt a. M. 1967, S. 36f.

（3）以下、M. Heidegger, *Platon: Sophistes*, GA 19, Frankfurt a. M. 1992, S. 11, 77, 596 による。

（4）M. Heidegger, *Beiträge zur Philosophie (Vom Ereignis)*, GA 65, Frankfurt a. M. 1989, S. 359.

（5）以下、M. Heidegger, Platons Lehre von der Wahrheit, in: *Wegmarken*, S. 109-144 による。藤沢令夫訳『国家』（『プラトン全集』第一一巻、岩波書店、一九七六年）に準拠。

（6）この表現は、プラトンのテクストでは『国家』第六巻 485C5f. に登場する。

（7）M. Heidegger, *Vom Wesen der Wahrheit. Zu Platons Höhlengleichnis und Theätet*, GA 34, Frankfurt a. M. 1997, S. 165, 241, 244.

（付記）本文中のカタカナ表記は、ハイデガー自身がギリシア語原語で論じていることを示す。

第3章　プラトンと分析哲学

大草輝政

英国紙『タイムズ』（二〇〇七年一二月二〇日付）に「J・L・アクリル教授」と題する死亡記事が掲載され、次のように書き出している。

J・L・アクリル（一九六六―八九年、オックスフォード大学哲学史教授）は、古代ギリシア哲学研究における二〇世紀の泰斗のひとりだった。

あるひとつの学問分野のなかで「新機軸が打ち出された」、「新生面が開かれた」と、あまりに安易に主張されることがある。しかし古代哲学研究においては、一九五〇年代末から一九六〇年代に大きな変化があったのは確かで、その立役者はアクリルのほか、ほんの一握りの人、特にグレゴリー・ヴラストスとグウィル・オーエンであった。［……］(1)

当時の「大きな変化」とは、どのようなものだったのだろうか。

1　二〇世紀の新潮流

一九世紀後半、英国で哲学といえば、カントやヘーゲルの流れをくむいわゆる観念論が支配的だった。しかし世紀の変わり目頃から、のちに「分析哲学」と総称される運動が巻き起こる。哲学の革命とも言われたこの哲学運動は、概念や言語の分析を通じて、議論の厳密性・明晰性の基準を飛躍的に向上させ、哲学の勢力図を大きく塗りかえていった。

そうした新潮流のなか、オックスフォード大学のG・ライルが『マインド』誌に発表した「プラトンの『パルメニデス』」（一九三九年）は、プラトン研究と分析哲学との融合形を示す先駆的論文として位置づけられるだろう。ライルは同論文で、『パルメニデス』の議論とラッセルやヴィトゲンシュタインの議論との一定の親和性にも言及している。

やがて古代哲学は分析哲学の一分野を形成するほどの勢いを見せはじめ、「一九五〇年代末から一九六〇年代」のプラトン研究は、俄然、論理学的なもの、言語や意味の理論に関するもの、形而上学の成否を問うものなどに関心が集中する時代となった。またこの頃から、プラトンが、哲学史の偉人というよりも、むしろわれわれの議論の話し相手、現代に生きる同僚であるかのような距離感で扱われることが多くなっていった。そのような態度も、しばしば「非歴史的」（ahistorical）と言われる、分析哲学のひとつの特徴に由来する。

オックスフォード大学は、この種のプラトン研究に大きな役割を果たした。大戦後のいわゆる「オックスフォード哲学」の担い手たちは、ライル、J・L・オースティンのほか、E・アンスコム、P・グライス、B・ウィリアムズ、J・O・アームソン等、古典文献学的な下積みのある人々でほぼ占められており、当地で古代哲学と現代哲学の融合が進んだのは自然の成り行きだったのである。試みにケンブリッジ大学と比較してみると、そうした事情は一層わかりやすい。ケンブリッジでは、古代哲学研究は主として（オックスフォードのように哲学部ではなく）古典学部でおこなわれており、古代哲学をそこで主導していたF・M・コーンフォードやW・K・C・ガスリーに、分析哲学の手法を積極的に取り入れた形跡は皆無なのである。この意味で、ケンブリッジ古典学部の転機は、ハーヴァード大学からオーエンが呼ばれ着任する一九七三年と言えるだろう。

2　アクリル、オーエン、ヴラストス

冒頭の引用で挙げられていた三人の略歴を、ここで紹介しておきたい。

アクリル（John Lloyd Ackrill, 1921-2007）は一九四〇年にオックスフォード大学に入学。大戦下の一九四一—四五年に兵役、一九四八年、古典人文学コース修了。翌年、同大学古代哲学講師、一九五三年、個人指導研究員（チューートリアル・フェロー）、一九六六—八九年、哲学史教授。アクリルが著した論文の約半数はプラトンに関するものであり、たとえば、is の意味を「存在」、「述定」、「同一」の三つに分けて明晰な議論をおこなった「プラトンと繋辞（コプラ）——『ソピステス』251-259」（一九五七年）は、その後の古代哲学研究で広く参照されている。

オーエン（Gwilym Ellis Lane Owen, 1922–82）も、一九四〇年にオックスフォード大学に入学。同じく兵役をはさみ、一九四八年、古典人文学コース修了。ライルの勧めで、BPhil コース（ライルらによって戦後に新設された哲学のコースで、日本の大学院の修士課程に相当）に進学し、一九五〇年修了。この頃の着想が一九五三年発表の論文「プラトン対話篇における『ティマイオス』の位置」に結実する。この論考は、文献学的な裏づけを交えつつ、『ティマイオス』をプラトンの後期著作から中期著作へと移動させる処理をおこなう内容で、当時大きなインパクトを与えた。これによって後期著作にイデア論がないとの筋が示され、プラトン後期作品群――オーエンらが「批判期」の対話篇と呼ぶもの――をどう読むかについて深刻な再考が迫られたのである。同年、オーエンはオックスフォード大学の古代哲学講師となり、一九五七年、上級講師（リーダー）、一九六三年、哲学史教授。一九六六年から米国ハーヴァード大学で教え、その後、ケンブリッジ大学古典学部のガスリーの後任として一九七三年に帰英した。

ヴラストス（Gregory Vlastos, 1907–91）はトルコのイスタンブールに生まれた。一九三一年にハーヴァード大学で Ph.D. を取得（A・N・ホワイトヘッドらに師事）。カナダで教えた後、一九四八年から米国コーネル大学に移り、そこで同僚のM・ブラック、N・マルコムらの刺激を受け、「晩学の院生」のようにして分析哲学を学んだという。分析哲学の手法を古代哲学研究に適用することで生まれた論文が、「『パルメニデス』における第三の人間論」（一九五四年）である。その後、プリンストン大学、カリフォルニア大学で教え、晩年の「ソクラテス研究」でも、D・デイヴィドソン、R・ノージックらの関心をもひきつける広範な反響を呼ぶことになった。

アクリル、オーエン、ヴラストスは、いわば古典文献学と分析哲学の融合を推し進めたトリオであり、彼らに共通して見られる特徴は、テクストの精緻な解釈と、厳密な哲学的議論の両方を強く意識したその研究手法である。そうした特徴は、ヴラストスに献じられた論文集のタイトル名（*Exegesis and Argument*, 1973）にも象徴的に示されている。

3　第三の人間論

先に言及した一九五四年のヴラストス論文は、P・T・ギーチ、W・セラーズら古代哲学を専門としない有力研究者をも巻き込み、二〇世紀の最も挑発的なプラトン研究のひとつとなった。

その論点を瞥見してみよう。プラトン『パルメニデス』第一部には、イデア論らしきものを提示する若きソクラテスと、それにたいして批判を繰り出す老パルメニデスとのやりとりがある。そのうち「大のイデア」をめぐるくだり（『パルメニデス』132A–B）が、とりわけイデア論の重要な急所と目されてきた。ただし、アリストテレスがこれに相当する議論に言及する際には、「大」の代わりに「人間」が用いられるので、当該の問題は「第三の人間」と呼びならわされている。さて、プラトン『パルメニデス』のその箇所は次のような内容である。大きなものが多数あると思われる場合、それらすべてに共通の相が一つあると気づいて、それを「大のイデア」と呼ぶとしよう。次に多数の大なるものと、先の大のイデアを並べて眺めてみると、またもやそれらに共通する一つの相が出てきてしまう。こうして単一のイデアを立てるつもりが際限なくイデアを立てる羽目になり、無限背進によってイデア論は破綻する。これが「第三の人間」の概要である。

ヴラストスは、このテクストに潜む想定を二つ剔出することにより、問題点を明示した。すなわち「自己述定（セルフ・プレディケーション）」と「非同一性（ノン・アイデンティティ）」という想定である。単純化して両想定を並べてみよう。

自己述定想定＝「Fのイデアは、それ自身、Fである」……………………………（i）
（例＝大のイデアは、それ自身、大である）
非同一性想定＝「Fであるものは何であれ、Fのイデアと同一ではありえない」……（ii）
（例＝xが大であるなら、xは大のイデアではありえない）

（i）・（ii）より、「Fのイデアは、Fのイデアと同一ではありえない」という偽が生じる。とすると、前提である（i）・（ii）の想定のどこかに偽があることになるだろう。ヴラストスはこのように、当該箇所で描かれているイデア論の難点を顕在化させたのである。

その後、おびただしい数の論文が生まれ、大論争が巻き起こった。諸解釈は、さしあたり次の三種に大別することができる。

（1）第三の人間論はイデア論を誤解した場合に生じるので、老パルメニデスによる非難は当たらず、プラトンもそのことを承知で執筆している。
（2）第三の人間論によるイデア論批判は妥当であり、プラトンはその後、イデア論を放棄（ないし修正）した。
（3）プラトンは第三の人間論によって、イデア論の成否について正直な困惑を吐露している。

論争はピークを過ぎたが、いまだ完全に決着がつけられたとは言いがたい。

4　その後の動向

どこか白黒判然としない第三の人間論の帰趨自体が、論争を牽引した分析的手法のなんらかの限界を示唆している可能性もある。たとえば、プラトンは対話篇を書いたのであって分析哲学の論文を書いたのではない、という点には近年特に注意が向けられるようになった。「対話篇」ということを重視するなら、ソクラテスがパルメニデスに批判されたからといって、ただちに固定化された「イデア論」の成否を導くことはできないだろう。対話体の議論を、（教説ではなく）対話体の議論としてそのまま受けとる読み方のほうが、プラトンに即しているかもしれないのである。つまり、対話篇のなかですでに老パルメニデスも指摘するとおり、ソクラテスのイデア論擁護には時期尚早なところがあり、今後ソクラテスも練習を積み、そしてイデア論もまた鍛えられていくべきものとして提示されているとすれば、読者の役割も、まずは探求途上にある「議論」をそのまま受け止め、引き継いでいくことではないか。

「一九五〇年代末から一九六〇年代」は、プラトンの特定テクスト（特に後期著作）の、さらにそのごく一部の箇所を切り取って徹底的な考察を加え、議論の妥当性を厳しく問いただしつつ、他の対話篇とのあいだに——あるいは同一対話篇内部にまで——さまざまな不整合を見つけ出しては、分析哲学の手法で解決・解消しようとするというような研究がはやった時代だった、と振り返ることもできるだろう。不整合をプラトンの思想的「発展」として解消しようとする解釈も、そうした流行に呼応するようにピークを迎えた。

今日では、もう少し歴史的・文化的な背景や、対話篇というスタイル等々、さまざまな「文脈化」を通過させた上での、より複雑なアプローチがプラトン研究において評価されてきている。そのことは、かつての分析的な手続きにたいする反省を意味しうるけれども、否を突きつけるものではない。分析的手法がもたらした議論の厳密性・明晰性の基準は、もはやプラトン研究の多様なアプローチの前提になったと言ってよいだろう。

［註］

（1）“Obituaries: Professor J. L. Ackrill” in *The Brazen Nose*, vol. 42, 2007–2008, pp. 155–157. http://www.bnc.ox.ac.uk/downloads/brazen_notes/brazen_nose_2007_2008.pdf（二〇一四年三月二〇日閲覧）

［参考文献］

井上忠・山本巍編訳『ギリシア哲学の最前線』Ⅰ・Ⅱ、東京大学出版会、一九八六年。

Ackrill, J. L., *Essays on Plato and Aristotle*, Oxford, 1997.

Lee, E. N., A. P. D. Mourelatos, and R. M. Rorty（eds.）, *Exegesis and Argument: Studies in Greek Philosophy Presented to Gregory Vlastos*（*Phronesis* Supplementary Volume I）, Assen, 1973.

Schofield, M. & M. C. Nussbaum（eds.）, *Language and Logos: Studies in Ancient Greek Philosophy Presented to G. E. L. Owen*, Cambridge, 1982.

第4章　プラトニズムの前夜に
——デリダとプラトン——

須藤訓任

1　西洋形而上学の夢

その数多い著作のいたるところでプラトンに言及しているデリダではあるが、プラトンを主題として真正面に据えたものは意外に少ない。主だったものとしては、『散種』（一九七二年）に収められた「プラトンのパルマケイアー」（初出＝一九六八年）、および『コーラ』（一九九三年、初出＝一九八七年）くらいであろう。それに、大著『絵葉書』（一九八〇年）の半分くらいを占める「送付」（Envois）も加えられるかもしれないが、プラトンがソクラテスに何かを書かせるという、不可思議にしてナンセンスな図柄の絵葉書を一事由とした、駄弁と思弁とが交響し合い、互いに反転し合うような、壮大なエクリチュールの実験とも称すべき同テクストは、プラトンについての「論文」と性格づけるには特殊すぎるであろう。

制約された紙幅からして、本章では「プラトンのパルマケイアー」に焦点を絞ってその「要点」を記し、プラトンに関するデリダの思想の「基本」を押さえることに限定したい。

「要点」、「基本」に括弧が付されたのは、ことデリダに関しては、要点や基本を云々することはその思想に対する裏切りでしかないからである。「基本」は（たとえば）「瑣末」という対立事項を予想し、また想定させる。そして、「基本／瑣末」の対立関係は、「中心／周縁」、「内部／外部」、「善／悪」、「真／偽」、「実在／現象」、「精神／物質」、「理論／実践」、「男／女」、「パロール／エクリチュール」といった対立系列の一環をなし、その一連の対立関係こそ、西洋形而上学の骨格をなすものにほかならない。そうである以上、形而上学の「脱構築」を標榜し遂行するデリダにそうした対立関係を適用しようとするのは、端から彼の「意図」を挫き、彼の思想を、まさにそれが解体しようとしている図式のうちに押し込めることになるだろう。

むろん彼は、形而上学的対立関係が一切まやかしだという暴論を弄んでいるのではない。したがって、「要点」や「基本」といった考え方がまったく成り立たないと主張することもないだろう。そうではなくて、「真／偽」、「善／悪」、「内／外」といった対立関係を、絶対的なものとして確立しようとすればするほど、峻別されるべき一方の対立項が他方の項に必然的に入り込み侵食してしまうこと、たとえば、「内部」を純粋なものとして確保しようといかに躍起になっても、そこになんらかの「外部性」が排除しがたく内在していること、このことを具体的に明らかにするということが、デリダがルソー（『グラマトロジー』）やフッサール（『声と現象』）や、そしてプラトンの書の読解を通して、具体的に実践して見せたことであった。

上述の対立関係を絶対的にして純粋なものとして仕立て上げるというのが、プラトニズムとしての西洋形而上学の夢ないし欲望であると言ってよいなら、その夢は決して実現することはなく、欲望は挫折を余儀なくされていることを、デリダの読解の実践は示唆している。ということは、プラトンやルソーといった形而上学者自身の書物そのもののうちに、形而上学の夢や欲望を裏切り挫折させる契機がすでに潜んでいるということにほかならない。デリダによる読解の戦略は、その契機を、あらゆる形而上学的予断や欲求に抗して、丁寧に掬い取り浮き彫りにしてゆくことに存している。その限り、デリダにとって、形而上学の歴史とは、（形而上学自身による）形而上学の裏切りの歴史にほかならない。西洋形而上学の起源に比定されるプラトンその人も、そのことの例外ではない。

2　プラトンを裏切るプラトン

プラトンはどのようにプラトンを裏切るのか——その模様を、デリダはとくに、『パイドロス』の最後において論じられる「書き言葉」（エクリチュール）の問題を手がかりとして、詳細に描き出してゆく。その具体的内容については、すぐれた紹介（高橋哲哉『デリダ——脱構築』、第二章）もあり、いまは立ち入るまでもないだろう。ただ、脱構築の見事な模範例とも言えるこの論文は、一方で、エクリチュールについてのプラトンの思想の背景をなすエジプト神話に関してきめ細かい追跡（第三節）がなされたり、また、ゴルギアス（ソクラテス—プラトンの仮想敵であるソフィストの代表者）などのエクリチュール思想とプラトンのそれとの異同についてもきっちりした議論（第四節末）がなされたりと、学術論文として、いわば「正統」的な性格を備えていることは確認しておきたい。（とはいえ、学術論文であれ何であれ、テクストは決して自足し完結した自立的「作品」たりえないのであって、そのことは、全二部からなる「プラトンのパルマケイアー」の第二部が、第五節の途中から始まる（つまり、第一部は第五節の途中で尻切れ的に終わっている）ことや、論文の最後がいつのまにか対話形式のようになっていたり、最後から二ページ目が、落丁かなにかのように、論文の行論とはまるで無関係な一ページとなっており、しかも「余分な」その一ページが一〇〇ページ以上あとの一ページに繋がってゆくといったことにも暗示されている。）

プラトンは、生きた話し言葉（パロール）を重視し、それに比するなら、エクリチュールとは死せる代理の言葉にすぎない、と手厳しい批判を展開したといわれる。デリダによれば、その批判は、『夢解釈』のフロイトを援用して「鍋の理屈」と形容できるほどのものである。「鍋の理屈」とは、夢に典型的に見られるもので、自分に都合のよいものなら、いかに互いに矛盾していようが、いかなる論拠をも委細かまわず持ち出してくる、という論法をいう。たとえば、借りた鍋を返すときの言い草。「(1)おれがおまえに返す鍋は新品だ。(2)鍋にある穴は、借りたときからあったものだ。(3)おまえに鍋を借りた覚えはこれっぽっちもない」。これと同様に、「(1)エクリチュールは生きた記憶やパロールに対し、厳密に外的で劣ったものであり、したがって記憶やパロールはエクリチュールから害を受けることはない。(2)エクリチュールは記憶やパロールに有害である、なぜなら、さもなければ害を受けることのないそれらの生を眠り込ませ汚染するからである。(3)エクリチュールに助けを求められるとしても、それはエクリチュール固有の価値のゆえではなく、生きた記憶が有限で、エクリチュールが痕跡を残す以前から、すでに穴があいていたからであって、エクリチュールによって記憶の本質が左右されることはない」（大意）。

ここまでくると、まるで、何が何でもエクリチュールを貶め断罪せずにおくものかという意志がプラトンに働いているかのようであるが、しかし、そのプラトンは、エクリチュールを「パルマコン」と規定してしまう。「パルマコン」は薬であり毒である。毒であるがゆえに薬となり、薬であるがゆえに毒ともなる、毒イコール薬である。そういう意味で、「パルマコン」には確固とした同一性がない。エクリチュールとは、生きた言葉と記憶を失わせる「パルマコン」だというわけである。言ってみれば、正体不明のこのエクリチュール＝パルマコンに、人一倍いらだっていたのがプラトンであった。いつ何どき薬が毒になり毒が薬になり転じるか知れたものではないエクリチュール＝パルマコン。したがって、ある面では薬であるが別の面では毒であるといった分割的整除も、また対立物がより高次の次元で一致するのだという「弁証法」的「止揚」も許さないエクリチュール＝パルマコンの、この危うさ。プラトンは、それに誰よりも敏感だったと考えるべきだろう。だから彼は、同一性の決定不可能なエクリチュール（＝パルマコン）を、最終的に人を堕落させる「毒薬」として、一、義、的に決定しようとしたのだ。

3　プラトン（デリダ）がプラトニズム（デリダ主義）になるとき

決定不可能なものの決定への意志——これこそ、プラトンを突き動かしていた欲望にほかならない。そこに、あの二項対立関係の系列という形而上学の枠組みが創出されることになる。したがって、二項対立関係は最初から永遠・不動のものとして成立していたわけではない。たとえ、プラトンのテクストは多くそう言いたげではあるとしても、である。むしろ、永遠不動の一義性として決めつけるための無理が、プラトンの「意図」に対するテクストの裏切りとして具体化している、とデリダは考える。決定不可能なものの決定という暴力のなによりの証拠となり、そしてまた、その暴力の必然的失墜の証拠となるのが、エクリチュール＝パルマコンなのである。なぜなら、いかに一義的決定に持ち込もうと画策しても、パルマコンは一方で「毒」とされても、同時に「薬」でもあり、プラトンもまたそういう言葉遣いをしてしまうのだからである。そしてまた、パロールから峻別され貶められたエクリチュールも、当の生きたパロールの性格づけの際に入り込んできたりするのをやめないからである（「魂のなかにほんとうの意味で書きこまれる言葉」、『パイドロス』278A。高橋前掲書、八八頁参照）。

そのことは、逆に言うなら、繰り返すことになるが、プラトンが不定形の決定不可能なものにいかに敏感であったかを、雄弁に物語ってもいる。それにむしろ脅えていた、と言うほうがよいのかもしれない。それゆえにこそ、一義的決定という排除の暴力を振るったのだ。むろんそこには、プラトンなりの事情・動機が認められてしかるべきであろう。ところが、二項対立のその一義的決定が既定事実とみなされたとき、つまり、決定不可能性それ自体が排除され隠蔽されたとき、プラトニズムとしての西洋形而上学の歴史は始まったのだ。プラトンがプラトニズムになるときとは、歴史のひとつの逆説的反転のときである。その意味で、「プラトン」とは「プラトニズムの前夜」であり、「パルマコン」とは二項対立関係の形而上学の「前夜」である。

デリダは「われわれは今日、プラトニズムの前夜にいる」と述べている。そしてそれは――バタイユとの関連で――「ヘーゲル主義の翌日」でもある、と。「ヘーゲル」のことはさておくなら、「われわれ」は現在、まさに「プラトン」の位置にあることになる。そうである限り、二項対立関係の一義的決定が排除の暴力にほかならないことを丹念に読み解いてゆく「デリダ」が「デリダ主義」となるとき、形而上学の暴力性の暴露それ自体が逆に暴力となって猛威を振るう危険性がないとは言えないことを、「われわれ」としては銘記しておくべきだろう。

[参考文献]

東　浩紀『存在論的、郵便的――ジャック・デリダについて』、新潮社、一九九八年。
高橋哲哉『デリダ――脱構築』、講談社、一九九八年。
Derrida, Jacques, La Pharmacie de Platon, in: *La dissémination*, Paris, 1972.（J・デリダ『散種』、藤本一勇・立花史・郷原佳以訳、法政大学出版局、二〇一三年）
――――, Envois, in: *La carte postale*, Paris, 1980.
――――, *Khôra*, Paris, 1993.（J・デリダ『コーラ――プラトンの場』、守中高明訳、未來社、二〇〇四年）

第5章　現代政治とプラトン

佐々木　毅

1　プラトン像の転換

プラトンの『国家』や『法律』といった政治に関する作品は政治学の古典としての地位を占めてきたが、政治学や政治理論の歴史を辿ってみると、アリストテレスの『政治学』と比較して、その影響はやや限定的であった。例えば『国家』は、ユートピア的政治論の原型とみなされ、現実離れした議論の代表として「棚上げ」されてきた面が大きかった。これは、プラトン全体のイメージが宗教的・観念論的・理想主義的な装いで作られたという思想的伝統と結びついており、長い間支配的であった。もちろん、一部の自由主義者たちが、プラトンの議論の内容に対して、思想や言論の自由を擁護するといった観点から異議申し立てをしたこともなかったわけではないが、全体的にはこうした伝統は一九世紀まで支配的であった。

一九世紀末以降、こうした状況に徐々に変化が訪れる。一つには、哲学の世界において宗教的・観念論的伝統が衰弱し、哲学の営みそのものに対する考え方が変化したことがあげられる。その最も先駆的な表れとしてあげられるニーチェにおいて、一方でプラトンはニーチェが批判の的にした伝統的哲学の大立者であるとして批判されるが、同時にニーチェは、プラトンを浮き世離れした体系的理論家として理解するような伝統を拒否し、「世界全体を根本から改革」しようとする「大衆の指導者」、「政治家」、「立法者」としても理解しようとしたのであった。ニーチェ風にいえば、プラトンには「真理への意志」と並んで「権力への意志」が見られることになる。このように考えると、プラトンは、浮世離れした夢想家、ユートピア思想家とは相当に違った、現実の根源的な変革を意図した革命的な思想家として現れることになる。ここに二〇世紀のプラトン論につながる一つの系譜が見られる。

こうした哲学的変化と並んで、政治の変化も無視できない。一九世紀末葉から、選挙権の拡大と大衆の政治参加の増大、その意味での民主化への傾向が顕著となった。社会主義運動もその重要な一翼を担うものであった。こうした中でプラトンの作品は多様な影響を与えることになった。『国家』の中には守護者層の間での私有財産の廃止が説かれているが、こうした議論は『国家』を社会(民主)主義的に読もうという傾向を生み出した。これは『国家』が単なる強者による弱者の支配ではなく、正義にかなった体制を描いたものである以上、社会主義運動の台頭といった現実を踏まえつつ、新たな理想の体制を目指すためにプラトンを活用しようというものであった。総じて、資本主義の弊害を政策を通した改良によって是正していこうという立場の人々にとって、プラトンの議論は魅力的に映ったのである。また、プラトンの作品はエリートの社会的責任を自覚させる議論として幅広く流通したのであった。

同時に、『国家』その他の作品に明らかなように、プラトンの議論がアテナイの民主政に対する容赦のない批判を前提にしていたことは、きわめて重要な意味を持つことになった。つまり、現実に民主化があたかも不可避のように進展している中で、それは民主化を先取り的に批判する理論的武器を提供することになったのである。したがって、民主化という潮流とプラトンの政治論との間には深刻な緊張関係が発生すること、もはやプラトンの議論をユートピア思想として片づけるわけにはいかなくなったこと、そこにプラトンと二〇世紀の政治をめぐるドラマが数多く展開される素地があった。

2　根源的変革者としてのプラトン像とそれへの批判

プラトンをめぐる議論の影響は、古典学教育がどの程度深く浸透していたかということと関係していた。古典学教育がきわめて大きな比重を占めていたドイツでは、プラトンをどう読むかは大きな社会的影響力を持った。ドイツ古典学の代表的人物であったヴィラモーヴィッツ=メーレンドルフの書いた『プラトン』という作品は、哲学学説の観点からプラトンを解釈するそれまでの伝統に対し、「人間としてのプラトン」に視点をはっきりと変えた点で注目に値するものであった。彼は、作品というものはあくまでも生の現れであるという立場に立って、プラトンがどのように生を生きたか、何を考え、何を意欲して生きたかに関心を向ける。そこで立ち現れた人間としてのプラトン像は、アテナイをはじめとする全ギリシア世界の政治の改革者であり、それに挫折したため、意に反して哲学者たらざるをえなかった人物というものであった。この解釈の手がかりとされたのが『第七書簡』であり、この書簡の真偽はプラトン像に大きな影響を与えた。こうしたプラトン解釈が二〇世紀の政治との関係でどのような意義を持ったかは単純ではないが、ヴィラモーヴィッツについていえば、彼は明らかに、プラトンの政治論をワイマール体制下の個人主義、利己主義、平等主義を批判するものと捉え、そうしたものとは違った社会秩序の構想者としてプラトンの教説を使おうとしていた。その限りにおいて、プラトン解釈は現代政治的意味を持つようになったのである。

二〇世紀の初頭において、若い世代を中心に絶大な影響力を持ったグループに、詩人シュテファン・ゲオルゲの周囲に形成されたゲオルゲ派がある。「干からびた」学問から自らを解き放ち、理想の生の姿を追求することこそ学問の目的であるといった当時の風潮を背景に、彼らは英雄の生の発掘を通して自らのロマン主義と貴族主義とを満足させようとした。プラトンはこうした彼らにとって正しく代表的な英雄として現れたのであった。その趣旨を単純化していえば、近代（現代）の個人主義、利己主義、平等主義が生み出す混沌と分裂に満ちた社会とは異なった、精神的な絆のある指導者と従者からなる有機的な社会を可能にする精神的地平を切り開き、告知し、それを実現しようとしたのがプラトンであった、と。彼らがプラトンを「精神の王国の定礎者」と呼ぶのはこのような意味においてである。そこには新しい理想共同体に対する危険なまでの渇望が見られる。

ところが、ドイツにおいては、やがてナチスによるプラトンの利用が始まる。それは判で押したようにプラトンとヒトラーを結びつけようとするが、そこではプラトンはもっぱら人種主義の擁護者、反平等主義の擁護者として立ち現れる。ゲオルゲ派に見られたロマン主義の色彩は消滅し、人種主義という自然主義にプラトンの教説は還元されたのであった。

以上のような事情から、プラトンの教説が二〇世紀の自由主義的・民主主義的主張と緊張関係に立っていたことは疑う余地がない。そのため、いくつかの激しいプラトン批判が続くことになった。W・ファイトの『プラトン的伝統』(一九三一年)、R・H・S・クロスマンの『今日のプラトン』(一九三八年)、K・ポパーの『開かれた社会とその論敵』(一九四五年)はその代表である。これらにはかなり大きなニュアンスの差があるが、いずれもプラトンの議論の政治的性格を問題にした、自由主義的・民主主義的立場からのプラトン批判であることに変わりはない。ファイトの議論の中で興味深いのは、現代においてプラトンの理想国家に相当するのはソ連であるとしている点である。実際、レーニン以下の社会主義体制のリーダーたちがいかに哲学者であろうとしたかを思えば、この解釈には無視できない説得力がある。同時に、ドイツでの解釈の系譜を辿ればプラトンとナチスとの関係に行き着くことをあわせ考えると、プラトンは二〇世紀独自の独裁体制であったファシズムと共産主義という二つの体制に親和性があると見られていたことを物語っている。クロスマンの作品は、プラトンを民主主義体制の「恐るべき批判者」と考えることに力点があり、プラトンとナチス、ソ連との関係を単純に結びつけるわけにはいかないとしている。これらの中で最もイデオロギー的なプラトン批判を行なったのがポパーの作品であり、プラトンは全体主義体制の擁護者として弾劾されたのであった。ポパーの議論を通して見えてくるのは、二〇世紀前半において自由主義、民主主義がいかに苦しい立場に置かれていたか、いかに受け身の立場を強要されていたかという現実である。

二〇世紀前半の政治は、古い政治構造が終わり、民主化が急速に進んだ時期であった。第一次世界大戦はこれを一挙に加速した。自由主義、民主主義は、どちらかといえば、これまでの歴史の連続的発展に希望をつなぐ立場であったのに対して、混沌とした状況の中から新しい構想に基づき、新しい社会を創造しようとする全体主義的「革命」が構想され、やがては実施に移された。アテナイの現状批判の中から生まれたプラトンの教説は、この後者のグループによって発見され、あるいは利用される傾向が強かった。もちろん、彼らのプラトン理解はきわめて強引であり、あるいは、プラトンの教説の中核をなす「魂への配慮」といった観念に対してまったく無理解・無関心であった。こうした無理解・無関心の上に立った議論を批判する側もまた、その無理解・無関心を継承したため、これらのプラトン論は学問的なプラトン解釈にほとんど影響を与えることがなかったといってよい。

第二次世界大戦後、特に冷戦の終焉とともに、自由主義や民主主義、市場経済のヘゲモニーが確固としたものとなるにつれて、政治とプラトンとのなまなましい関わりといった問題は背後に退くことになった。プラトンは再び学問研究の世界の中に納まったのである。しかし、プラトンは依然として自由主義や民主主義にとって恐るべき警告者であることに変わりはなく、その目標や意味を問いかけ続けるであろう。また、将来、政治経済秩序の大混乱が発生する場合には、不死鳥のように再びその姿を現し、少なからず影響を及ぼすことになるかもしれない。

第6章　プラトンと現代科学

伊藤邦武

1　現代の科学理論とプラトン哲学

われわれの生きる二一世紀の現代が科学の時代であることは、今日、誰一人疑いをいだく者はいないであろう。現代の生活のすべての局面において、毎日の二四時間をつうじて、科学と結びついた技術にまったく無縁であるような場面というものを想像することはきわめてむずかしい。われわれが科学技術という環境のなかに生息する生命であることは、今やまったく自明のことがらである。そしてこのような高度に発達した技術のネットワークの背後に、これまた高度に専門化した理論的科学の大規模な進展があるということもよく知られている。相対性理論や量子論に代表される二〇世紀初頭からの科学革命が、さまざまな技術に応用されて今日の高度技術時代を築きあげるとともに、一方で宇宙の大規模な構造をその始原にさかのぼって解きあかすことを可能にしたことは、もはや万人にとっての常識に属することがらである。

このようにわれわれの生活圏を取り囲むとともに、宇宙へのはるかなロマンをかき立てることも可能にした現代科学が、実は古代ギリシアの哲学者プラトンの思想と深いつながりをもつということは、簡単には想像しがたいことかもしれない。プラトン哲学に色濃く漂う神話的な世界観と、現代の最先端理論が垣間見させる驚異の自然像とのあいだには、およそ共通するものなど何もないのではないか。しかし、われわれがまさしく現代の科学理論の革命的進展において働いている原理的思考の特徴をもう一度反省してみると、そこにはプラトンが神話的なヴェールに包んで分析した人間理性の特異な能力の特徴がまざまざと再現されていることに気づかされる。このことをとくに鮮やかに示しているのは、『ティマイオス』において展開された宇宙論の構築の論理と、現代宇宙論の構成原理とのあいだに見られる驚くべき類似性である。

『ティマイオス』の宇宙創成論は、『国家』のテーマをひきついで、国家という社会がそのなかで営まれる自然の全体が、人間の魂がもつ理性（ヌース）と同じ原理に支配されたものであることを、デーミウールゴスという神的宇宙創造者の作業の物語というかたちで展開したものである。デーミウールゴスは、コーラー（場所）という名の不定形で無秩序な流動性に支配された材料を素材として、そこに数学的な秩序を植えつけるという仕方で、天空の星々から地上の自然物までを製造していく。われわれが目にする自然は、この無秩序の世界に、イデアとしての数学的範型を直視するデーミウールゴスが理性的秩序を与えることでできあがったものであり、具体的には三角形をさまざまに組み合わせてできる正多角形によって構成されていると考えられている。数学的対象の組み合わせによる宇宙の理解というこの考えは、プラトンの弟子エウドクソスの周点円をつかった太陽系のモデルにひきつがれ、それがいわゆるプトレマイオス的地球中心説の原形を与えることになった。

2　現代宇宙論とプラトン『ティマイオス』の宇宙創成論

よく知られているように、古代の地球中心説は、プラトンの時代から二、〇〇〇年ほどたったヨーロッパにおいて、コペルニクスやケプラー、ガリレイらによってくつがえされ、近代の太陽中心説（地動説）にとってかわられた。しかし、この近代科学の成立は、単純に古代の世界像が全面的に否定されたというのではなく、その思想的背景には、一方で古代の原子論が復活されるとともに、他方では中世以来のアリストテレス主義的経験論がプラトンの数学主義によって克服されるという、複雑な事情がからんでいた。そして、その三〇〇年後の二〇世紀において生じた、近代の科学革命に匹敵する新たな科学革命のなかでは、近代科学に特有のビリヤードボールからなるような物質の原子説が否定されて、数学中心主義的科学観のほうがさらに純化され、大規模に徹底されるということになった。

現代の宇宙論は、基本的に、二〇世紀初頭に成立した相対性理論と量子論を総合することでできあったものである。宇宙論といっても、その具体的な内容は単一の主題であるわけではなく、おおよそ次の三つからできてきたと考えてよい。すなわち、無数の星や銀河系など、いわゆる諸天体の構造と、その情報を提供するエネルギーの放射のありかたとを解明する星の宇宙論、宇宙全体の物質的組成のメカニズムを説明するビッグ・バン宇宙論、そして、宇宙全体の時間・空間の性質を解明しようとする量子宇宙論、である。一九八〇年代以降に興隆をみることになり、現在多くの科学者によって支持されているインフレーション宇宙論は、これらの三つの宇宙論を統合して、宇宙の生成から現在の構造、さらには今後の宇宙の姿を予測しようとするものであるが、それは、相対性理論と量子論とを何重かに組み合わせて物理現象を統一的に説明する「究極の理論」の完成と、宇宙の来歴から現在の構造までの包括的説明とを同時になしとげようという、一種の一石二鳥的な欲求から生まれたものである。

相対性理論と量子論という二大基本理論が数学的構造を根本においた物理現象の理解であることは、多言を要さないであろう。相対性理論は基本的に、重力による物体の運動作用と光や電磁波の作用とを統一的に理解しようとするものであるが、それは最終的には、非ユークリッド幾何学を出発点とした時空という四次元多様体の位相幾何学に帰着する。他方の量子論は、素粒子のひとまとまりの運動全体を波動方程式で表し、その個々の局面での具体的な粒子的振る舞いを確率論によって解釈する理論であるが、確率論とは確率空間という抽象的空間に設定される確率過程の解析にほかならない。

問題は、これら二つの理論を完全に統一するような数学的にエレガントなモデルが、今日にいたるまでなお発見されていないことである。インフレーション宇宙論とは、自然界を構成する四つの力、すなわち重力と電磁作用、強い相互作用と弱い相互作用が、ビッグ・バンによる宇宙創成の直後に、短時間で宇宙全体が急速に膨張するなかで、現在の自然に見られるようなしかたで統一されたとする理論であるが、このことを十分に説明するためには、重力を説明する相対論と、他の三つの力を説明する量子論とが、満足のゆくようなしかたで結びつけられなければならない。そのために今日では、たとえば究極の超統一理論として、十次元多様体としての超弦（スーパーストリング）による時空の構成モデルなどが提出されている。現代の宇宙論が、まさしく『ティマイオス』の正多角形の組み合わせによる宇宙創造理論と重なるのは、このような知的努力の方向においてである。

3　科学時代に生きるプラトンの思想

それでは、宇宙全体を一つの生物と考え、それが人間と同じ理性的原理に支配されているという、プラトンの宇宙論の形而上学的側面についてはどうであろうか。実はこの点についても、現代宇宙論と通底する一面があることが指摘できる。最後にこのことに触れておこう。

右にあげた超弦理論などに代表される究極の統一理論は、四つの力がどのように相互に組み合わさるかを一般的に説明するとしても、それらの作用の個々の値を特定するわけではない。これらの自然定数は、現実のこの宇宙の自然現象から発見されたものである。したがって、インフレーションを通じた宇宙の生成それ自体は、どのような形でもありうることになる。というよりも、銀河が形成され、星が形成され、それによって生命と知性とを維持できるような多様な元素が宇宙に存在するようになるためには、重力の値も、強い相互作用や弱い相互作用の値も、きわめて微妙なしかたで調整されていなければならない。これらの値がほんの少しでも現在の値とずれていれば、星は生まれず、銀河は維持できず、炭素などの重い元素は生成されることがなかった。つまり、われわれのこの宇宙は、単に基本的・物理的作用を受け入れるきわめて複雑な幾何学的対象から構成されたというだけではなく、その具体的な成立には、驚くほどの微調整が重なり合うという偶然が関与しなければならない。

人間を含む生物が生息しうる宇宙、すなわち惑星をともなった太陽のような恒星が無数に形成されて、銀河を構成することができるようなインフレーションが生成する確率が、ゼロにかぎりなく近い、絶望的に小さな確率でしかないことは、現代の宇宙論においてさまざまな角度から論じられており、一説では、その値は一〇の一二三乗分の一ともいわれている。また、物質が自己形成能力をもって無機質から有機物を生み出し、細胞を生成する確率は、一〇の一、〇〇〇乗分の一という数字もある。これらの数字が真実にはどのようなものであれ、この宇宙があたりまえの平凡な世界ではなく、きわめて特異な存在であることは、まちがいないであろう。そこでこのことから、現代の宇宙論の一部では、この現実の宇宙の解明には、われわれ人間の存在自体をもっとも本質的な属性として考慮する必要があるという「人間原理」が唱えられるようになっている。いいかえれば、人間の存在と宇宙のありかたとは、たがいに切っても切れないものとして理解する必要があるのである。

こうした人間原理はすでにいくつかの科学的成果をもたらしているが、それがこれからの宇宙論にも強力な発見論的制約を与えるであろうことは、十分に予想されることである。そのうえ哲学の世界では、右のような驚異的な確率の議論をもとに、自然の成立の背後に超自然的な目的論的意思を想定する、一種の自然神学の試みも復活している。もちろん、これらがプラトンの形而上学の本格的な復権を意味するものであるかどうかは、科学と哲学の今後にかかっている問題である。しかし少なくとも『ティマイオス』の宇宙創成論が、現代において多大なアクチュアリティをもって見直されなければならないことは、疑いないことであろう。プラトンの思想は科学の時代である現代においてこそ生きているのである。

【参考文献】


伊藤邦武『偶然の宇宙』、岩波書店、二〇〇二年。

O・ベッカー『ピュタゴラスの現代性――数学とパラ実存』、中村清訳、工作舎、一九九二年。

三浦俊彦『多宇宙と輪廻転生――人間原理のパラドクス』、青土社、二〇〇七年。

■文献案内（邦語文献を中心に）

編　者／作成

以下のリストは、さらにプラトンに関心を抱き、彼の著作を読もうとする人、彼の哲学思想をより深く理解しようとする人のための基本的な文献案内を意図したものである。本書の各章ごとに必要に応じて参考文献が掲げられている場合もあるので、それらも併せて参照されたい。

●翻訳／原典――

原典からの邦訳全集としては、

田中美知太郎・藤沢令夫編『プラトン全集』全一五巻・別巻一（総索引）、岩波書店、一九七四―七八年。

が依然最良。別巻の「総索引」（特に「事項索引」）は、それ自体が「プラトン事典」としてきわめて充実した内容を持つものである。ほかに、

山本光雄編『プラトン全集』全一〇巻・別巻一、角川書店、一九七三―七七年。

があったが、現在は絶版。また、

水崎博明訳『プラトーン著作集』、櫂歌書房、二〇一一年―。

が個人訳全集を目指して進行中。特異な文体による個性的な邦訳である。

個別の著作については、文庫本で主要な作品はかなり出揃っている。比較的入手しやすいものとして、次のもの

がある。


『ソクラテスの弁明／クリトン』、久保勉他訳、岩波文庫、一九二七年。

『ソークラテースの弁明／クリトーン／パイドーン』、田中美知太郎・池田美恵訳、新潮文庫、一九六八年。

『ソクラテスの弁明／クリトン』、三嶋輝夫・田中享英訳、講談社学術文庫、一九九八年。

『ソクラテスの弁明』、納富信留訳、光文社古典新訳文庫、二〇一二年。

『ラケス』、三嶋輝夫訳、講談社学術文庫、一九九七年。

『プロタゴラス』、藤沢令夫訳、岩波文庫、一九八八年。

『プロタゴラス』、中澤務訳、光文社古典新訳文庫、二〇一〇年。

『ゴルギアス』、加来彰俊訳、岩波文庫、一九六七年。

『メノン』、藤沢令夫訳、岩波文庫、一九九四年。

『メノン』、渡辺邦夫訳、光文社古典新訳文庫、二〇一二年。

『饗宴』、久保勉訳、岩波文庫、一九五二年。

『饗宴』、山本光雄訳、角川文庫、一九五二年。

『饗宴』、森進一訳、新潮文庫、一九六八年。

『饗宴』、中澤務訳、光文社古典新訳文庫、二〇一三年。

『パイドン』、岩田靖夫訳、岩波文庫、一九九八年。

『国家』全二冊、藤沢令夫訳、岩波文庫、一九七九年。

『パイドロス』、藤沢令夫訳、岩波文庫、一九六七年。

『テアイテトス』、田中美知太郎訳、岩波文庫、一九六六年。

『テアイテトス』、渡辺邦夫訳、ちくま学芸文庫、二〇〇四年。
『法律』全二冊、森進一他訳、岩波文庫、一九九三年。
『プラトン書簡集』、山本光雄訳、角川文庫、一九七〇年。

また、京都大学学術出版会の「西洋古典叢書」でも、プラトンの翻訳シリーズが刊行されている。やや踏み込んだレベルでの註解を付したもので、著作年代順を基本とした新編集の「全集」を目指している。現在出ているのは、

『ピレボス』、山田道夫訳、二〇〇五年。
『饗宴／パイドン』、朴一功訳、二〇一〇年。
『エウテュデモス／クレイトポン』、朴一功訳、二〇一四年。

の三点である。

さらに、本格的な研究用註および詳しい序説を付したものとして、

田中美知太郎・加來彰俊『ゴルギアス〔プラトン著作集二〕』、岩波書店、一九六〇年。
藤澤令夫『プラトン『パイドロス』註解』、岩波書店、一九八四年。

がある。

*

ギリシア語原典として今日標準的なものは、Oxford Classical Texts（OCT）シリーズのうちの

Burnet, J. (ed.), *Platonis opera*, 5 vols., Oxford, 1899-1906.

である（ギリシア語テクストのみ）。初版からすでに一〇〇年以上が経過しており、その間に各個別著作についてはさらにすぐれたテクストが多数刊行されてきたが、全体としては今なお有用性を失っていない。これに代わる新版の刊行が複数の古典学者チームによって最近開始されたところであり、質・量ともにより完全な、現存写本の比

較校合に立った原文批判が施されている。既刊は次の二分冊である（Burnet 版の第一分冊と第四分冊のうちの『国家』に対応）。

Duke, E. A. et al. (eds.), *Platonis opera*, Tomus 1 (Tetralogia I-II), Oxford, 1995.

Slings, S. R. (ed.), *Platonis rempublicam*, Oxford, 2003.

Burnet 版のあと、二〇世紀の半ば過ぎにかけて刊行された、フランスの Collection des Universités de France, publiée sous le patronage de l'Association Guillaume Budé（いわゆる「ビュデ版」）の

Platon, Œuvres complètes, Paris, 1920-64.（全一四巻二七分冊）

は、M. Croiset, L. Robin, A. Diès ら、当時の代表的研究者が各巻を分担している（希・仏対訳、各巻に長い序文付き）。全体的に高水準にあり、時代的に新しいだけに、個別的には Burnet 版よりすぐれたものも含まれている。なお、『パイドン』、『饗宴』、『パイドロス』については、その後、P. Vicaire 校訂のテクストによる改訂新版（1982-83）に代えられている。

また、より簡便に参照しうるものとして、Harvard University Press で進められている Loeb Classical Library（ロウブ古典叢書）にも、プラトンのほぼ全著作が希・英対訳で収められている。主として一九三〇年代に H. N. Fowler や W. R. M. Lamb によって担当されたものが多くを占めていて、特に高水準にあるとは言いがたいものの便宜は大きい。また同叢書中、P. Shorey が担当した *Republic*（『国家』——最近、C. Emlyn-Jones & W. Freddy による新版も出た）、R. G. Bury が担当した *Laws*（『法律』）、*Timaeus et al.*（『ティマイオスその他』）などは評価が高い。

*

若干の近代欧語訳を挙げておけば、前記のビュデ版やロウブ古典叢書の対訳のほか、ドイツ語訳として一九世紀

る補完)。今日では、前半(一八〇四―二八年)に出たSchleiermacher訳が、なお規範的定訳となっている(一部はH. Müller訳によ

F. Schleiermacher, *Platons sämtliche Werke*, 3 Bde., Heidelberg 1982.

があるが、Rowohlts Klassikerシリーズに入っている同訳の

Wolf, U. (Hrsg.), *Friedrich Schleiermacher, Platons sämtliche Werke*, Reinbeck 1994-2004.

によるのが簡便であろう(全四冊)。目下進行中の

Heitsch, E., C. W. Müller, K. Sier (Hrsg.), *Platon Werke Übersetzung und Kommentar*, Göttingen 1993-.

は、各著作ごとに分冊(『国家』、『法律』などはさらに分冊)として詳細な註解を付したもので、ここに挙げるには大きすぎる企画(全四〇冊を越える見込み。既刊一七冊)であるが、高水準の最新版独訳として併記しておく。

仏訳としてよく読まれているものに、Pléiade版の

Robin, L., *Œuvres complètes du Platon*, 2 vols., Paris, 1940; Paris, 1977.

がある。また比較的新しい標準的な英訳として、

Hamilton, E. & H. Cairns (eds.), *The Collected Dialogues of Plato*, New York, 1961; Princeton (NJ), 1980.

Cooper, J. M. & D. S. Hutchinson (eds.), *Plato Complete Works*, Indianapolis, 1997.

の全集(ともに全一冊)がある。いずれもほぼ二〇世紀半ば以降のすぐれた英訳を精選集成したもので、前者には定番的なもの、後者には比較的新しいものが多い。各著作ごとの翻訳は次々と刊行されていて、枚挙にいとまがないほどであるが、シリーズ的な英訳で全般的に充実していると思われるものに、Penguin Classics (Hammondsworth, 1944-)、R. Waterfield訳を中心とするOxford World's Classics (Oxford, 1944-)、あるいはHackettから出ているプラトン・シリーズ(Indianapolis, 1974-. 主として前記の*Plato Complete Works*所収のものを各著作ごと

に分冊化して序文その他を付したもの）などがある。いずれも主要作品が揃いつつあり、ペーパーバック版で入手しやすい。

Clarendon Plato Series（Oxford, 1973-）

は、英訳とともに詳註を付したもので翻訳の域を越えるが、二〇世紀後半からのプラトン解釈の大きな趨勢を示すシリーズという意味からも挙げておく。現在までに、*Theaetetus*（McDowell, J., 1973）、*Phaedo*（Gallop, D., 1975）、*Philebus*（Gosling, J. C. B., 1975）、*Protagoras*（Taylor, C. C. W., 1976）、*Gorgias*（Irwin, T., 1979）、*Laws*（Mayhew, R., 2008）が刊行されている。

＊

プラトン（およびソクラテス）に関連した古代の伝記的著作として、

ディオゲネス・ラエルティオス『ギリシア哲学者列伝』全三冊、加来彰俊訳、岩波文庫、一九八四―九四年。

プルタ一ク『プルターク英雄伝』全一二冊、河野与一訳、岩波文庫、一九五二―五六年／プルタルコス『英雄伝』、柳沼重剛・城江良和訳、京都大学学術出版会、二〇〇七年―（全六冊のうち3まで既刊）。

がある。前者の第三巻第五章がソクラテスに、第三巻全体がプラトンに充てられている（ともに邦訳上巻に所収）。また後者のうち「ディオン伝」および「ティモレオン伝」がシケリア問題についての重要な資料となっている。ソクラテスについては、

クセノフォーン『ソークラテースの思い出』、佐々木理訳、岩波文庫、一九五三年／クセノポン『ソクラテス言行録1』、内山勝利訳、京都大学学術出版会、二〇一一年。

をも参照されたい。

中畑正志編『プラトン哲学入門』、京都大学学術出版会、二〇〇八年。

は、紀元後のプラトン復興期に著されたプラトンの伝記やプラトン哲学入門書を集めたもの。アルビノス、アルキノオス、ディオゲネス・ラエルティオスら六人の論著を含む。

●研究書――

(A)概説・総説

藤沢令夫『プラトンの哲学』、岩波新書、一九九八年。

はコンパクトだが、プラトン哲学の核心を鮮やかに論じている。また比較的新しく平明な概説的案内として、

納富信留『プラトン――哲学者とは何か』、日本放送出版協会、二〇〇二年。

荻野弘之『哲学の饗宴――ソクラテス・プラトン・アリストテレス』、NHKライブラリー、二〇〇三年。

がある。

田中美知太郎『プラトン』全四冊、岩波書店、一九七九―八四年。

は大部の著書で、内容的にも概説書の域を越えるが、生涯と著作、哲学思想、政治思想について深く丹念に論じられていて、いわゆる「専門書」的難解さはない。

内山勝利責任編集『哲学の歴史1　哲学誕生』、中央公論新社、二〇〇八年。

は古代初期からアリストテレスおよびペリパトス派までの哲学史叙述で、その中にプラトン哲学を位置づけて展望するためのものとして挙げておく。「Ⅳ　ソクラテス」、「Ⅵ　プラトン」にもかなりのスペースが充てられている。

廣川洋一『プラトンの学園アカデメイア』、講談社学術文庫、一九九九年。

――――『イソクラテスの修辞学校――西欧的教養の源泉』、講談社学術文庫、二〇〇五年。

は、アカデメイアとその時代の教育・学術の状況を詳細に論じている。

佐々木毅『プラトンの呪縛――二十世紀の哲学と政治』、講談社学術文庫、二〇〇〇年。は、二〇世紀の政治状況の中で変貌を重ねたプラトン像を追い、その意味するものを探究している（本書、Ⅳの第5章参照）。

＊

欧語文献の邦訳では、

R・S・ブラック『プラトン入門』、内山勝利訳、岩波文庫、一九九二年〔Bluck, R. S., *Plato's Life and Thought*, London, 1949〕。が簡便ながら、特に生涯についての記述が要を得ており、後半部における主要対話篇の個別的概説も入門的には有益であろう。ほかに、

A・コイレ『プラトン』、川田殖訳、みすず書房、一九七二年〔Koyré, A., *Introduction à la lecture de Platon*, New York, 1945〕。

P-M・シュル『プラトン 作品への案内』、花田圭介訳、岩波書店、一九八五年〔Schuhl, P.-M., *L'œuvre de Platon*, Paris, 4 éd., 1967〕。

W・D・ロス『プラトンのイデア論』、田島孝・新海邦治訳、哲書房、一九九六年〔Ross, W. D., *Plato's Theory of Ideas*, London, 2nd ed., 1953〕。

E・A・ハヴロック『プラトン序説』、村岡晋一訳、新書館、一九九七年〔Havelock, E. A., *Preface to Plato*, Boston, 1963〕。

H・J・クレーマー『プラトンの形而上学』全二冊、岩野秀明訳、世界書院、二〇〇〇―〇一年〔Kramer, H. J., *Platone e I fundamenti della metafisica*, Milano, 1982〕。

T・A・スレザーク『プラトンを読むために』、内山勝利・角谷博・丸橋裕訳、岩波書店、二〇〇二年〔Szlezák, T. A., *Platon lesen*, Stuttgart-Bad Cannstatt, 1993〕。

J・アナス『一冊でわかる プラトン』、大草輝政訳、岩波書店、二〇〇八年〔Annas, J., *Plato: A Short Introduction*, Oxford, 2003〕。

などのプラトン書が出ている。いずれもかなり個性的なプラトン理解が示されているが、それだけに生き生きとした関心を喚起してくれるだろう。とりわけアナスは、小著ながら、プラトンとの「対話」を促していて新鮮。

*

特にソクラテスについて論じたものを、邦訳書を含めて若干挙げておくと、

田中美知太郎『ソクラテス』、岩波新書、一九五七年。

岩田靖夫『ソクラテス』、勁草書房、一九九五年／ちくま学芸文庫、二〇一四年。

米澤　茂『ソクラテス研究序説』、東海大学出版会、二〇〇〇年。

三嶋輝夫『規範と意味——ソクラテスと現代』、東海大学出版会、二〇〇〇年。

加来彰俊『ソクラテスはなぜ死んだのか』、岩波書店、二〇〇四年。

納富信留『哲学者の誕生——ソクラテスをめぐる人々』、ちくま新書、二〇〇五年。

田中伸司『対話とアポリア——ソクラテスの探求の論理』、知泉書館、二〇〇六年。

T・C・ブリックハウス、N・D・スミス『裁かれたソクラテス』、米澤茂・三嶋輝夫訳、東海大学出版会、一九九四年〔Brickhouse, T. C. & N. D. Smith, *Socrates on Trial*, Oxford, 1989〕。

F・M・コーンフォード『ソクラテス以前以後』、山田道夫訳、岩波文庫、一九九五年〔Cornford, F. M., *Before and After Socrates*, Cambridge, 1932〕。

M・L・マックフェラン『ソクラテスの宗教』、米澤茂・脇條靖弘訳、法政大学出版局、二〇〇六年〔McPherran, M. L., *The Religion of Socrates*, University Park, 1996〕。

などがある。

(B) **研究書・研究論集**

日本におけるプラトン研究の水準を示す、比較的新しい研究書として、

藤沢令夫『イデアと世界――哲学の基本問題』、岩波書店、一九八〇年。

加藤信朗『初期プラトン哲学』、東京大学出版会、一九八八年。

松永雄二『知と不知――プラトン哲学研究序説』、東京大学出版会、一九九三年。

天野正幸『イデアとエピステーメー――プラトン哲学の発展史的研究』、東京大学出版会、一九九八年。

瀬口昌久『魂と世界――プラトンの反二元論的世界像』、京都大学学術出版会、二〇〇二年。

小池澄夫『イデアへの途』、京都大学学術出版会、二〇〇七年。

國方栄二『プラトンのミュートス』、京都大学学術出版会、二〇〇七年。

朴　一功『魂の正義――プラトン倫理学の視座』、京都大学学術出版会、二〇一〇年。

栗原裕次『イデアと幸福――プラトンを学ぶ』、知泉書館、二〇一三年。

などがあり、また寄稿論文集として、

森俊洋・中畑正志編『プラトン的探究』、九州大学出版会、一九九三年。

内山勝利・中畑正志編『イリソスのほとり――藤澤令夫先生献呈論文集』、世界思想社、二〇〇五年。

がある。ただし、欧語文献についてと同様に、主として特定の個別著作を扱った、さらに専門性の高い著書は挙げ

ていない。

*

欧語文献は最近のものだけでも膨大である。ここでは、比較的新しいハンドブック的なものと、主要な論考を精選編纂した論文集をいくつか挙げるにとどめる。さらなる研究にさいしては、（これまでに挙げた書目のものも含めて）それらに付された詳細な Bibliography を参照されたい。

ハンドブック的なものとしては、

Kraut, R. (ed.), *The Cambridge Companion to Plato*, Cambridge, 1992.

Benson, H. H. (ed.), *A Companion to Plato* (Blackwell Companions to Philosophy), Hoboken (NJ), 2006.

Fine, G. (ed.), *The Oxford Handbook of Plato*, Oxford, 2008.

Morrison, D. R. (ed.), *The Cambridge Companion to Socrates* (Cambridge Companions to Philosophy), Cambridge, 2010.

がある。いずれも十数名から二十数名の研究者がプラトン（ソクラテス）哲学の諸相を網羅的に分担執筆したもので、全体を俯瞰しつつ研究への手引きを企図している。

より高度な論集として、

井上忠・山本巍編訳『ギリシア哲学の最前線Ⅰ』、東京大学出版会、一九八六年。

は、日本で編まれた邦訳アンソロジー。G. E. L. Owen, G. Vlastos, M. Burnyeat らの論考を収載。

ほかに最近の注目論文や著書の一部を編纂したものをいくつか挙げておく。

Anton, J. P. & A. Preus (eds.), *Essays in Ancient Greek Philosophy, III: Plato*, Albany, 1989.

Irwin, T. H. (ed.), *Classical Philosophy, Collected Papers 3: Plato's Ethics*, New York/London, 1995.

——— (ed.), *Classical Philosophy, Collected Papers 4: Plato's Metaphysics and Epistemology*, New York/London, 1995.

Fine, G. (ed.). *Plato 1: Metaphysics and Epistemology* (Oxford Readings in Philosophy), Oxford, 1999.

——— (ed.), *Plato 2: Ethics, Politics, Religion, and the Soul* (Oxford Readings in Philosophy), Oxford, 1999.

あとがき

プラトン哲学は依然として哲学の「今」に鋭い問いと示唆を投じつづけている。そして、何よりもまず、そこには「哲学とは何か」についての最も鮮明な答えを見いだすことができるであろう。本書はそうしたプラトン哲学に関心を抱き、直に取り組んでみようとする人たちへの「勧め」（プロトレプティコス）と「案内」（エイサゴーゲー）を意図したものである。手短な「プラトン案内」のあとに収められた一七編の論考には、それぞれに彼の思想の主要な諸側面について簡潔な見取図とそれについての各論者の新たなプラトン理解が示されていて、そこからさまざまな知見と刺激を得ることができるであろう。「プラトンを学ぶ」ためには、それらに促されて、プラトンの「対話篇」そのものに向かい、そこに展開されている議論の進行に「参加」されんことを期待する。またそのことによって、各論考や所掲の参考文献に述べられている事柄についてのより深い理解がもたらされるであろう。最終的には、プラトンの著作こそが最良の導きであることは言うまでもあるまい。

本書が企画されたのは一〇年以上前のことだったが、諸般の事情と編者の怠慢から予定は大幅に遅延した。早々に稿を寄せてくださった方々には、長く待っていただいたのみならず、このたびようやく刊行に漕ぎ着けるに当たって、新たに手直しを加えていただく必要が生ずることともなり、重ねて深くお詫びし感謝申し上げなければならない。また世界思想社編集部の久保民夫氏には、企画段階から完成までの長期にわたって、しばしば督励をいただきつつ、辛抱強いつき合いを余儀なくさせてしまった。同氏の行き届いた編集上の配慮に対する感謝と併せて、お礼申し上げるばかりである。

二〇一四年五月

編　者

前404　アテナイの全面降伏によりペロポネソス戦争終結。同年，クリティアスら，スパルタの後ろ盾により三十人政権を樹立。

前404　ソクラテス，サラミスのレオン逮捕問題で三十人政権と対立。

前403　三十人政権と民主派との内戦。クリティアスらは戦闘で敗死し，三十人政権崩壊。民主政権復活。

前399　ソクラテス，民主政権下で裁判にかけられ，死刑判決を受けて処刑される。
その直後，プラトンを含む「ソクラテスの仲間」が一時メガラに退去。
プラトン，この頃より「対話篇」の執筆開始。

前395　この頃よりスパルタと復興アテナイを中心とするギリシア諸国との対立激化（コリントス戦争など）。

前390頃　イソクラテス（436-338），弁論術学校を開設。

前387　プラトン，南イタリアおよびシケリア旅行。アルキュタスおよびディオンとの出会い。
同年，帰国後にアカデメイア開設。

前379　テバイがスパルタの支配を脱し，興隆期を迎える（～362頃）。

前367　シュラクウサイのディオニュシオス一世没する。

前367　プラトン，ディオンの要請によりシュラクウサイを訪問，ディオニュシオス二世の指導に当たるが，事態混乱し，同年中に帰国。
この頃，アリストテレス（384-322），アカデメイアに入校。

前361　ディオンらの懇請により，プラトン，再度シュラクウサイを訪問。さらに事態悪化し，翌年，アルキュタスの介入でかろうじて帰国。

前359　ピリッポス二世，マケドニア王となる（この頃よりマケドニア興隆）。

前357　ディオン挙兵してシュラクウサイを占拠。

前353　ディオン暗殺される。

前347　プラトン没する。甥のスペウシッポスがアカデメイアを継承，アリストテレスは学園を去る。

前347　ディオニュシオス，再びシュラクウサイを支配。

前344　シュラクウサイの混乱つづき，コリントスが介入統治してディオニュシオスを追放。

ソクラテス／プラトン年譜

前480　サラミスの海戦。アテナイ海軍，ペルシア艦隊を破る。
前479　プラタイアの戦い。ギリシア軍，ペルシア軍を破る。ペルシア戦争終結。
前477　デロス同盟結成。
前470/69頃　ソクラテス生まれる。
前461　ペリクレス（495頃～）が民主派の領袖となる。
前460頃　クリティアス生まれる（～402）。
前450頃　アルキビアデス生まれる（～404）。
前450頃　パルメニデスとゼノンがアテナイを訪れ，ソクラテスと対話か（プラトン『パルメニデス』による）。この頃よりアナクサゴラス，プロタゴラスらがアテナイで活動。
前447　この頃，パルテノン神殿の造営開始（～438頃）。アテナイの〈黄金時代〉。
前431　ペロポネソス戦争開始（～404）。
前429　ペリクレス疫病に斃れる。
前427　プラトン生まれる。
前427　ゴルギアス（485頃-380頃），レオンティノイの使節としてアテナイ訪問。以後，ギリシア本土でソフィストとして活動。
前424　ソクラテス，デリオン付近の戦闘に従軍。
前423　ソクラテスを主人公とするアリストパネスの喜劇『雲』上演。
前422　ソクラテス，アンピポリス遠征に従軍。
前415　アテナイ軍，アルキビアデスらの主導でシケリア遠征開始（413に遠征軍壊滅）。
前408頃　シュラクウサイのディオン生まれる（～353）。
前406　アルギヌウサイの海戦。
前406　アルギヌウサイ海戦での措置を問われた10人の将軍に対する不法な裁判のとき，たまたま民会議長だったソクラテスが強硬に異議を唱える（ただし，翌日，別の議長により将軍たちには一括死刑判決が下される）。

〈ヤ 行〉

〈ラ 行〉

〈ナ 行〉

〈ハ 行〉

〈マ 行〉

〈サ 行〉

〈タ 行〉

＝事項索引＝

〈マ 行〉

〈ヤ 行〉

〈ラ 行〉

〈ハ 行〉

〈サ 行〉

〈タ 行〉

〈ナ 行〉

＝人名・出典索引＝

〈ア 行〉

〈カ 行〉

金 山 弥 平（かなやま・やすひら）
1955年生まれ。京都大学大学院文学研究科博士後期課程。博士(文学)。現在，名古屋大学大学院文学研究科教授。

久 保　徹（くぼ・とおる）
1961年生まれ。京都大学大学院文学研究科博士後期課程。博士(文学)。現在，筑波大学大学院人文社会科学研究科准教授。

瀬 口 昌 久（せぐち・まさひさ）
1959年生まれ。京都大学大学院文学研究科博士後期課程。博士(文学)。現在，名古屋工業大学大学院工学研究科教授。

山 田 道 夫（やまだ・みちお）
1953年生まれ。京都大学大学院文学研究科博士後期課程。現在，神戸松蔭女子学院大学教授。

須 藤 訓 任（すとう・のりひで）
1955年生まれ。京都大学大学院文学研究科博士後期課程。博士(文学)。現在，大阪大学大学院文学研究科教授。

四日谷敬子（しかや・たかこ）
1944年生まれ。京都大学大学院文学研究科博士課程。文学博士。現在，京都大学名誉教授。

大 草 輝 政（おおくさ・てるまさ）
1972年生まれ。京都大学大学院文学研究科博士後期課程。博士(文学)。現在，県立広島大学総合教育センター(生命環境学部兼務)准教授。

佐々木　毅（ささき・たけし）
1942年生まれ。東京大学法学部第三類。法学博士。現在，日本学士院会員，東京大学名誉教授。

伊 藤 邦 武（いとう・くにたけ）
1949年生まれ。京都大学大学院文学研究科博士課程。文学博士。現在，龍谷大学文学部教授，京都大学名誉教授。

▓執筆者紹介（執筆順）▓

〔生年，最終学歴，学位，現職を記す〕

内山勝利（うちやま・かつとし）［編者］
　1942 年生まれ。京都大学大学院文学研究科博士課程。現在，京都大学名誉教授。

山口義久（やまぐち・よしひさ）
　1949 年生まれ。京都大学大学院文学研究科博士課程。現在，大阪府立大学高等教育推進機構教授。

丸橋　裕（まるはし・ゆたか）
　1954 年生まれ。京都大学大学院文学研究科博士後期課程。博士（文学）。現在，兵庫県立大学看護学部教授。

國方栄二（くにかた・えいじ）
　1952 年生まれ。京都大学大学院文学研究科博士後期課程。博士（文学）。現在，大阪大学日本語教育センター非常勤講師。

木下昌巳（きのした・まさみ）
　1960 年生まれ。京都大学大学院文学研究科博士後期課程。現在，桃山学院大学非常勤講師。

高橋憲雄（たかはし・のりお）
　1953 年生まれ。京都大学大学院文学研究科博士後期課程。現在，広島大学大学院総合科学研究科教授。

朴　一功（ぱく・いるごん）
　1953 年生まれ。京都大学大学院文学研究科博士後期課程。博士（文学）。現在，大谷大学文学部教授。

中畑正志（なかはた・まさし）
　1957 年生まれ。京都大学大学院文学研究科博士後期課程。博士（文学）。現在，京都大学大学院文学研究科教授。

プラトンを学ぶ人のために

2014年7月30日　第1刷発行　　定価はカバーに表示しています

編　者　内　山　勝　利（うちやま かつとし）

発行者　髙　島　照　子

世界思想社
京都市左京区岩倉南桑原町 56　〒606-0031
電話 075(721)6506
振替 01000-6-2908
http://sekaishisosha.jp/

（印刷・製本 太洋社）

ISBN978-4-7907-1635-8